Learn Filipino

Learn Filipino
Book One

Victor Eclar Romero

Illustrations by
Manny Francisco

Magsimba Press
Atlanta

Learn Filipino
By Victor Eclar Romero

© 2004 Victor Eclar Romero. All rights reserved.

Published by Magsimba Press
1821 Bruce Rd. Suite 200
Atlanta, GA 30329

Visit us on the web at www.tagalog1.com.
Email us at info@tagalog1.com.

First printing October 2004

1 3 5 7 9 8 6 4 2

ISBN 1-932956-41-7

Library of Congress Control Number 2004109970

Printed in Canada on permanent paper by Transcontinental Printing.

To mom
and the memory of dad
with love

Contents

Contents vi
Figures xiii
How to get the most out of this book xvi
Abbreviations and Useful Words xviii

Lesson One: Mga pagbatì, Greetings 2
    Lesson goals 2
    Useful phrases: Greetings and introductions 2
    Alphabet and pronunciation 7
    Vocabulary 10
    Review and checklist 11
    Cultural note: Bahay kubo, folk song 12

Lesson Two: Introduce yourself 13
    Lesson goals 13
    Pronunciation: word linkers 13
    Pronunciation: stress and accent 14
    Useful phrases: count to ten 17
    Grammar: persons and things: ang-case 17
    Vocabulary 23
    Review and checklist 25
    Answers to exercises 25
    Cultural note: Where is the Philippines? 28

Aral Tatló (3): I don't understand 29
    Lesson goals 29
    Pronunciation: malumay 29
    Useful phrases: at, ba, "I don't understand" 30
    Useful phrases: Hindî, na, pa, hindî na, hindî pa 31
    Grammar: first verbs and sentences 34
    Grammar: Verb families, focus, -um- verbs 38
    Vocabulary 41
    Review and checklist 42
    Answers to exercises 42
    Cultural note: Baybayin, the ancient Filipino script 45

Aral Apat (4): Asking for help 46
Lesson goals 46
Pronunciation: Malumì 46
Useful phrases: Tulungan mo ngâ akó 46
Grammar: verb aspect 49
Grammar: persons and things: Sa-case, case of "place" 51
Itó, iyán at iyón 53
Grammar: i- verbs 54
Vocabulary 56
Review and checklist 57
Answers to exercises 58
Cultural note: Bahay kubo 62

Aral Limá (5): Coming and going 63
Lesson goals 63
Pronunciation: Mabilís 63
Useful phrases: coming and going 64
Grammar: persons and things: ng-case 66
Grammar: Verbs in mag- and ma- 75
Vocabulary 79
Review and checklist 82
Answers to exercises 82
Vocabulary for the song *Sampúng mga Dalirì* 86
Cultural note: Sampúng mga dalirì, children's song 88

Aral Anim (6): Eating and drinking 89
Lesson goals 89
Pronunciation: maragsâ 89
Useful phrases: namán, ngâ, lamang, talagá 90
Useful phrases: count past ten 91
Useful phrases: eating and drinking 93
Grammar: -in verbs 97
Vocabulary 99
Review and checklist 100
Answers to exercises 101
Cultural note: Amorsolo, Planting Rice 103

Aral Pitó (7): Ayaw, gustó, kailangan, 1 104

    Lesson goals 104
    Useful phrases: *daw, baka, yatà, palá, kayâ* 104
    Useful words and phrases: asking to speak to somebody 107
    Useful phrases: Ayaw, gustó 109
    Useful phrases: Ayaw, gustó ko ng bagay 110
    Useful phrases: Kailangan 112
    Useful phrases: Kailangan ko ng bagay 112
    Grammar: -an verbs 115
    Vocabulary 117
    Review and checklist 118
    Cultural note: Swimming in the South China Sea 121

Aral Waló (8): Ayaw, gustó, kailangan, 2 .... **122**
    Lesson goals 122
    Useful phrases: Ayaw, gustó ko "si Charina" 122
    Useful phrases: Kailangan ko "si Kikò" 124
    Useful phrases: Ayaw, gustó kong kumilós 126
    Useful phrases: Kailangan kong kumilos 127
    Useful phrases: Ang panahón, the weather 129
    Vocabulary 132
    Review and checklist 132
    Answers to exercises 133
    Cultural note: A Manila street market 136

Aral Siyám (9): Walâ, mayroón, kauntì, marami **137**
    Lesson goals 137
    Useful phrases: Walâ, mayroón, kauntì, marami 137
    Expressions of time 140
    Useful phrases: Verbs of the senses 144
    Useful phrases: Magíng: to become 147
    Useful phrases: Anó ang ginagawâ mo? 148
    Vocabulary 150
    Review and checklist 150
    Answers to exercises 151
    Cultural note: Kawasan Falls 154

Aral Sampû (10): Dapat, maaarì, huwág, bawal **156**
    Lesson goals 156

Useful phrases: Questions 156
Useful phrases: Dapat, maaarì, huwág at bawal 158
Useful phrases: Mind, agreeing, disagreeing 161
Useful phrases: sa lugar, sa panahon 164
Grammar: Adjectives 165
Grammar: Verbs in maká- 169
Vocabulary 170
Review and checklist 171
Answers to exercises 172
Cultural note: Lerón-Lerón Sintâ, folk song 177

Aral Labíng-isá (11): Basic sentence patterns 178
Lesson goals 178
Narito, nariyán, naroón 178
Walâ dito, walâ diyán at walâ doón 179
Summary: itó, dito, nandito, walâ dito 179
Useful phrases: Kulang, tamà at labis 180
Useful phrases: Dagdagán at bawasan 181
Useful phrases: everyday activities, 1: getting up in the morning 182
Grammar: Verbs in makí- 187
Grammar: Basic sentence patterns 188
Vocabulary 190
Review and checklist 191
Answers to exercises 191
Cultural note: Drying palay on the road 194

Aral Labíndalawá (12): Sentence pattern 1 195
Lesson goals 195
Useful phrases: Alám, marunong, magalíng, mahusay 195
Useful phrases: everyday activities, 2: getting to school or work 198
Grammar: Basic sentence pattern 1 200
Grammar: Adjectives and adverbs of manner 203
Vocabulary 204
Review and checklist 205
Answers to exercises 205
Cultural note: A religious people 209

Aral Labíntatló (13): Sentence pattern 2 210

Lesson goals 210
Useful phrases: everyday activities, 3: at work or at school 210
Grammar: Basic sentence pattern 2 215
Grammar: Verbs in ipakí- 217
Vocabulary 219
Review and checklist 220
Answers to exercises 220
Cultural note: Green rice fields 223

Aral Labíng-apat (14): Sentence pattern 3 224
Lesson goals 224
Useful phrases: everyday activities, 4: supper at home 224
Grammar: Verbs in ipág- 228
Grammar: Basic sentence pattern 3 229
Vocabulary 231
Review and checklist 233
Answers to exercises 233
Cultural note: Metro Manila traffic 236

Aral Labínlimá (15): Sentence pattern 4 237
Lesson goals 237
Useful phrases: everyday activities, 5: getting ready for bed 237
Grammar: Verbs in ipáng- 240
Grammar: Basic sentence pattern 4 242
Grammar: Summary of basic sentence patterns 245
Most frequently-used verbs 246
Vocabulary 247
Review and checklist 248
Answers to exercises 248
Cultural note: Magtaním ay dì birò, folk song 252

Aral Labíng-anim (16): Hindî pa ba tayo kakain? 254
Tampók na usapan: Featured conversation 254
Ikáw namán: Your turn 255
Cultural note: Harana 257
Answers to exercises 258

Aral Labíngpitó (17): Anó'ng ulam natin? 260

Tampók na usapan: Featured conversation 260
Ikáw namán: Your turn 261
Answers to exercises 263

Aral Labíngwaló (18): Ihandâ n'yo ang mesa 265
Tampók na usapan: Featured conversation 265
Ikáw namán: Your turn 266
Answers to exercises 268

Aral Labíngsiyám (19): Kumain ka ng gulay 270
Tampók na usapan 270
Ikáw namán 271
Achievement Test I 273
Answers to exercises 275

Aral Dalawampû (20): Ang gustó ko ay ang crispy pata 276
Tampók na usapan 276
Ikáw namán 277
Cultural note: Paru-paróng bukid, folk song 279
Answers to exercises 280

Aral Dalawampú't-isa (21): Chef salad lang sa akin 282
Tampók na usapan 282
Ikáw namán 283
Answers to exercises 285

Aral Dalawampú't-dalawá (22): Tulungan mo ngâ akóng maglabá? 286
Tampók na usapan 286
Ikáw namán 287
Answers to exercises 289

Aral Dalawampú't-tatló (23): Marami tayong gagawín 291
Tampók na usapan 291
Ikáw namán 292
Answers to exercises 294

Aral Dalawampú't-apat (24): Pagkatapos ng almusál 295
Tampók na usapan 295
Ikáw namán 296
Answers to exercises 298

Aral Dalawampú't-limá (25): Tinuruan akó ni Charina **300**
   Tampók na usapan 300
   Ikáw namán 301
   Achievement Test II 303
   Answers to exercises 305

Aral Dalawampú't-anim (26): Anú-anó ang lulutuin natin? **307**
   Tampók na usapan 307
   Ikáw namán 308
   Answers to exercises 309

Aral Dalawampú't-pitó (27): Matagál ka bang naghintáy? **311**
   Tampók na usapan 311
   Ikáw namán 312
   Achievement Test III 314
   Answers to exercises 317

Aral Dalawampú't-waló (28): Hindî kasya, masikíp **319**
   Tampók na usapan 319
   Ikáw namán 320
   Cultural note: Pandanggo sa Ilaw 322
   Answers to exercises 323

Aral Dalawampú't-siyám (29): Saán ba n'yo gustóng magpuntá? **325**
   Tampók na usapan 325
   Ikáw namán 326
   Answers to exercises 328

Aral Tatlumpû (30): Magkano ang isáng ticket? **330**
   Tampók na usapan 330
   Ikáw namán 331
   Achievement Test IV 333
   Answers to exercises 334

Standards of Achievement **337**
   Answers to Achievement Test III 343

Glossary **344**

Verbs **353**

What to expect in Book Two	**358**
Bibliography	**359**
Grammar	359
Dictionaries...	359
Filipino Culture...	359
Index	**360**
About the music on the CD	363

Figures

Figure numbers contain the lesson or chapter number as a prefix.

Figure 1-1: Baybayin, the ancient Filipino script	8
Figure 1-2: Bahay Kubo Music Score	12
Figure 2-3: ang-case noun markers	19
Figure 2-4: Kausap	20
Figure 2-5: The Philippines and neighbors: Ang Pilipinas at mga kasiping.	28
Figure 3-6: Basic sentence	36
Figure 3-7: Basic sentence in subject-predicate (SP)-order	37
Figure 3-8: Basic sentence in predicate-subject (PS)-order	37
Figure 3-9: Verb focus. Most Filipino verbs are either actor- or object-focus.	38
Figure 3- 10: -um verbs	40
Figure 3-11: Ama Namin, the Lord's Prayer, in baybayin	45
Figure 4-12: sa-case noun markers	52
Figure 4-13: sa-case personal pronouns	52
Figure 4-14: i- verbs	55
Figure 4-15: Bahay kubo, literally, hut house.	62
Figure 5-16: ng-case noun markers	69
Figure 5-17: ng-case personal pronouns, before	70
Figure 5-18: ng-case personal pronouns, after	71
Figure 5-19: ng-case personal pronouns	71
Figure 5-20: Summary of noun and pronoun forms	73
Figure 5-21: mag- verbs	77
Figure 5-22: Sampúng mga Dalirì Music Score...	88
Figure 6-23: "Planting Rice" by Fernando Amorsolo, Filipino painter..	103

Figure 7-24: daw/raw, baká, yatà, kayâ, palá 106
Figure 7-25: Gustó, like or wan..........109
Figure 7-26: Ayaw, dislike or not to want. 110
Figure 7-27: Kailangan, need. 112
Figure 6-28: -an verbs 116
Figure 7-29: Swimming in the South China Sea..........121
Figure 8-30: Street market, *palengke*, in metro Manila. 136
Figure 9-31: walâ, mayroón, kauntî, marami 138
Figure 9-32: Verbs of the senses, "can" 145
Figure 9-33: Verbs of the senses, proactive 147
Figure 9-34: Say "Kumustá" to these picnic-goers bound for Kawasan Falls. 154
Figure 9-35: Beautiful Kawasan Falls in southern Cebú. 155
Figure 10-36: Questions 157
Figure 10-37: dapat, maaarì, huwág, bawal 158
Figure 10-38: Verbs of the mind. 161
Figure 10-39: Comparison of adjectives 167
Figure 10-40: maka- verbs 170
Figure 10-41: Lerón-Lerón Sinta Music Score 177
Figure 11-42: maki- verbs 188
Figure 11-43: Drying palay on the road 194
Figure 12-44: Basic Sentence Pattern 1 202
Figure 12-45: A Filipino couple at prayer 209
Figure 13-46: Basic Sentence Pattern 2 216
Figure 13-47: Green rice fields 223
Figure 14-48: Basic Sentence Pattern 3 231
Figure 14-50: Stuck in metro Manila traffic 236
Figure 15-51: ipang- verbs 242
Figure 15-52: Basic Sentence Pattern 4 244
Figure 15-53: Magtanim ay di Biro Music Score 252
Figure 16-54: Usapan: Hindî pa ba tayo kakain? 254
Figure 15-55: "Harana" by Tony Doctor, Filipino painter.. 257
Figure 16-56: Usapan: Anó'ng ulam natin? 260
Figure 18-57: Usapan: Ihandâ n'yo ang mesa 265
Figure 19-58: Usapan: Kumain ka ng gulay 270
Figure 20-59: Usapan: Ang gustó ko ay ang crispy pata 276
Figure 20-60: Paru-paróng Bukid Music Score 279

Figure 21-61: Usapan: Chef salad lang sa akin 282
Figure 22-62: Usapan: Tulungan mo ngâ akóng maglabá 286
Figure 23-63: Usapan: Marami tayong gagawín...291
Figure 24-64: Usapan: Pagkatapos ng almusál..295
Figure 25-65: Usapan: Tinuruan akó ni Charina...300
Figure 26-66: Usapan: Anú-anó ang lulutuin natin? 307
Figure 27-67: Usapan: Matagál ka bang naghintáy?..311
Figure 28-68: Usapan: Hindî kasya, masikíp..319
Figure 28-69: "Pandanggo sa Ilaw" by Tony Doctor, Filipino painter. 322
Figure 29-70: Saán ba n'yo gustóng magpuntá? 325
Figure 30-71: Usapan: Magkano ang isáng ticket? 330

How to get the most out of this book

Welcome to *Learn Filipino*. This book is part of a system for learning Tagalog-based Filipino, the language of the Filipino people. In addition to you, the learner, and this book, the system includes two other components: the sound files on an accompanying CD or the website, www.tagalog1.com, and, finally, a live person to give you live feedback on your learning.

So you want to learn Filipino. Perhaps you want to be able to understand and speak with Filipino relatives and friends. Perhaps you never had the chance to learn the language of your parents. Or you may have other reasons. In any case you are motivated. Now you have this book, access to the sound recordings and a live person to help you learn the language. Here are some suggestions:

- Relax and take your time. Learning Filipino involves work, but it can also be fun. You provide the motivation. We provide a fun approach.
- Work with a live instructor, the CD or the sound files on the accompanying website, www.tagalog1.com. You will get better results with good feedback on your pronunciation.
- Say the sentences out loud. Say them over and over. Repetition is a key to your success.
- As much as possible, speak in complete sentences. We start you with complete sentences from Lesson One.
- Try to study for thirty uninterrupted minutes every day. Expect better results from studying every day than from studying two hours once every two weeks.
- Be persistent. Stay with the program. There are thirty lessons, six milestones, one milestone every five lessons. Each milestone marks the next higher level of capability. If you need to take a break, try to get to the nearest milestone first. Measure yourself periodically against the standards of achievement beginning on page 335.
- Speak Filipino every chance you get. Be brave. It's a mild adventure. If anybody laughs, it's with you, not at you. Ask people to speak slowly. Watch out for slang, which is beyond the scope of this book.
- And, most important, engage the mind. Every time you are asked, "How would you say this in Filipino?" make a genuine attempt to answer. Your effort starts in your mind and, if you follow through, ends with your saying something aloud in Filipino. Expect results when you find yourself doing this.

This book grew out of class handouts in the Tagalog 101–103 courses offered at the Fil-Am Atlanta School in 2002-2004. The students in those classes helped the author learn what works and what does not. Their comments and suggestions greatly improved the book's contents and style. Many volunteer test readers in various countries read the book draft in 2003-2004 and helped make the book better.

Happy learning! *Mag-Filipino pô tayo!* Let us speak Filipino!

MARAMING SALAMAT PÔ

Josephine Romero · Manny Francisco · Bambi Romero
Gene Paz · Linda Valenzuela · Lehni Estacio
Rosie Bray · Zennie Mendoza · Lizette Little   Ming Baldemor
Mark Sessoms · Francine Dubreuil · Irfan · Jenny Pedigo · Raul Magpoc · Jennifer Stanelle
Ralph O'Connor   Mia Mallari   Christine Hungeling   Tobias Stanelle   Pilita Mallari   Gloria Apanay
Menchu Paz   Ces Alberto · Tony Alberto · Roy Alberto ·Joy Alberto

---

CREDITS AND ACKNOWLEDGMENTS

Allinson Gallery, Fernando Amorsolo's painting *Planting Rice*
Lester Demetillo and the U.P. Guitar Ensemble, the music on the CD
Microsoft Corp., Expedia map of the Philippines
Omar Olarte, Kawasan Falls, Cebú, bahay kubo
Segundo Joaquin Romero, rice field, palay drying on road
Tony Doctor, his paintings *Harana* and *Pandanggo sa Ilaw*
R.A. Villanueva, Manila traffic, street market, church interior
Walter White IV, beach on South China sea

Abbreviations and Useful Words

a.f.	actor focus	aral	lesson
adj.	adjective	araw	day
adv.	adverb	at	and
conj.	conjunction	halimbawà	example
excl.	exclusive	hindî	no, not
expr.	expression	kausap	the person to whom one is speaking
fut.	future	o	or
impers.	impersonal	oo	yes
incl.	inclusive	pagsásanay	exercise
n.	noun	panag-urî	predicate
non-pers.	non-personal	pandiwà	verb
o.f.	object focus	panghalíp	pronoun
pers.	personal	pangungusap	sentence
pl.	plural	pang-urì	adjective
pred.	predicate	salità	word
prep.	preposition	simunò	subject
pres.	present	ugát	root
pron.	pronoun	usapan	conversation
pseudo-v.	pseudo-verb		
s.	singular	mga	pronounced "ma-nga"
s.b.	somebody	ng	pronounced "nang"
s.t.	something		
subj.	subject		
v.	verb		

Lesson headings. From lesson two on, lesson numbers are given in Filipino, with the lesson number in parentheses, e.g., *aral tatló* (3), for lesson three (3).

Syllabication. In the conversations syllables are separated by hyphens to help make reading and pronunciation easier. In the footnotes and vocabulary, syllables are separated by spaces.

Exercises. Answers to exercises are given at the end of each lesson.

Part One
Tutorial

Lesson One: Mga[1] pagbatì, Greetings

-- Kumustá, akó pô si Charina.
-- At akó namán pô si Kikò.

Lesson goals

§ 1. **Lesson goals.** By the end of this *aral* (lesson) you can expect to be able to:

   a. Greet others and introduce yourself
   b. Pronounce vowels and consonants
   c. Say *pô, rin, namán*
   d. Sing *Bahay Kubo*

§ 2. **Syllables.** To make it easier to read Filipino words in the conversations, we separate syllables with hyphens.

Useful phrases: Greetings and introductions

§ 3. **Listen and speak** Listen to the instructor or recording, then repeat out loud:

   -- A-ma-do, ku-mus-tá[2]? Amado, how are you?
   -- Ma-bu-ti na-mán, Ne-nè, i-káw, ku-mus-tá ka? Just fine, Nenè, how are you?
   -- Ma-bu-ti rin. Fine too.
   * * *

---

[1] **Mga** is pronounced **ma-nga**.
[2] From Spanish *como está*, how are you? The Spaniards first came in 1521 to what is now the Philippines, then came back in 1565 to set up a colony. Before then, the ancestors of today's Filipinos spoke and wrote languages similar to those in neighboring Indonesia and Malaysia. See Dela Costa, S.J., Horacio. *Readings in Philippine History* (Manila: Bookmark, 1965).

§ 4. **Kumustá**. Say *Kumustá* to greet somebody your age or younger. Say *Kumustá* any time of day. Say it to people you just met. Say it to people you already know. *Kumustá* means both "Hello" and "How are you?"

§ 5. **Mabuti**. Say *mabuti* to say "I'm fine." *Mabuti* literally means "good, " as in *mabuting bata*, good boy.

§ 6. **Namán**. *Namán* has many meanings. Here it means "considering." *Mabuti namán* means "fine, considering . . ."

§ 7. **Din and rin**. Say *din* or *rin* to say "too" or "also." Say *Kumusta rin* to say "Hello to you too." *Mabuti rin.* I too am fine. *Din* and *rin* are the same word. Say *rin* if the preceding word ends in a vowel; otherwise use *din*.[3]

Greeting	Comment
a. ku-mus-tá	hello
b. ma-bu-ti	fine
c. na-mán	also
d. rin	also

§ 8. **Pagsásanay 1-1: Exercise.** Somebody says, "How are you?" What would you say?

You hear: Ku-mus-tá.
You say: Ma-bu-ti na-man, ku-mus-tá ka?
* * *

§ 9. **Listen and speak** Listen, then repeat out loud:

-- Ku-mus-tá pô, a-kó pô si Amado. Hello, how are you. I am Amado.
-- Ma-bu-ti na-mán. Ku-mus-tá ka, Amado? Just fine. How are you, Amado?
-- Ma-bu-ti pô na-mán. Fine (, sir / ma'm.)

---

[3] The consonants "d" and "r" are sometimes interchangeable. In the ancient Filipino script called baybayin, the same symbols are used for "d" and "r."

4 LEARN FILIPINO

* * *

§ 10. **Kumustá pô**. Say **Kumustá** *pô* to greet somebody older or somebody you respect.

§ 11. **Pô**. In general, add **pô** when speaking to somebody you respect. Adding **pô** to a sentence is like adding "sir" or "ma'm" in English.

Greeting	Comment
a. Ku-mus-tá	Hello (casual)
b. Ku-mus-tá pô	Hello (formal)
c. Ma-bu-ti	I'm fine (casual)
d. Ma-bu-ti pô	I'm fine (formal)

§ 12. Say **akó si** or **akó pô si**, followed by your name to introduce yourself. *Akó pô si Calóy. Akó si Susan.*

§ 13. **Pagsásanay**[4] **1-2**. Introduce yourself:

Casual	Formal
A-kó si . . . (your name).	A-kó pô si . . . (your name).

§ 14. Say **si** or **siná** in front of the name(s) of a person or persons you are introducing.

Singular	Halimbawà[5]	Plural	Halimbawà
Si	si Amado si Charina	Si-ná	siná Amado at Nenè siná Kikò at Charina

§ 15. **Pagsásanay 1-3**. Somebody you respect says, "How are you?" What would you say?

You hear: Ku-mus-tá.
You say: Ma-bu-ti pô na-man, ku-mus-tá pô kayó?
* * *

---

[4] From now on we label exercises *Pagsasanáy*.
[5] **Halimbawà**, example

§ 16. **Listen and speak** Listen, then repeat out loud:

   -- Ma-gan-dáng u-ma-ga, Nenè. Good morning, Nenè.
   -- Ma-gan-dáng u-ma-ga rin, Amado. Good morning too, Amado.
   * * *

§ 17. **Magandáng umaga**. Say *ma-gan-dang umaga* to say "good morning."

§ 18. **Pagsásanay 1-4**. Somebody says, "Good morning." What would you say?

   You hear: Ma-gan-dáng u-ma-ga.
   You say: Ma-gan-dáng u-ma-ga rin.
   * * *

§ 19. **Listen and speak** Listen, then repeat out loud:

   -- Ma-gan-dáng ha-pon, Bambi. Good afternoon, Bambi.
   -- Ma-gan-dáng ha-pon din, Oliver. Good afternoon too, Oliver.
   * * *

§ 20. **Magandáng hapon**. Say *ma-gan-dang hapon* to say "good afternoon."

§ 21. **Pagsásanay 1-5**. Somebody says, "Good afternoon." What would you say?

   You hear: Ma-gan-dáng ha-pon.
   You say: Ma-gan-dáng ha-pon din.
   * * *

-- Magandáng umaga pô, ináy.
-- Magandáng umaga rin, Charina.

§ 22. **Listen and speak** Listen, then repeat out loud:

-- Ma-gan-dáng ga-bí, Ben. Good evening, Ben.
-- Ma-gan-dáng ga-bí rin, Juliet. Good evening too, Juliet.
* * *

§ 23. **Magandáng gabí.** Say *ma-gan-dang gabí* to say "good evening."

Greeting	Comment
a. Ma-gan-dang u-ma-ga	Good morning
b. Ma-gan-dang ha-pon	Good afternoon
c. Ma-gan-dang ga-bí	Good evening

§ 24. **Pagsásanay 1-6.** Somebody says, "Good evening." What would you say?

You hear: Ma-gan-dáng ga-bí.
You say: Ma-gan-dáng ga-bí rin.
* * *

§ 25. **Listen and speak** Listen, then repeat out loud:

-- Jennifer, ku-mus-tá. Jennifer, how are you?
-- OK lang, Mike, i-káw, ku-mus-tá ka? Just OK, Mike, how are you?
-- OK rin. OK too.
* * *

§ 26. **Pagsásanay 1-7**. Start a conversation:

You say: Ku-mus-ta, a-kó si _____ (your name).

§ 27. **Pagsásanay 1-8**. Reply to somebody who introduces him/herself:

You hear: Ku-mus-tá, a-kó si _____ (his/her name).

You say: Ma-bu-ti na-mán, a-kó si _____ (your name).

§ 28. **Pagsásanay 1-9**. Start a conversation, using respectful language:

You say: Ku-mus-tá pô, a-kó pô si _____ (your name).

§ 29. **Pagsásanay 1-10**. Reply, using respectful language, to somebody who introduces him/herself:

You hear: Ku-mus-tá, a-kó si _____ (his/her name).
You say: Ma-bu-ti pô na-mán, a-kó pô si _____ (your name).

Alphabet and pronunciation

§ 30. **Alphabet**. The modern Filipino alphabet consists of 28 letters: the 26 in the Latin alphabet, the Spanish consonant **ñ** (enye) and the Tagalog consonant **ng**:

a	b	c	d	e	f	g	h	i	j	k	l	m	n
ah	ba	se	da	eh	efe	ga	ha	eeh	hota	ka	la	ma	na

ñ	ng	o	p	q	r	s	t	u	v	w	x	y	z
enye	nang	oh	pa	ku	ra	sa	ta	uh	ve	wa	ekis	ya	zeta

OK lang akó, ikáw, kumustá ka?

§ 31. The languages of the pre-Hispanic Filipinos did not have the consonants *c, f, j, q, v, x* and *z*. Even today you may hear many Filipinos pronounce "v" as "b" and "f" as "p." The Spaniards first came in 1521 to what is now the Philippines, then came back in 1565 to establish a colony. Before then, the ancestors of today's Filipinos spoke and wrote languages similar to those in neighboring Indonesia and Malaysia.[6] Filipino, Bahasa Melayu and Bahasa Indonesia have many words in common, e.g.: *lalaki* (male), *bulan* (moon), *utang* (debt), *puti* (white), among others.

Figure 1-1: Baybayin, the ancient Filipino script

§ 32. **Vowels**. Each Filipino vowel sound consists of only one sound. Compare with English "a" as in "baby, which has two sounds: "bEIbi" or English "o" as in "post": "pOUst" or, finally, English "i" as in "bike": "bAIk." In this sense Filipino vowels are pure like vowels in Spanish or Italian. Pronounce every vowel as a separate sound. There are no diphthongs in Filipino; diphthongs are vowel combinations pronounced as one syllable.

---

[6] See www.bibingka.com/dahon/tagalog/tagalog.htm.

Pronounce	as in English	Example
a	father	ma-gan-dá, beautiful
e	egg	Nenè, a female name
i	each	i-big, want
o	long	to-to-o, true
u	food	ku-ku-nin, will take

§ 33. **Vowels**. The languages of the pre-Hispanic Filipinos only had three vowels: "a, " "e/i" and "o/u." Even today you may hear many Filipinos interchange "e" and "i, " and "o" and 'u."

§ 34. **Consonants**. Pronounce consonants as in English with the following considerations:

   a. "g" is always hard, as in "get, " never as in "gel."
   b. "c, f, q, v, x" exist only in words adopted from other languages.
   c. Pronounce adopted words as in their home language.
   d. All other consonants are pronounced as in English.
   e. In addition, there is the consonant "ng"; in the alphabet, it comes after "ñ, " which comes after "n."
   f. More on the pronunciation of "ng" below.

§ 35. **Nga**. To produce the "nga" sound, do the following.

   a. Say "ring around."
   b. Say "ring a."
   c. Say "ing a."
   d. Say "ng a."
   e. Say "nga."

§ 36. **Pagsásanay 1-11**. **Nga**. Practice saying the Filipino consonant "nga" with the following:

a.	ang	tang-hál, present, show
b.	ing	pi-ging, banquet
c.	ong	ba-gong, new
d.	ung	tung-kól, about

§ 37. **Pagsásanay 1-12**. **Nga**. Practice saying the Filipino consonant "nga" with the following:

a. nga	ba-ngâ, claypot
b. ngi	ba-ngin, cliff
c. ngo	ba-ngó, scent
d. ngu	ba-ngús, milkfish

§ 38. **Pagsásanay 1-13**. **Nga**. Practice saying the Filipino consonant "nga" with the following words:

a. mga	(pronounced **ma-nga**, the plural marker for nouns)
b. nang	
c. ng	(pronounced like "nang," but is a different word)
d. ma-nga-rap	to dream
e. sa-nga	branch
f. nga-yón	now
g. ka-i-la-ngan	need

Vocabulary

§ 39. **Vocabulary.** In this *aral* you met the following words and phrases (excluding the words for pronunciation practice):

a kó, *pron.,* I, ang-case
ay, *marker,* predicate marker
din, *adv.,* also
ga bí, *n.,* evening, night
ha pon, *n.,* afternoon
i káw, *pron.,* you, s., ang-case, before verb
ka, *pron.,* you, s., ang-case, after verb
ka yó, *pron.,* you, pl., ang-case
ku mus tá, hello; how are you
lang, *adv.,* only; short for lamang, only, just
ma bu ti, *adj.,* good, kind
ma gan dá, *adj.,* beautiful
na mán, *adv.,* (various meanings)
pô, *marker,* respect; presence in sentence marks respect on the part of speaker
rin, *adv.,* too, also
si, *marker,* sa-case, personal, s.

u ma ga, *n.,* morning

Review and checklist

§ 40. **Checklist.** In this aral you expected to learn the following skills:

    a. Greet others and introduce yourself
    b. Pronounce vowels and consonants
    c. Say *pô, rin, namán, lang*
    d. Sing *Bahay Kubo*

Congratulations, you've completed aral (lesson) 1.

Bahay Kubo

Awit Bayang Tagalog
Isinaayos ni Vic Romero

Lesson Two: Introduce yourself

Lesson goals

§ 41. **Lesson goals.** In this aral you can expect to learn to:

a. Introduce yourself, again
b. Use word linkers
c. Refer to persons and things as subject: **ang-case**
d. Count to 10
e. Say palá, namán

Si Amado
Si Nenè
Siná Amado at Nenè

Pronunciation: word linkers

§ 42. **Linkers.** Use linkers to connect words in the following situations:

Situation	Halimbawà
a. Adjective + noun	Ma-ba-ít **na** batà
b. Noun + adjective	Ba-ta**ng** ma-ba-it
c. Pronoun + noun	I-yó**ng** a-nák
d. Pronoun + infinitive	Gus-tó ko**ng** ku-ma-in

§ 43. **Linkers.** Linkers make spoken Filipino sound better. People may understand you, if you omit linkers; but they will understand you better if you use them.

- Add **–ng** to a word ending in a vowel
- Add **–g** to a word ending in n.

LEARN FILIPINO 13

	If	Do	Halimbawà
a.	A word ends in a vowel	Add -ng	Ta-yo: ta-yong la-hát
b.	A word ends with n	Add -g	A-kin: a-king la-ru-án
c.	A word ends with a consonant	Use the separate word na	Ma-bilís: ma-bi-lís na sa-sak-yán

Mga halimbawà:
a. Ma-ra-mi ka-míng ga-ga-wín.
b. Wa-lâ a-kóng pu-pun-ta-hán.
c. Sa-áng pa-a-ra-lán pu-ma-pa-sok ang mga a-nák mo?

§ 44. **Pagsásanay 2-1**. Modify the following phrases by adding the correct linker, as in the examples:

Mga halimbawà:

i-yó + da-mít	i-yó**ng** da-mít
a-kin + co-che	a-ki**ng** co-che
ma-sa-ráp + u-lam	ma-sa-ráp **na** u-lam

You hear	You say
a. ka-ni-lá + ba-hay	ka-ni-lá**ng** ba-hay
b. no-ón + ling-gó	no-ó**ng** ling-gó
c. ma-hi-rap + ma-mà	ma-hi-rap **na** ma-mà
d. a-min + ba-yan	a-mi**ng** ba-yan
e. ma-ta-ás + pu-nò	ma-ta-ás **na** pu-nò
f. mu-ra + sa-pa-tós	mu-ra**ng** sa-pa-tós
g. ma-ba-ít + ba-tà	ma-ba-ít **na** ba-tà
h. ma-si-pag + na-nay	ma-si-pag **na** na-nay
i. ta-o + gu-tóm	ta-o**ng** gu-tóm
j. ba-tá + bu-sóg	ba-tá**ng** bu-sóg

Pronunciation: stress and accent

§ 45. **Stress and accent.** There are four classes of word stress and accent. All Filipino words fall into one of these four classes:

Name of stress	Name of accent mark	Accent mark
a. ma-lu-may	no accent	
b. ma-lu-mì	grave accent	`
c. ma-bi-lís	acute accent	´
d. ma-rag-sâ	circumflex accent	^

§ 46. Each class name is an example the stress and accent of the words in the class, that is, the words in each class have the same word stress and accent as the class name. Thus, all words in the *malumay* class have no accent. All words in the *malumì* class have the grave accent. All words in the *mabilís* class have the acute accent. All words in the *maragsâ* class have the circumflex accent.

§ 47. Technically, the accents are part of the written language. In practice, however, many Filipino writers omit the accents. If you grew up with the language, you would know how to pronounce words from the context. If not, you would find the accents useful aids to pronunciation.

§ 48. **Malumay**. Place the stress on the second to the last syllable. There is no accent mark. Listen to the instructor or recording and practice saying the following:

a. gu-mi-sing	to wake up
b. bu-ma-ngon	to get up
c. mag-a-ga-han	to eat breakfast
d. mag-bi-his	to change clothes

§ 49. **Malumì** As in *malumay*, emphasis in *malumì* words is on the semifinal syllable. The difference is the glottal stop; stop the vowel sound short in the throat. It's like saying "uh-oh." The first syllable is stopped short in the throat. That is a glottal stop. *Malumì* words are like that. Mark the last vowel with a grave accent (`), called "pahiwà." Note that accent marks are only placed on vowels. Consonants never have accent marks. Practice by saying the following out loud:

a. a-wà	mercy
b. ha-lim-ba-wà	example

c.	Ki-kò	a boy's name
d.	ku-sà	willingly

§ 50. **Malumì and word linkers**. Notice that all *malumì* words end in a vowel. Following the rules for word linkers given above, we add **–ng** to the end of a *malumì* word. But doing so would make the word end in **–g**. So it is no longer a *malumì* word; instead it becomes a *malumay* word.

§ 51. **Mabilís**. Place the emphasis on the last syllable. Mark the last vowel with an acute accent (´), called "pahilís." Practice by saying the following out loud:

a.	a-li-sín	to remove
b.	lu-ma-bás	to go out
c.	lu-ma-ngóy	to swim
d.	mag-da-sál	to pray

§ 52. **Maragsâ**. Like *mabilís*, emphasis in *maragsâ* words is on the last syllable. The difference is the glottal stop; stop the vowel sound short in the throat. It's like saying "uh-oh." The first syllable is stopped short in the throat. That is a glottal stop. *Maragsâ* words are like that. So, *maragsâ* words are like *mabilís*, except they end in a glottal-stopped vowel. *Maragsâ* words are like *malumì*, except their emphasis is on the last syllable. Mark the last vowel with a circumflex accent (^), called *pakupyâ*. Practice by saying the following out loud:

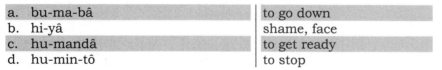

Isá, dalawá, tatló, apat, limá, anim, pitó, waló, siyám, sampû

a.	bu-ma-bâ	to go down
b.	hi-yâ	shame, face
c.	hu-mandâ	to get ready
d.	hu-min-tô	to stop

§ 53. **Maragsâ and word linkers**. Notice that all *maragsâ* words end in a vowel. Following the rules for word linkers given above, we add **–ng** to the end of a *maragsâ* word. But doing so would make the word end in **–g**. So it is no longer a *maragsâ*; instead it becomes a *mabilís* word.

Useful phrases: count to ten

§ 54. **Count to 10.** Here are our first numbers:

1	2	3	4	5
i-sá	da-la-wá	tat-ló	a-pat	li-má

6	7	8	9	10
a-nim	pi-tó	wa-ló	si-yám	sam-pû

§ 55. **Pagsásanay 2-2.** How would you say the following in Filipino?

	Answer
a. ten fingers[7]	
b. seven samurai	
c. one nose[8]	
d. two eyes[9]	
e. three stars[10]	

§ 56. **Listen and speak.** Listen to the recording or the instructor, then repeat out loud:

-- Ku-mus-tá, akó si Charina. Hello, I'm Charina.
-- Ku-mus-tá ka, Charina. How are you, Charina?
-- Ma-bu-ti namán.

* * *

Grammar: persons and things: ang-case

§ 57. **Noun and pronoun cases.** To help us learn the ways in which nouns and pronouns are used, we

---

[7] **da li rì**, n., finger
[8] **i long**, n., nose
[9] **ma tá**, n., eye
[10] **bi tu win**, n., star

learn a language tool called *case,* which tells how a noun or pronoun is used in a sentence. There are three cases of nouns and pronouns: a) *ang-case,* b) *sa-case* and c) *ng-case.* The ang-case is the case of the subject of the sentence. The sa-case is the case of *place.* Nouns and pronouns in the ng-case serve, in various situations, as: a) owner, b) direct object and c) doer of the verb's action

§ 58. **ang-case.** The first of three cases of nouns and pronouns is the ang-case, the case of the subject of the sentence. In the following sentences, the phrases in boldface are in the ang-case:

a.	**Kikò and Charina** washed their hands.	Nag-hu-gas ng ka-may **si-ná Kikò at Charina.**
b.	**They** are very helpful.	**Si-lá** ay ma-tu-tu-lu-ngin.
c.	**The table** was set by Kikò and Charina.	I-ni-han-da ni-ná Kikò at Charina **ang mesa.**
d.	**It** was sold for $100.	Na-i-pag-bi-li **i-tó** nang san-da-ang-pi-so.

§ 59. Consider the boldfaced phrases in the sentences above.
Do you agree
that the boldfaced phrase
is what is being talked about in each sentence?
If so, you understand the ang-case.

§ 60. When we refer to a person or persons by name as subject(s) of a sentence,
we use "si" or "siná" in front of the name(s).

Marker	Examples
si	si Amado, si Charina
si-ná	siná Amado at Nenè, siná Kikò at Charina

§ 61. Nouns that are not names of persons in the ang-case
are marked by "ang" and "ang mga."[11]

Marker	Examples

---

[11] Remember, "mga" is pronounced "ma-nga."

Marker	Examples
ang	ang bahay, ang Pilipinas
ang mga	ang mga bahay, ang mga dela Cruz

ang-case Noun Markers

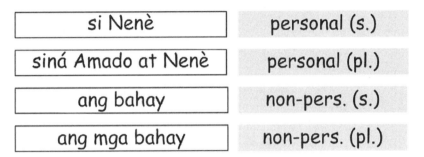

Figure 2-3: ang-case noun markers

§ 62. **ang case** Personal pronouns. Following are the ang-case personal pronouns. These pronouns serve as subjects of their respective sentences.

	Pronoun	
a.	a-kó	I
b.	i-káw	you (s.)
c.	si-yá	he, she
d.	ta-yo	we (incl.)
e.	ka-mí	we (excl.)
f.	ka-yó	you (pl.)
g.	si-lá	they

§ 63. **Tayo and kamí**. Filipino has two forms for "we": 1) one includes the person to whom you are speaking (the inclusive form); 2) the other does not (the exclusive form). The *kausap* is the person to whom are speaking. When you use the inclusive form, the kausap is included. When you use the exlusive form, the kausap is not included.

Kausap
The person to whom you are speaking

tayo at kamí

| tayo | Kausap is included |
| kamí | Kausap is not included |

Figure 2-4: Kausap

§ 64. **Ikáw and ka.** *Ikáw* becomes *ka* when the predicate comes before the subject.

| I-káw ay ku-ma-ka-in. Ku-ma-ka-in ka. | You are eating. |
| I-káw ay ma-gan-da. Ma-gan-da ka. | You are good-looking. |

§ 65. **Terms of kinship.** There is an exception to the rule to distinguish between names of persons and all other names. Terms of kinship may be regarded as both personal and non-personal. Thus, you may say:

a. ang na nay or si na nay (mother)
b. si a te or ang a te (older sister)
c. ang ta tay or si ta tay (father)
d. si lo lo or ang lo lo (grandpa)

ang-case Personal Pronouns

I	you (s.)	he / she
akó	ikáw	siyá

we (incl.)	we (excl.)	you (pl.)	they
tayo	kamí	kayó	silá

Figure 2-2: ang-case personal pronouns

§ 66. **Listen and speak.** Listen, then repeat out loud:

-- A-ling[12] Sa-líng, itó pô ang na-nay ko. Ms. Saling, this is my mother.
-- Ah, si-lá pa-lá si A-ling Sa-ling.
-- Ku-mus-tá pô kayó?
-- I-ki-ná-ga-ga-lák ko pô. I am pleased (to meet you).
* * *

§ 67. **palá**. Say *palá* to indicate somebody or something that you were not expecting.

Filipino	Comment
a. I-káw pa-lá.	It's you!
b. Si Au-ring pa-lá ang na-na-lo.	It was Auring that won (I wasn't expecting that).
c. Nan-di-to pa-lá ang a-king chi-ne-las. Ang chi-ne-las ko pa-lá ay nan-di-to.	My slippers are here (wasn't expecting them to be here.)

§ 68. **Listen and speak.** Listen to the recording or the instructor, then repeat out loud:

---

[12] **a ling**, n., title of respect for a woman; put in front of the name of a woman to whom you are not related.

-- Leila, ki-la-lá mo ba si Doris? Leila, do you know Doris?
-- Ku-mus-tá ka, Doris?
-- Ma-buti na-mán.
* * *

OK lang akó.
Ikáw, kumustá ka?

§ 69. **Proper and common nouns.** A proper noun is the name of a specific person, place or thing, such as Juan, Manila, Jolibee and Limtuaco. A proper noun begins with a capital letter. A common noun does not begin with a capital letter, and it names an unspecified person, place or thing. The following are common nouns: girl, table, house, ball.

§ 70. **Listen and speak.** Listen to the recording or the instructor, then repeat out loud:

-- A-kó si Amado. I am Amado.
-- A-kó na-mán si Nenè. And I am Nenè.
* * *

§ 71. **Namán.** *Namán* has many meanings. Here it means "and." Previously you learned that n*amán* also means "considering." *Mabuti namán* means "fine, considering . . . ."

§ 72. **Personal and non-personal nouns.** In English we distinguish between proper nouns and common nouns. In Filipino we distinguish between names of persons (personal nouns) and all other nouns (non-personal nouns).
The non-personal nouns include all nouns (both common and proper) that are not names of persons.

§ 73. **Listen and speak.** Listen to the recording or the instructor, then repeat out loud:

-- Kikò, i-tó si Pepe, a-king ka-i-bi-gan. Kikò, this is Pepe, a friend.

-- Pepe, i-tó si Kikò, a-king ka-pa-tid. Pepe, this is Kikò, my brother.
-- Ku-mus-tá ka, Pepe.
-- OK lang. I-káw, ku-mus-tá ka?

* * *

§ 74. **Pagsásanay 2-3.** How would you say the following in Filipino?

		Answer
a.	I am Steve.	
b.	How are you, Susan?	
c.	I'm fine, Joe.	
d.	Good morning (respectfully).	
e.	Kikò is eating.	
f.	This is my dad (respectfully).	
g.	Good afternoon, Pepe.	
h.	Good evening (respectfully).	
i.	How are you? (respectfully)	
j.	Just fine.	

Vocabulary

§ 75. **Vocabulary.** In this aral you met the following words and phrases:

a kin, *pron.,* my, s., ng-case, before
ang, *marker,* ang-case, non-personal, s.
at, *conj.,* and
ba, *marker,* question marker; presence in sentence makes sentence a question
ba hay, *n.,* house, home
bi tu wín, *n.,* star
chi ne las, *n.,* slippers
da la wá, *numeral,* two
da li rì, *n.,* finger
i han dâ, *v., o.f.,* to prepare s.t.: i-hi-na-han-dâ, i-hi-nan-dâ, i-ha-han-dâ
i lóng, *n.,* nose
i sá, *numeral,* one
i tó, *pron.,* this; ang-case, impers.

ka i bi gan, *n.,* friend
ka may, *n.,* hand
ka pa tid, *n.,* sibling
ki la la nin, *v., o.f.,* to be acquainted with s.b.: ki-ni-ki-la-la, ki-ni-la-la, ki-ki-la-la-nin
ko, *pron.,* me, ng-case
ku ma in, *v., a.f.,* to eat: ku-ma-ka-in, ku-ma-in, ka-ka-in
mag hu gas, *v., a.f.,* to wash: nag-hu-hu-gas, nag-hu-gas, mag-hu-hu-gas
ma i pag bi lí, *v., o.f.,* to be able to sell s.t.: na-i-pag-bi-bi-lí, na-i-pag-bi-lí, ma-i-pag-bi-bi-lí
ma na lo, *v., a.f.,* to win: na-na-na-lo, na-na-lo, ma-na-na-lo
ma tá, *n.,* eye
ma tu tu lu ngin, *adj.,* helpful
me sa, *n.,* table
mga, *marker,* plural marker, all cases
mo, *pron.,* you, s., ng-case
nan di to, na ri tó, *adj.,* here
nang, *adv. or conj.,* (various meanings; see text)
ng, *marker,* ng-case, non-personal, s.
ni ná, *marker,* ng-case, pers., pl.
pa lá, *adv.,* marker of mild surprise
Pi li pi nas, *n.,* Philippines
pi tó, *numeral,* seven
sam pú, *numeral,* ten
san da ang - pi so, *n.,* 100 pesos
si lá, *pron.,* they
si ná, *marker,* ang-case, personal, 3rd person pl.
ta tay, *n.,* father
tat ló, *numeral,* three

Kayó palá si Aling Salíng.

§ 76. **Conversations**. By now you can expect to engage in conversations like the following. Go ahead and practice these conversations out loud. And invent your own!

-- Ku-mus-tá.
-- Ma-bu-ti na-man, i-káw, ku-mus-tá ka?
* * *
-- Ma-gan-dáng u-ma-ga.

-- Ma-gan-dáng u-ma-ga rin.
* * *
-- I-náy, i-tó pô si Pepe, a-king ka-i-bi-gan.
-- Pepe, i-tó ang a-king na-nay, si Aling Nenè.
-- I-káw pa-lá si Pepe. Ku-mus-tá ka, Pepe.
-- OK lang pô. Ku-mus-tá pô kayó?
* * *

-- Nenè, ki-la-lá mo ba si Mameng?
-- Ku-mus-tá ka, Mameng?
-- Ma-bu-ti na-mán, Nenè
* * *

Review and checklist

§ 77. **Checklist.** In this aral you expected to learn to:

   a. Introduce yourself, again
   b. Use word linkers
   c. Refer to persons and things as subject: **ang-case**
   d. Count to 10: isá, dalawá, tatló, apat, limá, anim, pitó, waló, siyám, sampú.
   e. Say palá, namán

Answers to exercises

§ 78. **Answers to Pagsásanay 2-1**. Modify the following phrases by adding the correct linker, as in the examples:

You hear	You say
a. ka-ni-lá + ba-hay	kanilá**ng** bahay
b. no-ón + ling-gó	noó**ng** linggó

You hear	You say
c. ma-hi-rap + ma-mà	mahirap **na** mamà
d. a-min + ba-yan	ami**ng** bayan
e. ma-ta-ás + pu-nò	mataás **na** punò
f. mu-ra + sa-pa-tós	mura**ng** sapatós
g. ma-ba-ít + ba-tà	mabaít **na** batà
h. ma-si-pag + na-nay	masipag **na** nanay
i. ta-o + gu-tóm	tao**ng** gutóm
j. ba-tà + bu-sóg	bata**ng** busóg

§ 79. **Answers to Pagsásanay 2-2.** How would you say the following in Filipino?

	Answer
a. ten fingers[13]	sampúng dalirì
b. seven samurai	pitóng samurai
c. one nose[14]	isáng ilóng
d. two eyes[15]	dalawáng matá
e. three stars[16]	tatlóng bituwín

§ 80. **Answers to Pagsásanay 2-3.** How would you say the following in Filipino?

	Answer
a. I am Steve.	Akó si Steve.
b. How are you, Susan?	Kumusta ka, Susan.
c. I'm fine, Joe.	Mabuti naman, Joe.
d. Good morning (respectfully).	Magandang umaga pô.
e. Kikò is eating.	Si Kikò ay kumakain.
f. This is my dad. (respectfully).	Itó pô ang aking tatay.
g. Good afternoon, Pepe.	Magandang hapon, Pepe.
h. Good evening (respectfully).	Magandang gabí pô.

---

[13] **da li rì**, n., finger
[14] **i long**, n., nose
[15] **ma tá**, n., eye
[16] **bi tu win**, n., star

		Answer
i.	How are you? (respectfully)	Kumusta pô kayó?
j.	Just fine.	OK lang.

We've reached the end of aral 2.
Congratulations!
See you in aral 3.

Cultural note: Where is the Philippines?

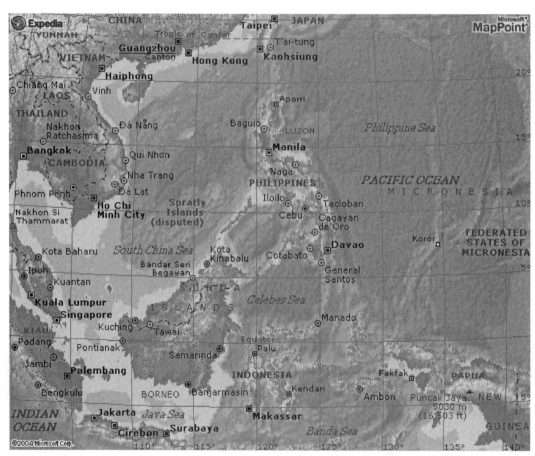

Figure 2-5: The Philippines and neighbors: Ang Pilipinas at mga kasiping.

Looking at the map, you can begin to understand the Malay and Indonesian influence on Filipinos. The ancestors of many of today's Filipinos are believed to have come from the lands that are today called Malaysia and Indonesia. See Dela Costa, S.J., Horacio. *Readings in Philippine History* (Manila: Bookmark, 1965). Their languages still share many words in common, including: *lalaki* (male), *putî* (white), *mura* (*mudah* in Malay, inexpensive). Photo courtesy of and © 2004 Microsoft Corp.

Aral Tatló (3): I don't understand

Hin-dî ko
na-i-in-tin-di-hán.

Lesson goals

§ 81. **Lesson goals.** In this aral you can expect to learn to:

a. Pronounce *malumay* words better
b. Say "at, " "ba, " "I don't understand"
c. Say hindî, na, pa, hindî na, hindî pa
d. Use your first firsbs and build your first complete sentences, using –um verbs: *dumating, kumain, uminom, umalis*
e. Describe and use verb families and verb focus

Pronunciation: malumay

§ 82. **Malumay.** Practice pronouncing malumay words. Place the stress on the second to the last syllable. There is no accent mark. Say the following out loud:

Malumay Word	Comment
a. gu-mi-sing	to wake up
b. bu-ma-ngon	to get up
c. mag-a-ga-han	to eat breakfast
d. mag-bi-his	to change clothes
e. mag-sa-pa-tos	to put on shoes
f. mag-ha-pu-nan	to have supper
g. mag-me-ri-en-da	to have a snack

Malumay Word	Comment
h. mag-si-pil-yo	to brush teeth
i. mag-a-ral	to study
j. mag-tra-ba-ho	to work
k. mag-ma-no	to kiss an elder's hand
l. ma-tu-log	to sleep

Useful phrases: at, ba, "I don't understand"

§ 83. **At.** Say **at** to say "and": *Kikò* **at** *Charina*, Kikò and Charina

§ 84. **Ba. Ba** is the marker for questions. Filipino has many markers. We've already seen **ay**, the predicate marker, and **si** and **siná**, the markers for nouns in the **ang**-case. In general, place **ba** after the predicate. There are exceptions, for the sake of euphony or good sound. Turn a statement into a yes-or-no question by adding *ba*. For other types of questions use an interrogative such as: *sino*, who; *anó*, what; *kailán*, when; *saán*, where; *bakit*, why; and *paano*, how. More on this in a subsequent lesson.)

Statement	Question	Comment
a. Ku-ma-in ka na.	Ku-ma-in ka na *ba*?	ku-ma-in = to eat
b. Du-ma-ting na silá.	Du-ma-ting na *ba* si-lá?	du-ma-ting = to arrive
c. Gu-tóm siyá.	Gu-tóm ba si-yá?	gu-tóm = hungry
d. Ma-ta-bâ akó.	Ma-ta-bâ ba a-kó?	ma-ta-bâ = fat
e. Pa-yát si Kikò.	Pa-yát ba si Kikò?	pa-yát = thin
f. Ma-sa-ráp ang pag-ka-in.	Ma-sa-ráp ba ang pag-ka-in?	ma-sa-ráp = delicious

§ 85. **"I don't understand."** Say the following to say "I don't understand." Remember that **pô** makes a sentence respectful. Without **pô**, a sentence is casual.

Halimbawà	Comment
a. Hin-dî ko na-i-in-tin-di-han.	I don't understand.
b. Hin-dî ko pô na-i-in-tin-di-han.	I don't understand. (respectful)
c. Hin-dî ko pô na-ri-nig.	I didn't hear.

Halimbawà	Comment
d. Pa-ci-en-ci-a ka na.	Excuse me (literally, please be patient)
e. Pa-ci-en-ci-a na pô ka-yó.	Excuse me.
f. Pa-ki-ba-ga-lan ngâ pô.	Please slow down.
g. Pa-ki-ba-ga-lan ngâ.	Please slow down.
h. Pa-ki-u-lit ngâ pô.	Please repeat.
i. Pa-ki-u-lit ngâ.	Please repeat.
j. Pa-ki-u-lit pô.	Please repeat.

§ 86. **Pagsásanay 3-1.** How would you say the following in Filipino?

	Answer
a. Have you (s.) eaten?	
b. Are you (pl.) hungry?	
c. Am I fat?	
d. Is the food delicious?	
e. I do not understand.	
f. She did not hear.	
g. Excuse me.	
h. Please repeat.	
i. Please slow down.	
j. Has she arrived?	

Useful phrases: Hindî, na, pa, hindî na, hindî pa

§ 87. **Hindî.** Say **hindî** to say "no" or "not." Say the sentences below out loud and notice where **hindî** is placed. Remember that **ikáw** changes to **ka** when it is placed after the verb.

hindî	no, not

Subject-Predicate	Predicate-Subject
a. Ta-yo ay **hin-dî** ku-ma-ka-in.	**Hin-dî** ta-yo ku-ma-ka-in.
b. Si-lá ay **hin-dî** u-mi-nóm.	**Hin-dî** si-lá u-mi-nóm.
c. Ka-yo ay **hin-dî** ka-ka-in.	**Hin-dî** ka-yo ka-ka-in.

Subject-Predicate	Predicate-Subject
d. Ka-mí ay **hin-dî** ku-ma-in.	**Hin-dî** ka-mí ku-ma-in.
e. Siná Kikò at Charina ay **hin-dî** u-mi-i-nóm.	**Hin-dî** u-mi-i-nóm siná Kikò at Charina.
f. A-kó ay **hin-dî** i-i-nóm.	**Hin-dî** a-kó i-i-nóm.
g. I-káw ay **hin-dî** u-mi-nóm.	**Hin-dî** ka u-mi-nóm.
h. Si-yá ay **hin-dî** ku-ma-ka-in.	**Hin-dî** si-yá ku-ma-ka-in.
i. Si Cha-ri-na ay **hin-dî** ka-ka-in.	**Hin-dî** ka-ka-in si Cha-ri-na.

§ 88. **Na at pa.** Say **na** to say "already." Say **pa** to say "yet" or "still." Say the sentences below out loud.

na	already
pa	yet, still
hindî	no, not

Subject-Predicate	Predicate-Subject
a. Ta-yo ay ku-ma-ka-in **na**.	Ku-ma-ka-in **na** ta-yo.
b. Si-lá ay u-mi-nóm **na**.	U-mi-nóm **na** si-lá.
c. Ka-yo ay ka-ka-in **na**.	Ka-ka-in **na** ka-yo.
d. Ka-mí ay ku-ma-in **na**.	Ku-ma-in **na** ka-mí.
e. Siná Kikò at Charina ay u-mi-i-nóm **na**.	U-mi-i-nóm **na** siná Kikò at Charina.
f. A-kó ay i-i-nóm **na**.	I-i-nóm **na** a-kó.
g. I-káw ay u-mi-nóm **na**.	U-mi-nóm **na** i-káw.
h. Si-yá ay ku-ma-ka-in **na**.	Ku-ma-ka-in **na** si-yá.
i. Si Cha-ri-na ay ka-ka-in **na**.	Ka-ka-in **na** si Cha-ri-na.

§ 89. **Hindî pa.** Say **hindî pa** to say "not yet." Say the sentences below out loud.

hindî pa	not yet
hindî	no, not
na	already
pa	yet, still

Subject-Predicate	Predicate-Subject
a. Ta-yo ay **hin-dî pa** ku-ma-ka-in.	**Hin-dî pa** ta-yo ku-ma-ka-in.
b. Si-lá ay **hin-dî pa** u-mi-nóm.	**Hin-dî pa** si-lá u-mi-nóm.
c. Ka-yo ay **hin-dî pa** ka-ka-in.	**Hin-dî pa** ka-yo ka-ka-in.
d. Ka-mí ay **hin-dî pa** ku-ma-in.	**Hin-dî pa** ka-mí ku-ma-in.
e. Siná Kikò at Charina ay **hin-dî pa** u-mi-i-nóm.	**Hin-dî pa** u-mi-i-nóm siná Kikò at Charina.
f. A-kó ay **hin-dî pa** i-i-nóm.	**Hin-dî pa** a-kó i-i-nóm.
g. I-káw ay **hin-dî pa** u-mi-nóm.	**Hin-dî pa** ka u-mi-nóm.
h. Si-yá ay **hin-dî pa** ku-ma-ka-in.	**Hin-dî pa** si-yá ku-ma-ka-in.
i. Si Cha-ri-na ay **hin-dî pa** ka-ka-in.	**Hin-dî pa** ka-ka-in si Cha-ri-na.

§ 90. **Hindî na.** Say **hindî na** to say "not anymore." Say the sentences below out loud.

hindî na	not anymore
hindî pa	not yet
hindî	no, not
na	already
pa	yet, still

Subject-Predicate	Predicate-Subject
a. Ta-yo ay **hin-dî na** ka-ka-in.	**Hin-dî na** ta-yo ka-ka-in.
b. Si-lá ay **hin-dî na** u-mi-nóm.	**Hin-dî na** si-lá u-mi-nóm.
c. Ka-yo ay **hin-dî na** ka-ka-in.	**Hin-dî na** ka-yo ka-ka-in.
d. Ka-mí ay **hin-dî na** ku-ma-in.	**Hin-dî na** ka-mí ku-ma-in.
e. Siná Kikò at Charina ay **hin-dî na** u-mi-i-nóm.	**Hin-dî na** u-mi-i-nóm siná Kikò at Charina.
f. A-kó ay **hin-dî na** i-i-nóm.	**Hin-dî na** a-kó i-i-nóm.
g. I-káw ay **hin-dî na** u-mi-nóm.	**Hin-dî na** ka u-mi-nóm.
h. Si-yá ay **hin-dî na** ka-ka-in.	**Hin-dî na** si-yá ka-ka-in.
i. Si Cha-ri-na ay **hin-dî na** ka-ka-in.	**Hin-dî na** ka-ka-in si Cha-ri-na.

§ 91. **Na at pa.** *Na* and *pa* are rich in meaning. This table of expectations should help. *Kausap* is the person you are speaking to.

What speaker thinks or expects	What kausap thinks or expects	If he agrees, speaker says:	If he disagrees, speaker says:
	Speaker hasn't eaten	Hindî pa akó kumain.	Kumain na akó.
	Speaker has eaten	Kakain pa lang akó	Hindî pa akó kumain. Kakain pa lang akó.
Kausap should not eat (for whatever reason, such as "we don't have the time.")		Kakain ka pa! (with attitude)	
Kausap has already eaten and should not now eat		Kumain ka na, ah. (with attitude)	
Kausap has not eaten and should now eat		Kain na! Short for "Kumain ka na"	

§ 92. **Pagsásanay 3-2.** You will hear a sentence in the past aspect in the affirmative. Say the equivalent sentence in the negative.

You hear	Answer
a. Ku-ma-in na ka-mí.	
b. U-ma-lís na si-yá.	
c. U-ma-lís ka na.	
d. Du-ma-tíng na ta-yo.	
e. Du-ma-tíng na si-lá sa ba-hay.	
f. U-ma-lís na ta-yo di-to.	
g. Pu-mun-tá na ta-yo do-ón.	

Grammar: first verbs and sentences

§ 93. **Verbs.** Here are two frequently-used verbs. Let's use them to build our first sentences.

1 Root	2 Infinitive	3 Present	4 Past	5 Future	6
da-tíng	du-ma-tíng	du-ma-ra-tíng	du-ma-tíng	da-ra-ting	to come, to arrive
a-lís	u-ma-lís	u-ma-a-lís	u-ma-lís	a-a-lís	to leave, to depart

§ 94. **Sentences**. We begin building sentences. We start with a reference to a person, add the predicate marker **ay** and finish with one of the verbs we just learned. And we have a simple sentence. Say the sentences below out loud.

    a. A-kó ay du-ma-tíng. *I arrived.*
    b. I-káw ay du-ma-ra-tíng.
    c. Si-yá ay da-ra-ting.
    d. A-kó ay u-ma-lís.
    e. Si Ki-kò ay u-ma-a-lís.
    f. I-káw ay a-a-lís.

§ 95. If you haven't already figured out what these sentences say, here it is:

	Person (subject)	ay	Verb (predicate)	Comment
a.	A-kó	ay	du-ma-tíng.	I arrived.
b.	I-káw	ay	du-ma-ra-tíng.	You are arriving.
c.	Si-yá	ay	da-ra-ting.	He (or she) will arrive.
d.	A-kó	ay	u-ma-lís.	I left.
e.	Si Ki-kò	ay	u-ma-a-lís.	Kikò is leaving.
f.	I-káw	ay	a-a-lís.	You will leave.

§ 96. **Basic sentence**. The basic sentence consists of subject[17] and predicate. The subject can be a noun or pronoun. The predicate can be a noun, pronoun, adjective or verb. The subject is always in effect a pronoun or noun, even if it may look like a verb or adjective, because an

---

[17] Do Tagalog sentences have subjects? Some linguists say yes, others say no. A summary of the discussion may be found in Kroeger, Paul. *Phrase Structure and Grammatical Relations in Tagalog.* (Stanford, Calif.: CLSI Publications, 1993). A technical work. Kroeger's findings leads him to believe that Tagalog sentences do have subjects.

adjective or verb or anything else preceded by the marker *ang* becomes a noun.

Figure 3-6: Basic sentence

§ 97. **Word order.** Most sentences[18] can be arranged in two ways: 1) verb or predicate first and 2) subject first. There is no difference in meaning. When the predicate is first, we omit the predicate marker **ay**. Notice that **ikáw** changes to **ka** when the predicate is first. (The predicate is not always a verb; it can be a noun, pronoun or adjective; we'll soon see.) Say the sentences below out loud.

a. Du-ma-tíng a-kó. *I came.*
b. Du-ma-ra-tíng ka.
c. Da-ra-ting si-yá.
d. U-ma-lís a-kó.
e. U-ma-a-lís si Ki-kò.
f. A-a-lís ka.

	Predicate	Subject	Comment
a.	Du-ma-tíng	a-kó.	I came.
b.	Du-ma-ra-tíng	ka.	You are arriving.
c.	Da-ra-ting	si-yá.	He (or she) will arrive.
d.	U-ma-lís	a-kó.	I left.
e.	U-ma-a-lís	si Ki-kò.	Kikò is leaving.
f.	A-a-lís	ka.	You will leave.

---

[18] Some sentences can only be put in preidcate-subject order.

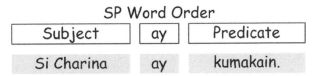

Figure 3-7: Basic sentence in subject-predicate (SP)-order

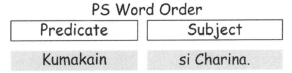

Figure 3-8: Basic sentence in predicate-subject (PS)-order

§ 98. **Pagsásanay 3-2**. Say the following in Filipino, *subject* first.

	Answer
a. She arrived.	
b. I am arriving.	
c. You (pl.) will arrive.	
d. You (s.) left.	
e. Maria is leaving.	
f. We (incl.) will leave.	

§ 99. **Pagsásanay 3-3**. Say the following in Filipino; *predicate* first.

	Answer
a. She arrived.	
b. We (excl.) are arriving.	
c. You (s.) will arrive.[19]	
d. You (pl.) left.	
e. Maria is leaving.	

---

[19] **Ikáw** changes to **ka** when the verb comes before the subject.

f. They will leave. | Answer

Grammar: Verb families, focus, -um- verbs

§ 100. **Verb families.** Verbs may be grouped into families, on the basis of affix. *Affix* is a general term for prefix, infix and suffix. For example, "trans" in "transfer," "transform" and "transportation" is a prefix. And "-able" in "flammable," "portable" and "teachable" is a suffix. A prefix goes before the root word, an infix goes somewhere inside the root word, a suffix goes after the root word.

§ 101. **Verb focus.** Verbs are divided into two classes, on the basis of focus:
- Actor-focus verbs: the subject is the doer of the action. *The woman baked a cake.*
- Object-focus verbs: the subject is the receiver of the action. *The man was taken to the hospital.*

Role of subject	Actor-focus verbs	Object-focus verbs
	subject is doer of action	subject is receiver of action
Most common affixes	-um-, mag-, ma, maka-, maki-	i-, -in, -an,
Similar, but not equivalent to, English	active voice	passive voice

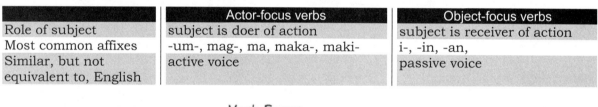

Figure 3-9: Verb focus. Most Filipino verbs are either actor- or object-focus.

§ 102. **Actor and object focus.** The following conversation illustrates actor and object focus:

| Conversation | Comments |

Conversation	Comments
a. Amado: Ki-kò, i-káw ba ang *ku-ma-in* no-óng a-do-bo?	Actor focus: ikáw
b. Kikò: Hin-dî, i-tay, hin-dî a-kó ang *ku-ma-in* ng a-do-bo. Hin-dî ko *ki-na-in* 'yong a-do-bo.	Actor focus: hindî akó
c. Charina: Ku-mus-ta, i-táy, Ki-kò.	
d. Amado: Cha-ri-na, ku-mus-ta rin. Anó'ng *ki-na-ka-in* mo?	Object focus: ano
e. Charina: A-do-bo, i-tay, ang sa-rap!	
f. Amado: Ah, i-káw pa-lá ang *ku-ma-in* ng a-do-bo! Sa-bi ng na-nay nin-yo na hu-wág na-ting *ka-i-nin* 'yong a-do-bo.	Actor focus: ikáw Object focus: 'yong adobo
g. Charina: Na-kú, la-gót!	"I'm in trouble!"

§ 103. **Verbs in –um-.** The first verb family we saw was the **–um** verb family. Verbs in **–um-** are actor-focus verbs. **Um** is a prefix if the root begins with a vowel (e.g., *umalís*, to leave); otherwise it is an infix (e.g., *pumasok*, to enter).

1	2	3	4	5	6
Root	Infinitive	Present	Past	Future	
a. a-lís	u-ma-lís	u-ma-a-lís	u-ma-lís	a-a-lis	to leave
pun-tá	pu-mun-tá	pu-mu-pun-tá	pu-mun-tá	pu-pun-tá	to go

§ 104. **Kumain and uminóm.** Here are two more useful verbs. We use them to build more sentences.

Present	Past	Recent Past	Future		
ku-ma-ka-in	ku-ma-in	ka-ka-in	ka-ka-in	to eat	
u-mi-i-nóm	u-mi-nóm	ka-i-i-nóm	i-i-nóm	to drink	

§ 105. **Sentences.** Let's use our two new verbs, *kumain* and *uminom*, to build sentences. Say the sentences below out loud.

a. Ta-yo ay ku-ma-ka-in. *We are eating.*
b. Si-lá ay u-mi-nóm.
c. Ka-yo ay ka-ka-in.

    d. Ka-mí ay ku-ma-in.
    e. Siná Kikò at Charina ay u-mi-i-nóm.
    f. A-kó ay i-i-nóm.
    g. I-káw ay u-mi-nóm.
    h. Si-yá ay ku-ma-ka-in.
    i. Si Cha-ri-na ay ka-ka-in.

Tayo ay kumákain. Kumákain tayo.
Kamí ay umiinóm. Umiinóm kamí.

§ 106. **More sentences**. Let's use our two new verbs, *kumain* and *uminom*, and the ones we learned previously to build sentences. Say the sentences below out loud.

    a. Ta-yo ay du-ma-ting. *We arrived.*
    b. Si Jo-sé ay i-i-nóm.
    c. Si-lá ay u-ma-lís.
    d. Ka-yo ay da-ra-ting.
    e. Si-yá ay ku-ma-ka-in.
    f. Ka-mí ay ku-ma-in.
    g. Siná Amado at Nenè ay a-a-lís.
    h. A-kó ay da-ra-tíng.
i. I-káw ay u-mi-nóm.

-um verbs

root	infinitive	present	past	future
bi-lí	bu-mi-lí	bu-mi-bi-lí	bu-mi-lí	bi-bi-lí
sa-káy	su-ma-káy	su-ma-sa-káy	su-ma-káy	sa-sa-káy

Figure 3-10: -um verbs

§ 107. **Pagsásanay 3-4**. How would you say the following in Filipino?

Answer

	Answer
a. We (excl.) are going.	
b. You (pl.) are drinking.	
c. They arrived.	
d. You (s.) left.	
e. Did she eat?	
f. Kikò and Charina are leaving.	
g. Did I go?	
h. We (incl.) will eat.	
i. He drank.	
j. Will you (pl.) eat?	

Vocabulary

§ 108. **Vocabulary.** In this *aral* you met the following words and phrases:

bu ma ngon, *v., a.f.,* to get up: bu-ma-ba-ngon, bu-ma-ngon, ba-ba-ngon
du ma ting, *v., a.f.,* to arrive: du-ma-ra-tíng (du-ma-da-tíng), du-ma-tíng, da-ra-tíng (da-da-tíng)
gu mi sing, *v., a.f.,* to wake up: gu-mi-gi-sing, gu-mi-sing, gi-gi-sing
gu tóm, *adj.,* hungry
hin dî, *adv.,* no, not
mag - a ga han, *v., a.f.,* to eat breakfast: nag-a-a-ga-han, nag-a-ga-han, mag-a-a-ga-han
mag - a ral, *v., a.f.,* to study: nag-a-a-ral, nag-a-ral, mag-a-a-ral
mag bi his, *v., a.f.,* to change clothes: nag-bi-bi-his, nag-bi-his, mag-bi-bi-his
mag ha pu nan, *v., a.f.,* to have supper: nag-ha-ha-pu-nan, nag-ha-pu-nan, mag-ha-ha-pu-nan
mag ma no, *v., a.f.,* to kiss an elder's hand: nag-ma-ma-no, nag-ma-no, mag-ma-ma-no
mag me ri en da, *v., a.f.,* to have a snack: nag-me-me-ri-en-da, nag-me-ri-en-da, mag-me-me-ri-en-da
mag sa pa tos, *v., a.f.,* to put on shoes: nag-sa-sa-pa-tos, mag-sa-pa-tos, mag-sa-sa-pa-tos
mag si pil yo, *v., a.f.,* to brush teeth: nag-si-si-pil-yo, nag-si-pil-yo, mag-si-si-pil-yo
mag tra ba ho, *v., a.f.,* to work: nag-ta-tra-ba-ho, nag-tra-ba-ho, mag-ta-tra-ba-ho
ma in tin di han, *v., o.f.,* to understand s.t.: na-i-in-tin-di-hán, na-in-tin-di-hán, ma-i-in-tin-di-hán
ma ki sa káy, *v., a.f.,* to share a ride with s.b.: na-ki-ki-sa-káy, na-ki-sa-káy, ma-ki-ki-sa-káy
ma lu may, *adj.,* pronunciation word class, emphasis on second to last syllable
ma ri nig, *v., a.f.,* to hear: na-ri-ri-níg, na-ri-níg, ma-ri-ri-níg
ma sa ráp, *adj.,* delicious
ma ta bâ, *adj.,* fat
ma tu log, *v., a.f.,* to sleep: na-tu-tu-log, na-tu-log, ma-tu-tu-log
na, *adv.,* already

ngâ, *marker,* request marker; presence in sentence makes a sentence a request
o o, *adv.,* yes
pa ci en ci a, pa sen sya, *n.,* patience
pa ki ba ga lan, *v., o.f.,* to please slow down: pi-na-ki-ki-ba-ga-lan, pi-na-ki-ba-ga-lan, pa-ki-ki-ba-ga-lan
pa ki u lit, *v., o.f.,* to please repeat: pi-na-ki-ki-u-lit, pi-na-ki-u-lit, pa-ki-ki-ul-it
pa leng ke, *n.,* market
pa yát, *adj.,* thin
pu e de, *pseudo-v.,* may
sa la mat, *n.,* thanks
u ma lis, *v., a.f.,* to leave: u-ma-a-lís, u-ma-lís, a-a-lís
u mi nom, *v., a.f.,* to drink: u-mi-i-nom, u-mi-nom, i-i-nom

Review and checklist

§ 109. **Checklist.** In this aral you expected to learn to:

a. Pronounce *malumay* words better
b. Say "at, " "ba, " "I don't understand"
c. Say hindî, na, pa, hindî na, hindî pa
d. Use your first verbs and build your first complete sentences, using –um verbs: *dumating, kumain, uminom, umalis*
e. Describe and use verb families and verb focus

Answers to exercises

§ 110. **Answers to Pagsásanay 3-1.** How would you say the following in Filipino?

		Answer
a.	Have you (s.) eaten?	Kumain ka na ba?
b.	Are you (pl.) hungry?	Gutóm ba kayó?
c.	Am I fat?	Matabâ ba akó?
d.	Is the food delicious?	Masaráp ba ang pagkain?
e.	I do not understand.	Hindî ko naiintindihán.
f.	She did not hear.	Hindî niyá nariníg.
g.	Excuse me.	Paciencia ka na. or Pasensya ka na.
h.	Please repeat.	Pakiulit ngâ (pô).

	Answer
i. Please slow down.	Pakibagalan ngâ (pô).
j. Has she arrived?	Dumatíng (na) ba siyá?

§ 111. **Answers to Pagsásanay 3-2**. Say the following in Filipino, subject first. The first sentence has been done for you.

	Answer
a. She arrived.	Siyá ay dumatíng.
b. I am arriving.	Akó ay dumaratíng.
c. You (pl.) will arrive.	Kayó ay daratíng.
d. You (s.) left.	Ikáw ay dumatíng.
e. Maria is leaving.	Si Maria ay umaalís.
f. We (incl.) will leave.	Tayo ay aalís.

§ 112. **Answers to Pagsásanay 3-3**. Say the following in Filipino; *predicate* first. The first sentence has been done for you.

	Answer
a. She arrived.	Dumatíng siyá.
b. We (excl.) are arriving.	Dumaratíng kamí.
c. You (s.) will arrive.	Daratíng ka.
d. You (pl.) left.	Umalís kayó.
e. Maria is leaving.	Umaalís si Maria.
f. They will leave.	Aalís silá.

§ 113. **Answers to Pagsásanay 3-4**. How would you say the following in Filipino?

	Answer
a. We (excl.) are going.	Kamí ay pumupuntá.
b. You (pl.) are drinking.	Kayó ay umiinóm.
c. They arrived.	Silá ay dumating.
d. You (s.) left.	Ikáw ay umalís.
e. Did she eat?	Kumain ba siyá?
f. Kikò and Charina are leaving.	Siná Kikò at Charina ay umaalís.

	Answer
g. Did I go?	Pumuntá ba akó?
h. We (incl.) will eat.	Tayo ay kakain.
i. He drank.	Siyá ay uminóm.
j. Will you (pl.) eat?	Kakain ba kayó?

This is the end of Aral 3.
Hanggáng bukas!
Until tomorrow!

Cultural note: Baybayin, the ancient Filipino script

Figure 3-11: Ama Namin, the Lord's Prayer, in baybayin

A-má na-min,
na-sa la-ngit ka,
i-pa-sam-ba mo ang nga-lan mo.
Ma-pa-sa-a-min ang ka-ha-ri-an
mo. Sun-dín ang lo-ób mo
di-to sa lu-pà pa-ra sa la-ngit.
Big-yán mo ka-mí nga-yón
ng a-ming ka-ka-nin
pa-ra na-sa a-raw-a-raw.
At pu-ka-win mo
ang a-ming ka-sa-la-nan
pa-ra ng pag-pa-pa-ta-wad na-min
sa nag-ka-ka-sa-la sa a-min.
At hu-wág mo ka-míng
i-pa-hin-tu-lot sa tuk-só
at i-ad-yá mo ka-mí
sa la-hát ng ma-sa-mâ. Amen.

Aral Apat (4): Asking for help

Lesson goals

§ 114. In this *aral* you can expect to learn to:

a. Pronounce *malumì* words better
b. Ask for help
c. Explain and use verb aspects
d. Refer to persons and things as "place"
e. Build your first sentences using i- verbs

-- Charina, tulungan mo ngâ akó.
-- O sige, anó ang maitútulong ko?

Pronunciation: Malumì

§ 115. **Malumì**. Practice pronouncing malumì words. Place the stress on the second to the last syllable and place a glottal stop on the last vowel sound. The last vowel gets a grave accent. Say the following out loud:

Malumì Word	Comment
a. a-wà	mercy
b. ha-lim-ba-wà	example
c. Ki-kò	a boy's name
d. ku-sà	willingly
e. mag-lu-tò	to cook
f. ma-li-gò	to bathe
g. na-ba-lì	broken
h. ta-mà	correct

Useful phrases: Tulungan mo ngâ akó

ARAL APAT (4) 47

§ 116. **Listen and speak.** Listen, then repeat out loud:

-- Tu-lu-ngan mo ngâ a-kó? Will you help me?
* * *

-- Pa-ki-tu-lu-ngan mo ngâ a-kó? Will you please help me?
* * *

Kailangan kong maghugas ng kamáy. Nasaán pô ang banyo?

§ 117. **Ngâ**. Ngâ has many uses. One of them is to indicate a request. Add it to your sentence when asking for something (something concrete, not information). Remember, there are many other uses of *ngâ*.

Halimbawà	Comment
a. I-sáng ba-song tu-big ngâ.	A glass of water, please.
b. Pa-ki-a-bót ngâ ang a-sin.	Please pass the salt.
c. Hu-wág ka ngang ma-gu-lo.	Please don't be rowdy.
d. I-káw ngâ.	Why don't you do it. *You* do it.

§ 118. **Pakí**. Say *pakí* to say "please." Place it in front of a verb. *Pakitulungan mo ngâ ako. Please help me.*

§ 119. **Listen and speak.** Listen, then repeat out loud:

-- Ka-i-lá-ngan ko pô ng tu-long. I need help.
-- A-nó pô ang ma-i-tu-tu-long ko? How can I help?
* * *

§ 120. **Listen and speak.** Listen, then repeat out loud:

-- Ka-i-lá-ngan kong mag-hu-gas ng ka-máy. I need to wash hands. Na-sa-án pô ang ban-yo? Where is the bathroom?

-- Do-ón sa li-kód sa ka-li-wâ. Over there, to the left.

* * *

§ 121. **Directions**. The directions:

		Comment
a.	si-lá-ngan	East
b.	kan-lu-ran	West
c.	ti-mog	South
d.	hi-la-gà	North
e.	i-ta-ás	up
f.	i-ba-bâ	down
g.	ka-nan	right
h.	ka-li-wâ	left
i.	de-re-cho, de-re-tso	straight ahead

§ 122. **More direction phrases**. Here are some phrases to use when giving directions:

		Comment
a.	de-re-cho, de-re-tso	straight ahead
b.	sa-ka-nan	to the right
c.	sa-ka-li-wâ	to the left
d.	su-long	forward
e.	u-rong	backward
f.	a-trás	backward
g.	a-van-te, -a-ban-te	forward
h.	tu-ma-bí ka	pull over

§ 123. **Pagsásanay 4-1.** How would you say the following in Filipino?

		Answer
a.	Are you (s.) going upstairs?	
b.	No, I'm going downstairs.	
c.	Is the bathroom on the right?	

	Answer
d. No, the bathroom is on the left. e. Please[20] pull over.	

Grammar: verb aspect

§ 124. **Verb aspect.** Verbs take on various forms or aspects, depending on the time of the verb's action and level of completion. Aspect is like tense. Linguists[21] think the Filipino language does not have tenses, the way English and other Western languages do. We use the term *aspect* to differentiate it from *tense*.

    a. infinitive (like English "to speak, " "to go, " to work")
    b. imperative (used for commands or requests)
    c. present (also called *imperfective* aspect)
    d. past (also called *perfective* aspect)
    e. recent past
    f. future (also called *contemplated* aspect)

§ 125. **Infinitive.** Use the infinitive to refer to the verb in general, as in English "to speak, " "to go, " to work." The infinitive is the form that goes in dictionaries. From the infinitive you can derive all the other forms of a verb. Also use the infinitive after verbs like *want, need, can* and *should*.

Halimbawà	Comment
a. Gus-tó kong ku-ma-in.	I want to eat.
b. Hin-dî mo ka-i-lá-ngang u-mi-nóm.	You don't need to drink.
c. Ka-ya ni-yáng lu-ma-ngóy.	She can swim.
d. Da-pat kang ma-li-gò.	You should take a bath.

§ 126. **Imperative.** Use the imperative to express commands or requests. The imperative is identical in form (not in usage) to the infinitive. This is true of all Filipino verbs.

1	2	3	4	5	6

---

[20] Say **ngâ** to make a request. Say it nicely. Saying **ngâ** ang saying it nicely add up to saying "please."
[21] See Schacter, Paul and Fe T. Otañes. *Tagalog Reference Grammar*. (Berkeley, Calif.: University of California Press, 1972).

	Root	Infinitive	Present	Past	Future	
a.	a-lís	u-ma-lís	um-a-a-lís	um-a-lís	a-a-lís	to leave
b.	da-tíng	du-ma-tíng	du-ma-da-tíng	du-ma-tíng	da-da-tíng	to arrive
c.	i-nóm	u-mi-nóm	um-i-i-nóm	um-i-nóm	i-i-nóm	to drink
d. ka-in	ku-ma-in	ku-ma-kain	ku-ma-in	ka-ka-in	to eat

§ 127. **Present aspect.** Use the verb's present aspect to express current or ongoing action. Use the Filipino present to express the equivalent of the English present and present progressive. *Akó ay kumakain.* = I eat, I am eating.

-- Dumatíng na ba ang tatay?
-- Hindî pa siyá dumatíng.

§ 128. **Past aspect.** Use the verb's past aspect to express action begun and completed in the past. Since Filipino has no perfect aspects, we use the verb's past form to express all action in the past. *Akó ay kumain.* = I ate, I have eaten. Linguists call this aspect perfective.

§ 129. **Recent past aspect.** Use the verb's recent past aspect to express action that just recently completed. *Kakakain ko lang.* = I just ate. Note three things: a) always use **lang** or **lamang** with the recent past; b) put the verb first before the subject; c) not all verbs have the recent past aspect.

§ 130. **Future aspect.** Use the verb's future aspect to express action begun and completed in the future. *Akó ay kakain.* = I will eat.

§ 131. **Pagsásanay 4-2.** How would you say the following in Filipino?

		Answer
a.	I want to eat.	Gustó kong kumain.
b.	They left.	Silá ay umalís.
c.	You (pl.) arrived.	Kayó ay dumatíng.
d.	She will drink.	Siyá ay iinóm.
e.	You (s.) just ate.	Kakakain mo lang.
f.	She arrived.	Siyá ay dumatíng.

		Answer
g.	I will eat.	Akó ay kakain.
h.	Kikò is leaving.	Si Kikò ay umaalís.
i.	I will leave.	Akó ay aalís.
j.	You (s.) just arrived.	Kararating mo lang.

Grammar: persons and things: Sa-case, case of "place"

§ 132. **Sa-case.** The second of three cases of nouns and pronouns is the sa-case. Nouns and pronouns in the SA-case indicate the "place" of something." Sa-case nouns and pronouns answer the question "where?"

		Comment
a.	I gave the book **to Kikò**.	"To whom (where)" did I give the book? (to Kikò)
b.	She took the book **from Kikò**.	"From whom (where)" did she take the book? (from Kikò)
c.	We put the mangoes **on the table**.	"Where" did we put the mangoes? (on the table)

§ 133. **Listen and speak.** Listen, then repeat out loud:

-- Pu-pun-tá ka ba sa pa-leng-ke? Are you going to the market?
-- O-o.
-- Pu-we-de bang ma-ki-sa-káy? May I ride with you?
-- O-o, pu-we-de. Yes, you may.
-- Sa-la-mat.
* * *

§ 134. Say **kay** or **kiná** before the name of a person that serves as the "place" of something.

Singular	Example	Plural	Example
kay	kay Amado	ki-ná	ki-ná A-ma-do at Ne-nè

§ 135. Say **sa** or **sa mga** before a non-personal noun that serves as the "place" of something.

52 LEARN FILIPINO

Singular	Example	Plural	Example
sa	sa ba-hay	sa mga	sa mga ba-hay...
	sa Pi-li-pi-nas		

sa-case Noun Markers

kay Nenè	personal (s.)
kiná Amado at Nenè	personal (pl.)
sa bahay	non-pers. (s.)
sa mga bahay	non-pers. (pl.)

Figure 4-12: sa-case noun markers

sa-case Personal Pronouns

sa akin		sa iyó	sa kaniyá
sa atin	sa amin	sa inyó	sa kanilá

Figure 4-13: sa-case personal pronouns

§ 136. **Pagsásanay 4-3.** How would you say the following in Filipino?

	Answer
a. to me	sa akin
b. to her	sa kaniyá
c. to you (pl.)	sa inyó
d. to them	sa kanilá
e. in the house	sa bahay
f. on the table[22]	sa mesa
g. to Amado	kay Amado

---

[22] **me sa**, n., table

	Answer
h. to Amado and Nenè	kiná Amado at Nenè
i. At "hello" to you (s.) too.	At kumusta rin sa iyó.
j. Good morning to you (pl.) all.	Magandang umaga sa inyóng lahát.

Itó, iyán at iyón

§ 137. *Itó*, *iyán* and *iyon* are the demonstrative pronouns, the pronouns you use to point to persons or things.

§ 138. Say *itó* to express *this*. Say *iyán* to express *that*, near the kausap. Say *iyón* to express *that*, far from the kausap.

	ang-case	ng-case	sa-case
this, near speaker	Itó	nitó	dito
that, near kausap	iyán	niyán	diyán
that, far from both speaker and kausap	iyón	noón	doón

Halimbawà:
a. Ikáw ba ang amo nitóng aso?
b. Sino ang nagkalát niyang laruan?
c. Anó ang gustó noong mga tao?

	this	that (near)	that (far)	Comment
ang-case	ito	iyán	iyón	Itó ang may-kasalanan.
ng-case	nitó	niyán	niyón	Masarap ba ang luto nitó?
sa-case	ditó	diyán	doón	Huwág mong dito ibigáy.

Halimbawà:
a. Itó ay aking libro. This is my book.
b. Sa iyó by iyón? Is that (far from you) yours?
c. Huwág mong galawín iyán. Don't touch that (near you).

Grammar: i- verbs

§ 139. **Verbs in i-.** Verbs in i- are object-focus verbs. The subject of the sentence is the receiver of the verb's action. **I-** is a prefix; it is placed before the root word.

1 Root	2 Infinitive	3 Present	4 Past	5 Recent Past	6 Future	7
a. alók	ialók	iniaalók	inialók	kaaalók	iaalók	to offer (as in a deal)
b. bigáy	ibigáy	ibinibigáy	ibinigáy	kabibigay	ibibigáy	to give s.t.
c. lagay	ilagay	inilálagay	inilagay	kalalagay	ilalagay	to put
d. sama	isama	isinásama	isinama	(not used)	isasama	to take s.t. along
e. tulóy	itulóy	itinutulóy	itinulóy	(not used)	itutulóy	to continue s.t.

§ 140. The following information on how to form the different verb forms is nice to know. Except where required by the instructor, you are not expected to memorize the procedure for forming verb forms. You can learn the forms by listening to and repeating the conversations.

§ 141. **Past aspect: i- verb.** To form the past aspect of **i-** verbs: a) If the infinitive begins with a consonant, take the infinitive and insert **-in** after the first letter. b) Otherwise, if the infinitive begins with a vowel, prefix **in-** to the infinitive.

Root	Infinitive	Past
a. a-lók	i-a-lók	i-ni-a-lók
b. bi-gáy	i-bi-gáy	i-bi-ni-gáy
c. la-gay	i-la-gay	i-ni-la-gay
d. sa-ma	i-sa-ma	i-si-na-ma
e. tu-lóy	i-tu-lóy	i-ti-nu-lóy

§ 142. **Present aspect: i- verb.** To form the present aspect of **i-** verbs: a) If the infinitive begins with a consonant, insert **-in** into the first consonant-vowel pair, repeat the first consonant-vowel pair, then append the infinitive. b) Otherwise, if the infinitive begins with a vowel, prefix **in-**, repeat the first consonant-vowel pair, then append the infinitive.

§ 143. **Future aspect: i- verb.** To form the future aspect of **i-** verbs: a) If the infinitive begins with a consonant, prefix the first consonant-vowel pair of the root to the infinitive. b) Otherwise, if the infinitive begins with a vowel, prefix the first vowel to the infinitive.

i- verbs

root	infinitive	present	past	future
a-lók	i-a-lók	i-ni-a-a-lók	i-ni-a-lók	i-a-a-lók
bi-gáy	i-bi-gáy	i-bi-ni-bi-gáy	i-bi-ni-gáy	i-bi-bi-gáy

Figure 4-14: i- verbs

§ 144. **Sentences.** Let's use our new **i-** verbs to build sentences. Say the sentences below out loud.

		Comment
a.	I-bi-bi-gáy ko i-tó kay Charina.	I will give this to Charina.
b.	I-li-na-gáy[23] na-min ang mga mang-gá sa me-sa.	We placed the mangoes on the table.
c.	I-si-na-ma ng ta-tay ang ba-tà.	The father took the child along.
d.	Ka-i-lán mo i-tu-tu-lóy ang ku-wen-to?	When will you continue the story?
e.	Mag-ka-no ang i-ni-a-lók ni Pepe?	How much did Pepe offer?
f.	A-nó ang i-bi-ni-gáy ni Charina?	What did Charina give?
g.	Sa-án mo i-ni-la-gáy ang camera?	Where did you put the camera?
h.	I-sa-sa-ma raw a-kó ng ta-tay sa Mindanao.	I heard Dad will take me with him to Mindanao.

§ 145. **Pagsásanay 4-4.** How would you say the following in Filipino?

	Answer

---

[23] For easier pronunciation **i-li-na-gáy** can be replaced by **i-ni-la-gáy**; **i-li-na-la-gáy** by **i-ni-la-la-gáy**.

	Answer
a. I will give this Nenè.	Ibibigáy ko itó kay Nenè.
b. Take Kiko with you to church.	Isama mo si Kikò sa simbahan.
c. Let's place the bananas[24] on the table.	Ilagáy natin ang mga saging sa mesa.
d. How much[25] did you offer?	Magkano ang inialók mo?
e. I will continue my work.	Itutuloy ko ang aking trabaho.
f. Did you place the blankets[26] in the room?	Ilinagáy mo ba ang mga kumot sa kuwarto?
g. How many[27] will you give me?	Ilán ang ibibigáy mo sa akin?
h. Shall we (incl.) take Charina with us?	Isasama ba natin si Charina?
i. Continue (s.)	Itulóy mo.
j. Give this to Pepe and Pilár.	Ibigáy mo itó kiná Pepe at Pilár.

Vocabulary

§ 146. **Vocabulary.** In this *aral* you met the following words and phrases:

a nó, *pron.,* what? s.
a sin, *n.,* salt
a trás, *root,* backward; short for umatras, v., a.f.
a van te, a bante, *root,* forward; short for umabante, v., a.f.
a wà, *n.,* mercy
ban yo, *n.,* bathroom
ba so, *n.,* glass, cup
de re cho, de re tso, *root,* straight ahead; short for dumerecho, v., a.f.
do ón, *pron.,* there, far from speaker and kausap
ha lim ba wà, *n.,* example
ha ráp, *n.,* front; used in sa haráp
hi la gà, *n.,* North
hu wág, *pseudo-v.,* don't!
i ba bâ, *n.,* down; used in sa ibabâ

---

[24] **sa ging**, n., banana
[25] **mag ka no**, adv., how much?
[26] **ku mot**, n., blanket
[27] **i lán**, adv., how many?

i ta ás, *n.,* up; used in sa itaás
ka i la ngan, *v., o.f.,* to need s.t.: ki-na-ka-i-la-ngan, ki-na-i-la-ngan, ka-ka-i-la-nga-nin
ka li wâ, *n.,* left; used in sa kaliwâ
ka nan, *n.,* right; used in sa kanan
kan lu ran, *n.,* West
Ki kò, *n.,* a boy's name
ku sà, *adj.,* willingly
li kód, *n.,* back, rear; used in sa likód
ma ba lì, *v., a.f.,* to break: na-ba-ba-lì, na-ba-lì, ma-ba-ba-lì
mag lu tò, *v., a.f.,* tò cook: nag-lu-lu-tò, nag-lu-tò, mag-lu-lu-tò
mag pun tá, *v., a.f.,* to go: nag-pu-pun-tá, nag-pun-tá, mag-pu-pun-tá
ma gu ló, *adj.,* rowdy, messy
ma i níp, *v., a.f.,* to be bored: na-i-i-níp, na-i-níp, ma-i-i-níp
ma i tu tu long, *gerundive,* that which can be done to help
ma ká ka in, *gerundive,* that which can be eaten
ma li gò, *v., a.f.,* to take a bath: na-li-li-go, na-li-go, ma-li-li-go
na sa án, *adv.,* where?
pa ki a bót, *v., o.f.,* to please reach, hand over s.t.: pi-na-ki-ki-a-bót, pi-na-ki-a-bót, pa-ki-ki-a-bót
pa ki tu lu ngan, *v., o.f.,* to please help s.b.: pi-na-ki-ki-tu-lu-ngan, pi-na-ki-tu-lu-ngan, pa-ki-ki-tu-lu-ngan
sa, *marker,* sa-case, non-personal, s.
si lá ngan, *n.,* East
su long, *root,* forward; short for sumulong, v., a.f.
ta mà, *adj.,* correct
ti mog, *n.,* South
tu big, *n.,* water
tu long, *n.,* help
tu lu ngan, *v., o.f.,* to help s.b.: ti-nu-tu-lu-ngan, ti-nu-lu-ngan, tu-tu-lu-ngan
tu ma bí, *v., a.f.,* pull over; tu-ma-ta-bí, tu-ma-bí, ta-ta-bí
u rong, *root,* backward; short for umurong, v., a.f.

Anó ang makakain?

Review and checklist

§ 147. **Checklist.** In this aral you expected to learn to:

a. Pronounce *malumì* words better
b. Ask for help
c. Explain and use verb aspects
d. Refer to persons and things as "place"
e. Build your first sentences using i- verbs

Answers to exercises

§ 148. **Answers to Pagsásanay 4-1**. How would you say the following in Filipino?

		Answer
a.	Are you (s.) going upstairs?	Pupuntá ka ba sa itaás?
b.	No, I'm going downstairs.	Hindî, pupuntá akó sa ibabâ.
c.	Is the bathroom on the right?	Nasa kanan ba ang banyo?
d.	No, the bathroom is on the left.	Hindî, nasa kaliwâ ang banyo.
e.	Please[28] pull over.	Tumabi ka ngâ.

§ 149. **Answers to Pagsásanay 4-2**. You will hear a sentence in the past aspect in the affirmative. Say the equivalent sentence in the negative.

	You hear	Answer
a.	Kumain na kamí.	Hindí pa kamí kumain.
b.	Umalís na siyá.	Hindí pa siyá umalís.
c.	Umalís ka na.	Hindí ka pa umalís.
d.	Dumatíng na tayo.	Hindí pa tayo dumatíng.
e.	Dumatíng na silá sa bahay.	Hindí pa silá dumatíng sa bahay.
f.	Umalís na tayo dito.	Hindí pa umalís tayo dito.
g.	Pumuntá na tayo doón.	Hindí pa tayo pumuntá doón.

§ 150. **Answers to Pagsásanay 4-3**. How would you say the following in Filipino?

		Answer
a.	to me	sa akin

---

[28] Say **ngâ** to make a request. Say it nicely. Saying **ngâ** ang saying it nicely add up to saying "please."

		Answer
b.	to her	sa kaniyá
c.	to you (pl.)	sa inyó
d.	to them	sa kanilá
e.	in the house	sa bahay
f.	on the table[29]	sa mesa
g.	to Amado	kay Amado
h.	to Amado and Nenè	kiná Amado at Nenè
i.	At "hello" to you (s.) too.	At kumusta rin sa iyó.
j.	Good morning to you (pl.) all.	Magandang umaga sa inyóng lahát.

§ 151. **Answers to Pagsásanay 4-3.** How would you say the following in Filipino?

		Answer
a.	I want to eat.	Gustó kong kumain.
b.	They left.	Silá ay umalís.
c.	You (pl.) arrived.	Kayó ay dumatíng.
d.	She will drink.	Siyá ay iinóm.
e.	You (s.) just ate.	Kakakain mo lang.
f.	She arrived.	Siyá ay dumatíng.
g.	I will eat.	Akó ay kakain.
h.	Kikò is leaving.	Si Kikò ay umaalís.
i.	I will leave.	Akó ay aalís.
j.	You (s.) just arrived.	Kararating mo lang.

§ 152. **Answers to Pagsásanay 4-4.** How would you say the following in Filipino?

		Answer
a.	I will give this Nenè.	Ibibigáy ko itó kay Nenè.
b.	Take Kiko with you to church.	Isama mo si Kikò sa simbahan.
c.	Let's place the bananas[30] on the table.	Ilagáy natin ang mga saging sa mesa.
d.	How much[31] did you offer?	Magkano ang inialók mo?

---

[29] **me sa**, n., table
[30] **sa ging**, n., banana

		Answer
e.	I will continue my work.	Itutuloy ko ang aking trabaho.
f.	Did you place the blankets[32] in the room?	Ilinagáy mo ba ang mga kumot sa kuwarto?
g.	How many[33] will you give me?	Ilán ang ibibigáy mo sa akin?
h.	Shall we (incl.) take Charina with us?	Isasama ba natin si Charina?
i.	Continue (s.)	Itulóy mo.
j.	Give this to Pepe and Pilár.	Ibigáy mo itó kiná Pepe at Pilár.

§ 153. **Answers to Pagsásanay 4-5**. Say the following in Filipino out loud, subject first. Use the predicate marker **ay**.

		Answer
a.	We (incl.) were bored.	Tayo ay nainíp.
b.	She will be bored.	Siyá ay maiiníp.
c.	I was bored.	Akó ay nainíp.
d.	Kikò will be bored.	Si Kikò ay maiiníp.
e.	You (s.) were bored.	Ikáw ay nainíp.
f.	They will be bored.	Silá ay maiiníp.
g.	We (excl.) are bored.	Kamí ay naiiníp.
h.	You (pl.) were bored.	Kayá ay nainíp.
i.	The farmer was bored.	Ang magsasaká ay nainíp.

§ 154. **Answers to Pagsásanay 4-6**. Say the following in Filipino out loud.

		Answer
a.	We (incl.) are going.	Tayo ay nagpupuntá.
b.	She will go.	Magpupuntá siyá.
c.	I went.	Nagpuntá akó.
d.	Kikò will go.	Si Kikò ay magpupuntá.
e.	You (s.) went.	Ikáw ay nagpuntá.

---

[31] **mag ka no**, adv., how much?
[32] **ku mot**, n., blanket
[33] **i lán**, adv., how many?

		Answer
f.	They will go.	Magpupuntá silá.
g.	We (excl.) are going.	Nagpupuntá kamí.
h.	You (pl.) went.	Nagpuntá kayó.
i.	Kikò and Charina are going.	Nagpupuntá silá Kikò at Charina.

§ 155. **Answers to Pagsásanay 4-7**. Say the following in Filipino out loud; word order does not matter.

		Answer
a.	We (incl.) are giving.	Tayo ay nagbibigáy. Nagbibigáy tayo.
b.	She will give.	Siyá ay magbibigáy. Magbibigáy siyá.
c.	I gave.	Akó ay nagbigáy. Nagbigáy akó.
d.	Kikò will give.	Si Kikò ay magbibigáy. Magbibigáy si Kikò.
e.	You (s.) gave.	Ikáw ay nagbigáy. Nagbigáy ka.
f.	They will give.	Silá ay magbibigáy. Magbibigáy silá.
g.	We (excl.) are giving.	Kamí ay nagbibigáy. Nagbibigáy kamí.
h.	You (pl.) gave.	Kayó ay nagbigáy. Nagbigáy kayó.
i.	Kikò and Charina are giving.	Siná Kikò at Charina ay nagbibigáy. Nagbibigáy siná Kikò at Charina.

Cultural note: Bahay kubo

Figure 4-15: Bahay kubo, literally, hut house.

The frame, walls and floor of the *bahay kubo* are made from parts of many different types of bamboo, *kawayan*; the roof is made from dried tall grass, *kogón*.

It provides shelter in from the sun, wind and rain. This particular *bahay kubo* is in the Cotabato area, in Mindanao.

Photo © 2004 Omar Olarte.

Aral Limá (5): Coming and going

Lesson goals

-- Kailán ka dumatíng?
-- Kararatíng ko lang.

§ 156. **Lesson goals.** In this *aral* you can expect to learn to:

a. Pronounce *mabilís* words better
b. Talk about coming and going
c. Use nouns and pronouns in the ng-case
d. Use your first mag- and ma verbs

Pronunciation: Mabilís

§ 157. **Mabilís**. Place the emphasis on the last syllable. Mark the last vowel with an acute accent (´), called "pahilís." Practice by saying the following out loud:

Mabilís Word	Comment
a. a-li-sín	to remove
b. lu-ma-bás	to go out
c. lu-ma-ngóy	to swim
d. mag-da-sál	to pray
e. mag-hin-táy	to wait
f. mag-pun-tá	to go
g. may-ro-ón	there is, there are
h. pu-mun-tá	to go
i. pun-ta-hán	to go to some place
j. su-ma-káy	to get on a vehicle

LEARN FILIPINO 63

64 LEARN FILIPINO

Mabilís Word	Comment
k. u-mak-yát	to climb
l. u-mi-nóm	to drink

Useful phrases: coming and going

§ 158. **Listen and speak.** Listen, then repeat out loud:

-- Ka-i-lán ka du-ma-ting? When did you arrive?
-- Ka-ha-pon lang. Just yesterday.
* * *
-- Ka-i-lán ka du-ma-ting? When did you arrive?
-- Ka-ra-ra-ting ko lang. I just arrived.
* * *

-- Ka-i-lán ka du-ma-tíng?
-- Ka-ngi-náng u-ma-ga. This morning.
* * *

-- Ka-i-lán ka du-ma- tíng?
-- Ka-ma-ka-la-wá pa. Two days ago (still).
* * *

-- Ka-i-lán ka du-ma-ting? When did you arrive?
-- No-ong Lu-nes.
* * *

-- Sa-án ka ga-ling? Literally, where did you come from? In good English, where have you been?
-- Ga-ling akó sa pa-leng-ke. Nakita ko si Ling-ling. Literally, I came from

Galing akó sa palengke.
Nakita ko si Lingling.

the market. I saw Ling-ling.
-- A-nó ang bi-ni-lí mo? Literally, what was bought by you? In good English, what did you buy?

* * *

§ 159. **Listen and speak.** Listen, then repeat out loud:

-- Ka-mí ay du-má-da-tíng. We (excl.) are coming.
-- Si-lá ay um-a-a-lís. They are leaving.

* * *

-- Bambi, ta-yo na. Bambi, let's go. (Bambi is a girl's name.)
-- Si-ge, ta-yo na. OK, let's go.

* * *

-- Niná, ta-yo na. Nina, let's go (Nina is a girl's name.).
-- Te-ka san-da-lî. Ku-ku-nin ko lang ang a-king pi-ta-ka. Wait a second. I'll just get my purse.

* * *

-- Ethel, ta-yo na. Literally, Ethel, let us already. In good English, Ethel, let's go.
-- I-náy, a-a-lís na pô ka-mí. Literally, Mom, we will leave (already). In good English, mom, we're leaving.

* * *

-- Nasaán ang iyóng coche?
-- Nasa tallér. Ginagawâ.

§ 160. **Listen and speak.** Listen, then repeat out loud:

-- Saán ka ga-ling? Literally, where did you come from? In good English, where have you been?
-- Sa sim-ba-han. From church.

* * *

-- Sa-án ka ga-ling?
-- Ga-ling akó sa tra-ba-ho.

* * *

-- Sa-án ka pu-pun-tá? Literally, where will you go? In good English, where are you going?
-- Mag-si-sim-ba. Literally, to go to church. In good English, I am going to church?

* * *

-- Pu-pun-tá ka ba sa pa-leng-ke? Are you going to the market?
-- Oo.
-- Pu-we-de bang ma-ki-sa-káy? May I ride with you?
-- Oo, pu-we-de. Yes, you may.
-- Sa-la-mat.

* * *

-- Anóng oras ka darating bukas? At what time are you arriving tomorrow?
-- A las dos.

* * *

Grammar: persons and things: ng-case

§ 161. **NG-case.** The third of three cases of nouns and pronouns is the ng-case.

Nouns and pronouns in the ng-case serve one of three roles: a) owner of something, b) direct object of an actor-focus verb and c) doer of an object-focus verb.

§ 162. **Ownership.** In the following sentences, the phrases in boldface indicate **ownership** and are in the ng-case:

a.	Personal name:	I am reading **Miguel's** book. Binabasa ko ang libro **ni Miguel**.
b.	Non-personal noun:	She spent **the town's** money. Ginasta niya ang pera **ng bayan**.
c.	Personal pronoun:	Who used **my** computer? Sino ang gumamit ng **aking computer**?
d.	Non-personal pronoun:	**Its** weight exceeds 2,000 kilos. Higit pa sa 2,000 kilo ang timbang **nitó**.

§ 163. **Listen and speak.** Listen, then repeat out loud:

-- Hello, i-tó ba ang ba-hay ni Philip? Hello, is the house of Philip?
-- Si-no pô si-lá? Who wants to know?
* * *

§ 164. **Listen and speak.** Listen, then repeat out loud:

-- Na-sa-án ang i-yóng co-che? Where is your car?
-- Na-sa ta-ller. Gi-na-ga-wâ. In the shop. It is being worked on.
* * *

§ 165. **Listen and speak.** Listen, then repeat out loud:

-- Na-sa-án ang i-yóng co-che? Where is your car?
-- Na-sa shop. Gi-na-ga-wâ ang pre-no. In the shop. The brakes are being worked on.
-- Ka-i-lán mo ma-ku-ku-ha u-lî? When can you get it back?
* * *

§ 166. **Direct object of actor-focus verb.** In the following sentences, the phrases in boldface indicate the

direct object of an **actor-focus** verb and are in the ng-case. Note that personal nouns and pronouns are not used as direct object of an actor-focus verb.

Non-personal noun:	Are you writing **a letter**? Sumusulat ka ba **ng liham**?
Non-personal pronoun:	Its capacity exceeds 2, 000 kilos.

§ 167. **Doer of object-focus verb.** In the following sentences, the phrases in boldface indicate the **doer** of an **object-focus** verb and are in the ng-case:

a. Personal noun:	The food was finished **by Kikò**. Inubos **ni Kikò** ang pagkain.
b. Non-personal noun:	The package will be delivered **by the man**. Ihahatíd **ng mamà** ang pakete.
c. Personal pronoun:	She was taken **by me** to the hospital. Inihatid **ko** siyá sa pagamutan.
d. Non-personal pronoun:	The sofa was damaged **by it**. (the dog, for example) Sinirà **nitó** ang sofa.

§ 168. **Kitá.** The combination "ko . . . ikáw" becomes **kita**.

a. Nakikita ko ikáw = Nakikita kitá.	You can be seen by me. I can see you.
b. Mahal ko ikáw = Mahal kitá.	You are loved[34] by me. I love you.
c. Iniibig ko ikáw = Iniibig kitá.	You are loved by me. I love you.

§ 169. The following are the forms of the **ng case.** The **kausap** is the person to whom you are speaking.

§ 170. **ng case** Personal noun:

	Singular	Plural
Marker	ni	niná
Example	bahay **ni** Kikò	bahay **niná** Kikò at Charina

---

[34] Say **minamahál** or **mahál** to express affectionate love. Say **iniibig** for intimate love.

§ 171. **ng case** Non-personal noun:

	Singular	Plural
marker	ng	ng mga
example	bubóng **ng** bahay	bubóng **ng mga** bahay

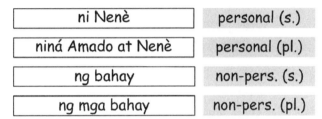

Figure 5-16: ng-case noun markers

§ 172. **ng case** Personal pronoun:

	Singular	Plural
First person	bahay **ko**	bahay **natin**
		bahay **namin**
Second person	bahay **mo**	bahay **ninyó**
Third person	bahay **niyá**	bahay **nilá**

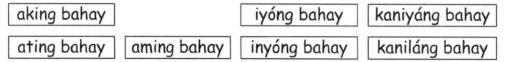

Figure 5-17: ng-case personal pronouns, before

§ 173. **Possessive before noun**. Here are the possessive adjectives before the noun:

Possessive	Example	Comment
a. a-kin	aking tatay	my
b. i-yó	iyóng nanay	your (s.)
c. ka-ni-yá	ka-ni-yáng a-nak	his, her
d. a-tin	a-ting ka-pa-tid	our (incl.)
e. a-min	a-ming pin-san	our (excl.)
f. in-yó	in-yóng lo-la	your (pl.)
g. ka-ni-lá	ka-ni-láng a-te	their

§ 174. **Possessive after noun**. Here are the possessive adjectives after the noun:

Possessive	Example	Comment
a. ko	ta-tay ko	my
b. mo	na-nay mo	your (s.)
c. niyá	a-nák ni-yá	his, her
d. natin	ka-pa-tíd na-tin	our (incl.)
e. namin	pin-san na-min	our (excl.)
f. ninyó	lo-la nin-yó	your (pl.)
g. nilá	a-te ni-lá	their

ng-case Personal Pronouns, After

| bahay ko | | bahay mo | bahay niyá |
| bahay natin | bahay namin | bahay ninyó | bahay nilá |

ng-case Personal Pronouns, After

| Sinabi ko. | | Sinabi mo. | Sinabi niyá. |
| Sinabi natin. | Sinabi namin. | Sinabi ninyó. | Sinabi nilá. |

Figure 5-18: ng-case personal pronouns, after

ng-case Personal Pronouns

| akin | iyó | kaniyá | atin | amin | inyó | kanilá |
| ko | mo | niyá | natin | namin | ninyó | nilá |

Figure 5-19: ng-case personal pronouns

§ 175. **Pagsásanay 5-1**. Possessive adjectives. Place the possessive adjective *before* the noun:

	Answer
a. my house	
b. your grandfather (s.)	
c. her older brother	
d. our cousin (excl.)	
e. their mother	

	Answer
f. your father (pl.)	
g. our aunt (incl.)	
h. their house	

§ 176. **Pagsásanay 5-2**. More possessive adjectives. Now place the possessive adjective *after* the noun:

	Answer
a. my house	
b. your grandfather (s.)	
c. her older brother	
d. our cousin (excl.)	
e. their mother	
f. your father (pl.)	
g. our aunt (incl.)	
h. their house	

§ 177. **ng case** Non-personal pronoun:

	Singular	Plural
near speaker	nitó	ng mga itó
near kausap	niyán	ng mga iyán
far from both	niyón	ng mga iyón

§ *178.* **Summary, noun and pronoun cases**. Here is a summary of nouns and pronouns in all three cases. Note that "ikáw" becomes "ka" in PS-order. *Ikáw ay magalíng. Magalíng ka.*

NOUNS

	ang-case	sa-case	ng-case
personal (s.)	si Nenè	kay Nenè	ni Nenè
personal (pl.)	siná Amado at Nenè	kiná Amado at Nenè	niná Amado at Nenè
non-pers. (s.)	ang bahay	sa bahay	ng bahay
non-pers. (pl.)	ang mga bahay	sa mga bahay	ng mga bahay

PERSONAL PRONOUNS

	ang-case	sa-case	ng-case	ng-case, pre	ng-case, post
I	akó	sa akin	Bibilhín ko.	aking bola	bola ko
you (s.)	ikáw, ka	sa iyó	Kinakain mo.	iyóng tatay	tatay mo
he, she	siyá	sa kaniyá	Ininóm niyá.	kaniyáng ate	ate niyá
we (incl.)	tayo	sa atin	Dinalá natin.	ating bahay	bahay natin
we (excl.)	kamí	sa amin	Kinuha namin.	aming bayan	bayan namin
you (pl.)	kayó	sa inyó	Hinintáy ninyó.	inyóng aso	aso ninyó
they	silá	sa kanilá	Inaasahan nilá.	kaniláng laruán	laruán nilá

Kausap is the person to whom you are speaking. Tayo includes the kausap; kamí does not.

Figure 5-20: Summary of noun and pronoun cases

§ 179. **Pagsásanay 5-3.** Fill in the blanks with the correct case marker. See the previous page for a chart of noun case markers. (The length of the blank is no hint of the length of the answer.)

		Comment
a.	Anong oras darating ____ Kiko?	At what time will Kiko arrive?
b.	Umalis na ____ Fred at Elsie.	Fred and Elsie have left.
c.	Hindî ko pa nakita ang bahay ____ Pepe at Linda.	I haven't seen Pepe and Linda's house.
d.	Ibibigay ko itóng mga laruan ____ Julia at Jun-Jun.	I will give these toys to Julia and Jun-Jun.
e.	Bago ang coche ____ Gabriela.	Gabriela's car is new.
f.	Ipakiabot mo ngâ itóng telefono ____ Roberto?	Would you hand this phone to Roberto?
g.	____ Kikò ay masayá.	Kiko is happy.
h.	____ Kikò at Charina ay masasaya.	Kikò and Charina are happy.
i.	Nawalâ ang mga sapatos ____ Kikò.	Kiko's shoes were lost.
j.	Maganda ang buhok ____ Charina.	Charina's hair is pretty.
k.	Tinago ko ang libro ____ Dino.	I hid Dino's book.
l.	Maganda ang bahay ____ Amado at Nenè.	Amado and Nenè's house is nice.
m.	Magaganda ang mga damit ____ Charing at Mameng.	Charina and Mameng's dresses are pretty.
n.	Ang nanay ____ Pepe ay gumagawâ ng kalamay.	Pepe's mom is making rice cakes.
o.	____ Kikò ay mahusay maglarô ng basketball.	Kiko is good at basketball.
p.	Kinuha ko ____ Charina ang tennis racquet.	I took the tennis racquet from Charina.
q.	Tutulungan natin ____ Marina.	We will help Marina.
r.	____ Angel at Angela ay naglalakad.	Angel and Angela are walking.
s.	Ibinigay ko ____ Amado ang pera.	I gave Amado the money.
t.	Itó ay pag-aari ____ Amado.	This is Amado's property.

Grammar: Verbs in mag- and ma-

§ 180. **Verbs in mag-.** Verbs in **mag-** are actor-focus verbs, like **–um** verbs. Mag- is a prefix; it is placed before the root word.

1 Root	2 Infinitive	3 Present	4 Past	5 Recent Past	6 Future	7
aral	mag-aral	nag-aaral	nag-aral	kaaaral	mag-aaral	to study
pun-tá	mag-pun-tá	nag-pu-pun-tá	mag-pun-tá	ka-pu-pun-tá	mag-pu-pun-tá	to go

§ 181. **Hyphens.** Use a hyphen between a prefix and a root word, if the prefix ends in a consonant and the root word begins with a vowel, e.g., *mag-aral*, to study.

§ 182. **Verbs in ma-.** Verbs in **ma-** are actor-focus verbs. Ma- is a prefix; it is placed before the root word. Ma- verbs behave like mag- verbs, without the "g."

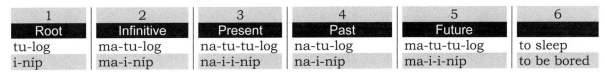

1 Root	2 Infinitive	3 Present	4 Past	5 Future	6
tu-log	ma-tu-log	na-tu-tu-log	na-tu-log	ma-tu-tu-log	to sleep
i-níp	ma-i-níp	na-i-i-níp	na-i-níp	ma-i-i-níp	to be bored

§ 183. **Pagsásanay 5-4.** Say the following in Filipino out loud, subject first. Use the predicate marker **ay**.

	Answer
a. You (pl.) did sleep.	
b. We (incl.) are sleeping.	
c. She will sleep.	
d. I did sleep.	
e. Kikò will sleep.	
f. You (s.) did sleep.	
g. Kikò and Charina are sleeping.	
h. They will sleep.	

76 LEARN FILIPINO

	Answer
i. We (excl.) are sleeping.	
j. The washerwoman[35] did sleep.	
k. The farmer[36] did sleep.	

§ 184. **Pagsásanay 5-5**. Say the following in Filipino out loud, subject first. Use the predicate marker **ay**.

	Answer
a. We (incl.) were bored.	
b. She will be bored.	
c. I was bored.	
d. Kikò will be bored.	
e. You (s.) were bored.	
f. They will be bored.	
g. We (excl.) are bored.	
h. You (pl.) were bored.	
i. The farmer was bored.	

§ 185. **Magpuntá**. Here's another useful verb for us: **magpuntá**.

1 Root	2 Infinitive	3 Present	4 Past	5 Future	6
puntá	mag-pun-tá	nag-pu-pun-tá	nag-pun-tá	mag-pu-pun-tá	to go

---

[35] **la ban de ra**, n., washerwoman
[36] **mag sa sa ká**, n., farmer

mag- verbs

root	infinitive	present	past	future
a-ral	mag-a-ral	nag-a-a-ral	nag-a-ral	mag-a-a-ral
pun-tá	mag-pun-tá	nag-pu-pun-tá	nag-pun-tá	mag-pu-pun-tá

Figure 5-21: mag- verbs

§ 186. **Sentences**. Let's use our new verb to build sentences. Say the sentences below out loud.

  a. Ta-yo ay nag-pu-pun-tá.
  b. Si-lá ay nag-pun-tá.
  c. Ka-yo ay mag-pu-pun-tá.
  d. Ka-mí ay nag-pun-tá.
  e. Siná Kikò at Charina ay nag-pu-pun-tá.
  f. A-kó ay mag-pu-pun-tá.
  g. I-káw ay nag-pun-tá.
  h. Si-yá ay nag-pu-pun-tá.
  i. Si Cha-ri-na ay mag-pu-pun-tá.

§ 187. **Pagsásanay 5-6**. Say the following in Filipino out loud.

		Answer
a.	We (incl.) are going.	
b.	She will go.	
c.	I went.	
d.	Kikò will go.	
e.	You (s.) went.	
f.	They will go.	
g.	We (excl.) are going.	
h.	You (pl.) went.	

i. Kikò and Charina are going. | Answer

§ 188. **Magbigáy.** Here's still another frequently-used verb.

1 Root	2 Infinitive	3 Present	4 Past	5 Future	6
bigáy	mag-bi-gáy	nag-bi-bi-gáy	nag-bi-gáy	mag-bi-bi-gáy	to give

§ 189. **Sentences.** Let's use our new verb to build sentences. Say the sentences below out loud.

  a. Ta-yo ay nag-bi-bi-gáy.
  b. Si-lá ay nag-bi-bi-gáy.
  c. Ka-yo ay mag-bi-bi-gáy.
  d. Ka-mí ay nag-bi-gáy.
  e. Siná Kikò at Charina ay nag-bi-bi-gáy.
  f. A-kó ay mag-bi-bi-gáy.
  g. I-káw ay nag-bi-gáy.
  h. Si-yá ay nag-bi-bi-gáy.
  i. Si Cha-ri-na ay mag-bi-bi-gáy.

§ 190. **Pagsásanay 5-7.** Say the following in Filipino out loud; put either subject or verb first--your choice.

	Answer
a. We (incl.) are giving.	
b. She will give.	
c. I gave.	
d. Kikò will give.	
e. You (s.) gave.	
f. They will give.	
g. We (excl.) are giving.	
h. You (pl.) gave.	
i. Kikò and Charina are giving.	

Vocabulary

a li sín, *v., o.f.,* to remove s.t.: i-na-a-lís, i-na-lís, a-a-li-sín
a min, *pron.,* our
a nák, *n.,* child
a ra ling - ba hay, *n.,* home work
a te, *n.,* older sister
a tin, *pron.,* our; ng-case, 1st pers., pl., incl., before
ba go, *adj.,* new
Ba tang as, *n.,* name of a province south of Manila
bil hín, *v., o.f.,* to buy s.t.: bi-ni-bi-lí, bi-ni-lí, bi-bil-hín
bu hók, *n.,* hair
bu kas, *adv.,* tomorrow
co che, ko tse, *n.,* car
dal hín, *v., o.f.,* to carry, take s.t.: di-nadalá, di-nalá, da-dal-hin
da mít, *n.,* dress, clothing
ga ling, *root,* short for nanggaling
ga wín, *v., o.f.,* to ma-ke s.t.: gi-na-ga-wâ, gi-na-wâ, ga-ga-win
gu ma wâ, *v., a.f.,* to do, to make: gu-ma-ga-wâ, gu-ma-wâ, ga-ga-wâ
i bi gáy, *v., o.f.,* to give s.t.: i-bi-ni-bi-gáy, i-bi-ni-gáy, i-bi-bi-gáy
i bi gin, *v., o.f.,* to love s.t.: i-ni-i-big, i-ni-big, i-i-bi-gin
i ha tid, *v., o.f.,* to deliver s.t.: i-hi-na-ha-tíd, i-hi-na-tíd, i-ha-ha-tíd
i ká sam pû, *adj.,* tenth
I lo cos, *n.,* name of a region in the North
i náy, *n.,* mother
in yó, *pron.,* your; ng-case, 2nd pers., pl., before
i ta gò, *v., o.f.,* to hide s.t.: i-ti-na-ta-gò, i-ti-na-gò, i-ta-ta-gò
ka a ra wán, *n.,* birthday
ka ha pon, *adv.,* yesterday
ka i lán, *adv.,* when?
ka i nin, *v., o.f.,* to eat s.t.: ki-na-ka-in, ki-na-in, ka-ka-i-nin
ka la may, *n.,* rice cake
ka lat, *n.,* clutter, mess
ka ma ka la wá, *adv.,* two days ago
ka ngi ná, *adv.,* a while ago
ka ni lá, *pron.,* their; ng-case, 3rd pers., pl., before
ka ni yá, *pron.,* his, her; ng-case, 3rd pers., s., before
ki tá, *pron.,* "I-you," as in I see you, nakikita kitá
ku nin, *v., o.f.,* to take s.t.: ki-nu-ku-ha, ki-nu-ha, ku-ku-nin
la ru an, *n.,* toy
lib ró, *n.,* book

-- Puwede bang alisin ang sapatós?
-- Oo, puwede.

lo la, *n.*, grandmother
Lu nes, *n.*, Monday
ma bi lís, *adj.*, fast
mag la kád, *v.*, *a.f.*, to walk: nag-la-la-kád, nag-la-kád, mag-la-la-kád
mag la rô, *v.*, *a.f.*, to play: nag-la-la-rô, nag-la-rô, mag-la-la-rô
mag sim bá, *v.*, *a.f.*, to go to church: nag-si-sim-bá, nag-sim-bá, mag-si-sim-bá
ma hál, *adj.*, dear, expensive, beloved
ma hu say, *adj.*, skillful
ma ki ta, *v.*, *o.f.*, to be able to see: na-ki-ki-ta, na-ki-ta, ma-ki-ki-ta
ma ku ha, *v.*, *o.f.*, to take s.t.: na-ku-ku-ha, na-ku-ha, ma-ku-ku-ha
ma mà, *n.*, man
ma ra mi, *adj.*, many
ma sa yá, *adj.*, happy
ma wa lâ, *v.*, *o.f.*, to lose s.t.: na-wa-wa-lâ, na-wa-lâ, ma-wa-wa-lâ
may, may ro ón, *pseudo-v.*, there is, there are
na ka ti rá, *adj.*, lives at
na min, *pron.*, our; ng-case, 1st pers., pl., excl.
na nay, *n.*, mother
na sa, *prep.*, in, at
na tin, *pron.*, our; ng-case, 1st pers., pl., incl.
ni, *marker*, ng-case, pers., s.
ni tó, *pron.*, this; ng-case, impers.
no on, *adv.*, then
o ras, *n.*, time of day
pa, *adv.*, still, yet
pag - a ari, *n.*, property
pa ga mu tan, *n.*, hospital
pag ka in, *n.*, food
pa ke te, *n.*, package
pa ról, *n.*, lantern
pe ra, *n.*, money
pin san, *n.*, cousin
pi ta ka, *n.*, wallet, purse
pre no, *n.*, brake
pu mun tá, *v.*, *a.f.*, to go: pu-mu-pun-tá, pu-mun-tá, pu-pun-tá
sa án, *adv.*, where?
san da lî, *n.*, second (time)
sa pa tos, *n.*, shoes
si ge, *adv.*, OK
sim ba han, *n.*, church

-- Saán ka galing?
-- Galing akó sa trabaho.

si no, *pron.,* who? (s.)
si nu - si no, *pron.,* who? (pl.)
si ra in, *v., o.f.,* to break, destory s.t.: si-ni-si-rà, si-ni-rà, si-si-ra-in
som bre ro, *n.,* hat
su ma kay, *v., a.f.,* to get on a vehicle: su-ma-sa-káy, su-ma-káy, sa-sa-káy
ta ller, *n.,* shop, as in machine shop or auto shop
te ka, *contraction,* maghintay ka, wait!
te le fo no, *n.,* telephone
tra ba ho, *n.,* work, job
u bu sin, *v., o.f.,* to consume s.t.: i-nu-u-bos, i-nu-bos, u-u-bu-sin
u lî, *adv.,* again
wa lâ, *pseudo-v.,* none, nothing

Anóng oras ka darating bukas?

§ 191. **Conversations**. By now you can expect to engage in conversations like the following. Go ahead and practice these conversations out loud. And invent your own!

-- Ma-ra-mi ka bang gi-na-ga-wâ? Are you doing a lot? Are you busy?
-- Oo, ma-ra-mi a-kong gi-na-ga-wâ. Yes, I have a lot to do.
* * *

-- A-no ang gi-na-ga-wâ mo? What are you doing?
-- Wa-lá na-man. Nothing.
* * *

-- A-nó ang gi-na-ga-wâ mo? What are you doing?
-- Gi-na-ga-wâ ko ang a-king a-ra-ling-ba-hay. I'm doing my homework.
* * *

-- Pu-we-de bang a-li-sín ang sa-pa-tos? Is it OK to take off my shoes?

-- Pu-we-de. Sure.[37]
* * *

Review and checklist

§ 192. **Checklist.** In this aral you expected to learn to:

a. Pronounce *mabilís* words better
b. Talk about coming and going
c. Use nouns and pronouns in the ng-case
d. Use your first **mag-** and © verbs

-- Ma-ra-mi ka bang gi-na-ga-wâ?
-- Oo, ma-ra-mi a-kong gi-na-ga-wâ.

Answers to exercises

§ 193. **Answers to Pagsásanay 5-1.** Possessive adjectives. Place the possessive adjective *before* the noun:

		Answer
a.	my house	aking bahay
b.	your grandfather (s.)	iyóng lolo
c.	her older brother	kaniyáng kuya
d.	our cousin (excl.)	aming pinsan
e.	their mother	kaniláng nanay
f.	your father (pl.)	inyng tatay
g.	our aunt (incl.)	ating tia
h.	their house	kaniláng bahay

§ 194. **Answers to Pagsásanay 5-2.** More possessive adjectives. Now place the possessive adjective *after* the noun:

	Answer

---

[37] Our translations are not literal. We translate from Filipino into good English within the current context. The reverse may not work. For example, when you want to say "sure," saying "puwede" may not work.

		Answer
a.	my house	bahay ko
b.	your grandfather (s.)	lolo mo
c.	her older brother	kuya niyá
d.	our cousin (excl.)	pinsan namin
e.	their mother	nanay nilá
f.	your father (pl.)	tatay ninyó
g.	our aunt (incl.)	tia natin
h.	their house	bahay nilá

§ 195. **Answers to Pagsásanay 5-3.** Fill in the blanks with the correct case marker. (The length of the blank is no hint of the length of the answer.)

		Comment
a.	Anong oras darating si Kiko?	At what time will Kiko arrive?
b.	Umalis na siná Fred at Elsie.	Fred and Elsie have left.
c.	Hindî ko pa nakita ang bahay niná Pepe at Linda.	I haven't seen Pepe and Linda's house.
d.	Ibibigay ko itóng mga laruan kiná Julia at Jun-Jun.	I will give these toys to Julia and Jun-Jun.
e.	Bago ang coche ni Gabriela.	Gabriela's car is new.
f.	Ipakiabot mo ngâ itóng telefono kay Roberto?	Would you hand this phone to Roberto?
g.	Si Kikò ay masayá.	Kiko is happy.
h.	Siná Kikò at Charina ay masasaya.	Kikò and Charina are happy.
i.	Nawalâ ang mga sapatos ni Kikò.	Kiko's shoes were lost.
j.	Maganda ang buhok ni Charina.	Charina's hair is pretty.
k.	Tinago ko ang libro ni Dino.	I hid Dino's book.
l.	Maganda ang bahay niná Amado at Nenè.	Amado and Nenè's house is nice.
m.	Magaganda ang mga damit niná Charing at Mameng.	Charina and Mameng's dresses are pretty.
n.	Ang nanay ni Pepe ay gumagawâ ng kalamay.	Pepe's mom is making rice cakes.
o.	Si Kikò ay mahusay maglarô ng basketball.	Kiko is good at basketball.

	Comment
p. Kinuha ko kay Charina ang tennis racquet.	I took the tennis racquet from Charina.
q. Tutulungan natin si Marina.	We will help Marina.
r. Siná Angel at Angela ay naglalakad.	Angel and Angela are walking.
s. Ibinigay ko kiná Amado ang pera.	I gave Amado the money. (Hint: Amado is the indirect object.)
t. Itó ay pag-aari ni Amado.	This is Amado's property.

§ 196. **Answers to Pagsásanay 5-4**. Say the following in Filipino out loud, subject first. Use the predicate marker **ay**.

	Answer
a. You (pl.) did sleep.	Kayó ay natulog.
b. We (incl.) are sleeping.	Tayo ay natutulog.
c. She will sleep.	Siyá ay matutulog.
d. I did sleep.	Akó ay natulog.
e. Kikò will sleep.	Si Kikò ay matutulog.
f. You (s.) did sleep.	Ikáw ay natulog.
g. Kikò and Charina are sleeping.	Siná Kikò at Charina ay natutulog.
h. They will sleep.	Silá ay matutulog.
i. We (excl.) are sleeping.	Kamí ay natutulog.
j. The washerwoman[38] did sleep.	Ang labandera ay natulog.
k. The farmer[39] did sleep.	Ang magsasaka ay natulog.

§ 197. **Answers to Pagsásanay 5-5**. Say the following in Filipino out loud, subject first. Use the predicate marker **ay**.

	Answer
a. We (incl.) were bored.	Tayo ay nainíp.
b. She will be bored.	Siyá ay maiiníp.
c. I was bored.	Akó ay nainíp.
d. Kikò will be bored.	Si Kikò ay maiiníp.

---

[38] **la ban de ra**, n., washerwoman
[39] **mag sa sa ká**, n., farmer

		Answer
e.	You (s.) were bored.	Ikáw ay nainíp.
f.	They will be bored.	Silá ay maiiníp.
g.	We (excl.) are bored.	Kamí ay naiiníp.
h.	You (pl.) were bored.	Kayá ay nainíp.
i.	The farmer was bored.	Ang magsasaká ay nainíp.

§ 198. **Answers to Pagsásanay 5-6**. Say the following in Filipino out loud.

		Answer
a.	We (incl.) are going.	Tayo ay nagpupuntá.
b.	She will go.	Magpupuntá siyá.
c.	I went.	Nagpuntá akó.
d.	Kikò will go.	Si Kikò ay magpupuntá.
e.	You (s.) went.	Ikáw ay nagpuntá.
f.	They will go.	Magpupuntá silá.
g.	We (excl.) are going.	Nagpupuntá kamí.
h.	You (pl.) went.	Nagpuntá kayó.
i.	Kikò and Charina are going.	Nagpupuntá silá Kikò at Charina.

§ 199. **Answers to Pagsásanay 5-7**. Say the following in Filipino out loud; word order does not matter.

		Answer
a.	We (incl.) are giving.	Tayo ay nagbibigáy. Nagbibigáy tayo.
b.	She will give.	Siyá ay magbibigáy. Magbibigáy siyá.
c.	I gave.	Akó ay nagbigáy. Nagbigáy akó.
d.	Kikò will give.	Si Kikò ay magbibigáy. Magbibigáy si Kikò.
e.	You (s.) gave.	Ikáw ay nagbigáy. Nagbigáy ka.
f.	They will give.	Silá ay magbibigáy. Magbibigáy silá.
g.	We (excl.) are giving.	Kamí ay nagbibigáy. Nagbibigáy kamí.
h.	You (pl.) gave.	Kayó ay nagbigáy. Nagbigáy kayó.
i.	Kikò and Charina are giving.	Siná Kikò at Charina ay nagbibigáy. Nagbibigáy siná Kikò at Charina.

Vocabulary for the song *Sampúng mga Daliri*

bi bíg, *n.*, mouth
da la wá, *numeral*, two
da li rì, *n.*, finger
hu wág, *adv.*, don't!
i lóng, *n.*, nose
i sá, *numeral*, one

ka may, *n.*, hand
ma sa ráp, *adj.*, delicious
ma tá, *n.*, eye
mag si nu nga ling, *v.*, to tell a lie
ma gan dá, *adj.*, beautiful
ma li nis, *adj.*, clean

nag sa sa bi, *v., a.f.*, to tell
ngi pin, *n.*, tooth
pa á, *n.* foot
ta i nga, *n.*, ear

Maligayang batì!
You've reached the first milestone.

Milestone 1: You can now expect to be able to:

1	2	3	4	5	6
Pronounce vowels, consonants with correct stress	Greet others; introduce yourself; say oo, opo	Say you don't understand Ask for help	Refer to persons and things as subjects: ang-case	Say: na, pa, hindî na, hindî pa	Use -um verbs: dumating, kumain, uminom, umalis
7	8	9	10	11	12
Use i- verbs	Refer to persons and things as "place": sa-case	Refer to persons and things as owner: ng-case	Refer to persons and things as doer of O.F. verb: ng-case	Refer to things as object of A.F. verb: ng-case	Use mag- and ma- verbs
13	14	15	16	17	18
Count to ten					
19	20	21	22	23	24
25	26	27	28	29	30

Sampúng mga Dalirì

Awit Batà

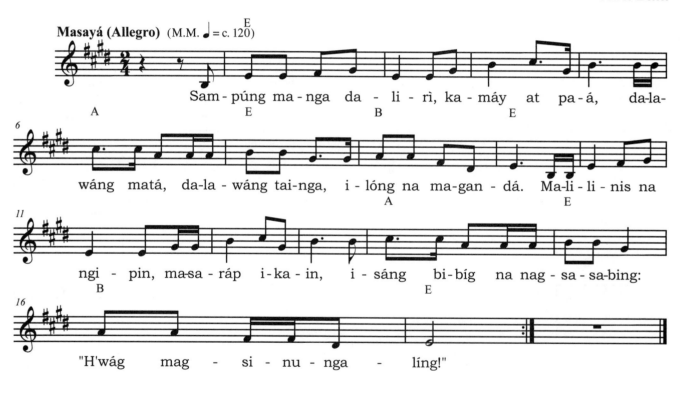

Aral Anim (6): Eating and drinking

Lesson goals

§ 200. **Lesson goals.** In this *aral* you can expect to learn to:

a. Pronounce *maragsâ* words better
b. Say *namán, ngâ, lamang, talagá*
c. Count past 10
d. Talk about people eating and drinking
e. Use your first **-in** verbs

Anó ang makakain?

Pronunciation: maragsâ

§ 201. **Maragsâ.** Practice pronouncing maragsâ words.
Place the stress on the last syllable and place a glottal stop on the last vowel sound. The last vowel gets a circumflex accent. Say the following out loud:

Maragsâ Word	Comment
a. bu-ma-bâ	to go down
b. hi-yâ	face, honor
c. hu-man-dâ	to get ready
d. hu-min-tô	to stop
e. mag-han-dâ	to get ready
f. mag-si-mu-lâ	to begin
g. ma-hi-gâ	to lie down
h. u-mu-pô	to sit down
i. u-muwî	to go home
j. wa-lâ	nothing, none

Useful phrases: namán, ngâ, lamang, talagá

§ 202. **Namán**. Namán has many uses. The following table shows the most common uses.

Filipino	Meaning	Comment
a. Akó namán si Kikò.	in turn	I, in turn, am Kikò.
b. Ikáw namán.	in turn	It's your turn.
c. Mabuti namán.	"considering . . . ," inspite of everything	Fine, "considering . . ."
d. Magalíng na namán siyá.	"considering . . ."	He's fine, "considering . . ."
e. Sana namán hindî uulán.	"considering . . ."	I hope it will not rain, "considering . . ."
f. Na namán!	Again! (I didn't expect this!)	Again! (I didn't expect this!)
g. Ang bagal namán ng waiter!	(I can't believe)	(I can't believe) the waiter is so slow!

§ 203. **Ngâ**. Ngâ has many uses. One of them is to indicate a request. Add it to your sentence when asking for something (something concrete, not information). Remember, there are many other uses of *ngâ*.

Filipino	Meaning	Comment
a. Akó ngâ.	(request)	Why don't I do it. *Let me* do it.
b. Ikáw ngâ.	(request)	Why don't you do it. *You* do it.
c. Isáng basong tubig ngâ.	(request)	A glass of water, please.
d. Paki-abot ngâ ang asin.	(request)	Please pass the salt.
e. Huwág ka ngang magulo.	(request)	Please don't be rowdy.
f. Siyá ngâ!	Really!	Really!
g. Siyá ngâ ba?	Really?	Really?
h. Siyá ngâ palá.	By the way, . . .	By the way, . . .
i. Anó ngâ ba ang . . .	So, indeed	So what is the . . .

§ 204. Say **lamang** (or *lang*, for short) to say *only*.

		Comment

		Comment
a.	Sandalî lang akó.	I'll be just a minute.
b.	Ikáw lamang ang gustó ko.	I like only you. You're the only one I like.
c.	Kaliligò ko lamang.	I just took a bath.

§ 205. Say **talagá** to say *really*.

		Comment
a.	Kakain na tayo. Talagá.	We will eat now[40]. Really.
b.	Ikáw talagá.	You! (I can't believe you!)
c.	Si Kikò talagá.	It's really Kikò. It was really Kikò.
d.	Hindî ko talagá makita.	I really can't see.
e.	Talagáng-talagá.	Really really.

§ 206. **Pagsásanay 6-1.** How would you say the following in Filipino?

		Answer
a.	It's our (excl.) turn.	
b.	It's her turn.	
c.	I'll be just a minute.	
d.	Why don't you do it.	
e.	Really[41]?	
f.	A glass of water, please.	
g.	A beer, please.	
h.	It's us again. (We're here again.)	
i.	I can't believe you!	
j.	We're (incl.) leaving now. Really.	

Useful phrases: count past ten

§ 207. **More numbers.** Here's how to count past ten: Notice how "labíng" *may* become "labín" before a

---

[40] Notice how **na** is expressed in English as "now."
[41] You can express this several ways. Pick one.

consonant (but not always). Saying "labíng" is always correct.

11	12	13	14	15
la-bíng-i-sá	la-bín-da-la-wá	la-bín-tat-ló	la-bíng-a-pat	la-bín li-má

16	17	18	19	20
la-bíng-a-nim	la-bíng-pi-tó	la-bíng-wa-ló	la-bíng-si-yám	da-la-wam-pû

10	20	30	40	50
sam-pû	da-la-wam-pû	tat-lum-pû	a-pat-na-pû	li-mám-pû

60	70	80	90	100
a-nim-na-pû	pi-tum-pû	wa-lum-pû	si-yám-na-pû	san-da-án

100	200	300	400	500
san-da-an	da-la-wang-da-án	tat-long-da-án	a-pat-na-da-án	li-mán-da-án

600	700	800	900	1000
a-nim-na-ra-án	pi-tong-da-án	wa-long-da-án	si-yám-na-ra-án	san-li-bo

§ 208. **Pagsásanay 6-2.** How would you say the following in Filipino?

	Answer
a. seven thousand islands[42]	
b. six children[43]	
c. ten fingers[44]	
d. two eyes[45]	
e. four corners[46]	

---

[42] **pu lô**, n., island
[43] **a nák**, n., child
[44] **da li rì**, n., finger
[45] **ma tá**, n., eye

ARAL ANIM (6)   93

		Answer
f.	thirty-two	
g.	nineteen grandchildren[47]	
h.	five hundred pesos[48]	
i.	seven samurai	
j.	sixteen	

Useful phrases: eating and drinking

§ 209. **Listen and speak.** Listen, then repeat out loud:

-- A-kó ay ku-má-ka-in. I am eating.
-- Si Bambi ay u-mí-i-nóm. Bambi is drinking.
* * *

-- Ku-ma-in na ba kayó? Have you all eaten?
-- Hindî pa. Hindî pa akó gu-tom. Not yet. I'm not yet hungry.
* * *

-- K(um)ain na[49] tayo. Gu-tom na akó. Let's eat. I'm hungry.
-- Sige, k(um)ain na tayo. OK, let's go ahead and eat.
* * *

-- K(um)ain na tayo. Gutom na akó. Let's eat. I'm

-- Gustó ba ninyó ng gulay?
-- Ayaw ko ng gulay.

---

[46] **su lok**, n., corner
[47] **a pó**, n., grandchild
[48] **pi so**, n., peso
[49] Notice how much Filipino uses "na." Plain "kumain tayo" translates to "let's eat." On the other hand, "kumain na tayo" translates to "let's eat now."

hungry.
-- Mauna ka na. Hindî pa akó gutom. You go ahead. I'm not hungry yet.
* * *

-- K(um)a-in na ta-yo. Gu-tom na a-kó. Let's eat. I'm hungry.
-- Si-ge, sa-báy na ta-yong ku-ma-in. OK, let's eat together.
* * *

-- Gustó ba ninyó ng pansít?
-- Gustóng-gustó ko ng pansít.

§ 210. **Listen and speak.** Listen, then repeat out loud:

-- A-nó ang gus-tó mong i-nu-min? What would you like to drink?
-- May-ro-ón bang Coke? Is there Coke?
* * *

-- A-nó ang gus-tó mong i-nu-mín? What would you like to drink?
-- Tu-big lang sa a-kin. Just water for me.
* * *

-- A-nó ang gus-tó mong i-nu-mín? What would you like to drink?
-- Gus-to ko ng diet Coke. I'd like a diet Coke.
* * *

-- A-nó ang gus-tó mong i-nu-mín? What would you like to drink?
-- May-ro-ón bang Sprite? Is there Sprite?
* * *

§ 211. **Listen and speak.** Listen, then repeat out loud:

-- May-ro-ón bang ma-ka-ka-in? Is there something to eat?
-- May-ro-óng pan-sít[50] at lum-pi-à[51]. There's pansit and lumpia.
-- Ay ang sarap! Delicious!
-- Gus-to mo ba ng pan-sít? Do you like pansit?
-- Oo, gus-tó ko ng pan-sít. Yes, I like pansit.

* * *

-- May-ro-ón bang ma-ka-kain? Is there something to eat?
-- May-ro-óng pan-sít at lum-pi-à. There's pansit and lumpia.
-- Ay ang sa-rap! Delicious!
-- Gus-to mo ba ng pan-sit? Do you like pansit?
-- Gus-tong-gustó[52] ko ng pan-sit. I like pansit a lot.

* * *

-- May-ro-ón bang ma-k-aka-in? Is there something to eat?
-- May-ro-óng pan-sít at lum-pi-a. There's pansit and lumpia.
-- Hindî ko gustó ang lum-pi-â. I don't like lumpia.

-- Mayroón pa bang lumpiâ?
-- Marami pa.
-- Ang dami yatà ninyóng linutò!

---

[50] **pan sit**, n., noodle dish
[51] **lum pi à**, n., egg roll
[52] **gus tóng-gus tó**. Repeat the word to express "very."

* * *

-- May-ro-ón bang ma-ka-ka-in? Is there something to eat?
-- May-ro-óng pan-sít at lum-pi-a. There's pansit and lumpia.
-- Gus-tong-gus-tó ko ang lum-pi-a. I like lumpia a lot.

* * *

§ 212. **Listen and speak.** Listen, then repeat out loud:

-- May-ro-ón pa bang lum-pi-a? Is there any lumpia left?
-- Wa-lâ na. There isn't any more.

* * *

-- May-ro-ón pa bang lum-pi-a? Is there any lumpia left?
-- Ka-un-ti na lang. There's just a little left.

* * *

-- May-ro-ón pa bang lum-pi-a? Is there any lumpia left?
-- Ma-ra-mi pa. There's plenty.
-- Ang da-mi nin-yóng li-nu-tò. You cooked a lot!

* * *

§ 213. **Listen and speak.** Listen, then repeat out loud:

-- K(um)a-in lang ka-yó. Hu-wag kayóng ma-hi-hi-ya.
-- Sa-la-mat pô. Ang da-mi nin-yóng li-nu-to!

* * *

-- Na-ka-ka-in ba ka-yó?
-- Oo, ang da-mi kong ki-ná-in. Sa-la-mat.

* * *

-- Na-ka-k-ain ba ka-yó?
-- Oo, bu-sog na bu-sog akó.
-- Ma-ra-ming sa-la-mat pô.

* * *

§ 214. **Conversation**. Find a partner and say the following out loud. Switch roles, then repeat.

Kikò: May-ro-ón ka bang pera? Wa-lâ kasi akó eh.
Charina: May-ro-ón na-mán. Bakit? Ano'ng gus-to mong bil-hin?

Kikò: Ka-i-la-ngan ko ka-si ng ba-gong sa-pa-tos.
Charina: Ka-i-la-ngan mo o gus-to mo?

Kikò: Ka-i-la-ngan ko. Ma-la-pit nang ma-si-rà 'yong a-king sa-pa-tos.
Charina: O sige na ngâ, pe-ro ba-ba-ya-ran mo akó, ha.

Kikò: Sa-la-mat.
Charina: Wa-láng a-nu-man.

Grammar: -in verbs

§ 215. **Verbs in -in.** Verbs in **-in** are object-focus verbs. The subject of the sentence is the receiver of the verb's action. **-in** is a suffix; it is placed after the root word.

1 Root	2 Infinitive	3 Present	4 Past	5 Recent Past	6 Future	7
a-lís	a-li-sín	in-a-a-lís	in-a-lís	ka-a-a-lís	a-a-li-sin	to remove

1 Root	2 Infinitive	3 Present	4 Past	5 Recent Past	6 Future	7
ga-wâ	ga-wín	gi-na-ga-wâ	gi-na-wâ	ka-ga-ga-wâ	ga-ga-wín	s.t. to do, to make s.t.

§ 216. The following information on how to form the different verb forms is for your information only. Except where required by the instructor, you are not expected to memorize the procedure for forming verb forms. You can learn the forms by listening to and repeating the conversations.

§ 217. To form the present aspect of an **-in** verb, start with the root. If the root begins with a vowel, prefix **–in** to the root. If a consonant, add **–in** after the consonant. Repeat the root's first consonant-vowel pair.

§ 218. To form the past aspect of an **-in** verb, start with the root. If the root begins with a vowel, prefix **–in** to the root. If a consonant, add –in after the consonant.

§ 219. To form the future aspect of an **-in** verb, start with the root. Repeat the root's first consonant-vowel pair. Add **–in** at the end of the root.

§ 220. **Sentences**. Let's use our two new verbs to build sentences. Say the sentences below out loud.

		Comment
a.	Ma-ra-mi a-kong gi-na-ga-wâ.	I do many things. I am doing many things.
b.	Wa-lâ ka-yong gi-na-ga-wâ.	You (pl.) do nothing.
c.	A-nó ang gi-na-ga-wâ mo?	What are you (s.) doing?
d.	Ga-ga-win na-tin ang mga pa-ról.	We will make the lanterns.
e.	A-a-li-sín ko lang ang a-king sa-pa-tos.	I'll just take off my shoes.
f.	I-na-lís na na-min ang mga ka-lat.	We already removed the clutter.
g.	Hu-wag mo nang alisin ang i-yóng som-bre-ro.	Don't take off your hat.

§ 221. **Pagsásanay 6-3.** How would you say the following in Filipino?

	Answer
a. Have you (s.) done your homework[53]?	Ginawâ mo na ba ang iyóng araling-bahay?
b. What are they doing?	Anó ang ginagawâ nilá?
c. Let's get rid of the clutter.[54]	Alisin natin ang kalat.
d. When will you make the cake[55]?	Kailán mo gagawín ang kalamay?
e. (You (s.)) Just take it off.	Alisín mo na lang.

Vocabulary

§ 222. **Vocabulary.** In this aral you met the following words and phrases:

'yon, *pron.,* short for iyón
a nu mán, *pron.,* whatever
a sa han, *v., o.f.,* to expect s.t.: i-na-a-sa-han, i-na-sa-han, a-a-sa-han
ba gal, *root,* slow; used in "ang bagal, " so slow!
ba kit, *adv.,* why?
ba ya ran, *v., o.f.,* to pay s.b.: bi-na-ba-ya-ran, bi-na-ya-ran, ba-ba-ya-ran
bu sóg, *adj.,* full, not hungry
da mi, *root,* many; used in "ang dami, " so many!
eh, *interj.,* eh!
gus tó, *pseudo-v.,* to like, to want
gus tong - gus tó, *v., o.f.,* like very much
ha, *interj.,* ha!
ha wa kan, *v., o.f.,* to hold s.t.: hi-na-ha-wa-kan, hi-na-wa-kan, ha-ha-wa-kan
i lu tò, *v., o.f.,* to cook s.t.: i-li-nu-lu-tò, i-li-nu-tò, lu-lu-tu-in
i nu mín, *v., o.f.,* to drink s.t.: i-ni-i-nóm, i-ni-nóm, i-i-nu-min
i wa nan, *v., o.f.,* to leave s.t.: i-ni-i-wa-nan, i-ni-wa-nan, i-i-wa-nan
ka sí, *conj.,* because
ka un tì, *adj.,* few, little
la mang, *adv.,* only; often shortened to lang
lum pi â, *n.,* egg roll, spring roll
ma ga líng, *adj.,* skillful
ma hi yâ, *v., a.f.,* to feel shame: na-hi-hi-yâ, na-hi-yâ, ma-hi-hi-yâ
ma ka ka in, *v., a.f.,* to be able to eat: na-ka-ka-ka-in, na-ka-ka-in, ma-ka-ka-ka-in
ma la pit, *adj.,* near

---

[53] **a ra líng - ba hay,** n., homework
[54] **ka lat,** n., clutter
[55] **ka la may,** n., cake, rice cake

ma si rà, *v., a.f.,* to break s.t.: na-si-si-rà, na-si-rà, ma-si-si-rà
ma u ná, *v., a.f.,* to be first, to go first: na-u-u-na, na-u-na, ma-u-u-na
pa king gán, *v., o.f.,* to listen to s.t.: pi-na-ki-king-gán, pi-na-king-gán, pa-ki-king-gán
pan sít, *n.,* noodle dish
pe ro, *conj.,* but
sa báy, *adv.,* at the same time
sa na, *pseudo-v.,* "I wish"
sa ráp, *root,* delicious; used in "ang bagal, " so slow!
su bu kan, *v., o.f.,* to try s.t.: si-nu-su-bu-kan, si-nu-bu-kan, su-su-bu-kan
ta la gá, *adv.,* really
ta la gáng - ta la gá, *adv.,* really really
tig nán, *v., o.f.,* to look at s.t.: ti-ni-tig-nán, ti-nig-nán, ti-tig-nán
u mu lán, *v., a.f.,* to rain: u-mu-u-lán, u-mu-lán, u-u-lán

§ 223. **Worth memorizing.** Impress your relatives and friends! Memorize the following phrases and use them every chance you get.

Worth memorizing	Comment
a. Ti-tig-nán na-tin.	We'll see.
b. Ti-tig- nán ko.	I'll see.
c. Su-bu-kan mo.	(s.) Try it!
d. Su-bu-kan nin-yó.	(pl.) Try it!
e. Si-yá ngâ ba?	Really?
f. Si-yá ngâ pa-lá.	By the way, . . .
g. Gus-tóng-gus-tó ko	I really like, I really want . . .
h. I-káw ta-la-gá!	You! (I can't believe you!)

Review and checklist

§ 224. **Checklist.** In this aral you expected to learn to:

    a. Pronounce *maragsâ* words better
    b. Say *namán, ngâ, lamang, talagá*
    c. Count past 10
    d. Talk about people eating and drinking
    e. Use your first **-in** verbs

Answers to exercises

§ 225. **Answers to Pagsásanay 6-1.** How would you say the following in Filipino?

		Answer
a.	It's our (excl.) turn.	Kamí namán.
b.	It's her turn.	Siyá namán.
c.	I'll be just a minute.	Sandalî lang akó.
d.	Why don't you do it.	Ikáw ngâ.
e.	Really[56]?	Talagá? Siyá ngâ ba?
f.	A glass of water, please.	Isáng basong tubig ngâ.
g.	A beer, please.	Isang beer ngâ.
h.	It's us again. (We're here again.)	Kamí na namán.
i.	I can't believe you!	Ikáw talagá.
j.	We're (incl.) leaving now. Really.	Aalís na tayo. Talagáng-talagá.

§ 226. **Answers to Pagsásanay 6-2.** How would you say the following in Filipino?

		Answer
a.	seven thousand islands[57]	pitóng-libong pulô
b.	six children[58]	anim na anák
c.	ten fingers[59]	sampúng (mga) dalirì
d.	two eyes[60]	dalawáng matá
e.	four corners[61]	apat na sulok
f.	thirty-two	tatlumpú't dalawá
g.	nineteen grandchildren[62]	labíngsiyám na apó
h.	five hundred pesos[63]	limandaáng piso

---

[56] You can express this several ways. Pick one.
[57] **pu lô**, n., island
[58] **a nák**, n., child
[59] **da li rì**, n., finger
[60] **ma tá**, n., eye
[61] **su lok**, n., corner
[62] **a pó**, n., grandchild
[63] **pi so**, n., peso

		Answer
i.	seven samurai	pitóng sámurai
j.	sixteen	labíng-anim

§ 227. **Answers to Pagsásanay 6-3.** How would you say the following in Filipino?

		Answer
f.	Have you (s.) done your homework[64]?	Ginawâ mo na ba ang iyóngaralíng-bahay?
g.	What are they doing?	Anó ang ginagawâ nilá?
h.	Let's get rid of the clutter.[65]	Alisin natin ang kalat.
i.	When will you make the cake[66]?	Kailán mo gagawín ang kalamay?
j.	(You (s.)) Just take it off.	Alisín mo na lang.

---

[64] **a ra líng - ba hay**, n., homework
[65] **ka lat**, n., clutter
[66] **ka la may**, n., cake, rice cake

Cultural note: Amorsolo, Planting Rice

Figure 6-23: "Planting Rice" by Fernando Amorsolo, Filipino painter. Oil on canvas.

Fernando Amorsolo y Cueto (1892-1972) was one of the greatest Filipino painters of all time. He painted Filipino country scenes, including several paintings of planting rice, winnowing rice, coming in from the fields, a washerwoman and Princess Urduja. He was honored by the Philippine Government as National Artist for Painting in 1972.

Photo courtesy of Allinson Gallery, Inc., www.allinsongallery.com. Used by permission.

Aral Pitó (7): Ayaw, gustó, kailangan, 1

Lesson goals

Puwede bang makausap si Nene?

§ 228. **Lesson goals.** In this aral you can expect to learn to:

a. Say *daw, baká, yatà, palá, kayâ*
b. Ask to speak to somebody
c. Say *ayaw, gustó, kailangan ko ng bagay*
d. Use your first **-an** verbs
e. Use your first **i-** verbs: *ibigáy, ilagáy, isama, itulóy*

Useful phrases: *daw, baka, yatà, palá, kayâ*

§ 229. **daw**. Say *daw* to indicate that what you say you heard from somebody else. *Daw* can be translated as "they say" or "it is said." *Daw* becomes *raw* for a better sound when following a word that ends in a vowel.

Halimbawà	Comment
a. Mabaít ka raw.	They say you are nice. It is said you are nice.
b. Mabilís daw ang takbó ng coche[67] mo.	It is said that your car runs fast.
c. Anóng oras ka raw aalís?	Somebody wants to know at what time you are leaving.

§ 230. **baká**. Say *baká* to indicate that you are not sure of what you are saying but you expect it to happen.

---

[67] **co che**, n., car; also written **kotse**.

Halimbawà	Comment
a. Baká manalo ka.	You might win.
b. Baká hindî niya alám na nandito[68] ka.	She might not know that you're here. She might not have known that you were here. (Note how the same Filipino sentence maps to two different sentences in English.)
c. Baká mahulog ka. Baká ka mahulog.	You might fall.

§ 231. **yatà**. Say *yatà* to indicate that you are not sure of what you are saying but you expect it to happen.

Halimbawà	Comment
a. Walâ na yatà siyá.	I think she's gone (I'm not sure, but I think she is).
b. Ikáw yatà ang umubos sa pagkain[69].	I think it was you that ate all the food.
c. Pagód na pagód ka yatà.	I think you are very tired.

§ 232. **kayâ**. Say *kayâ* to express doubt in what you are saying.

Halimbawà	Comment
a. Mabaít kayâ siyá? Siyá kayâ ay mabaít?	Is she nice? (I wonder if she is nice.)
b. Maaalala kayâ niyá ang radio?	Will he remember the radio? (I wonder if he will.)

§ 233. **palá**. Say *palá* to indicate somebody or something that you were not expecting.

Halimbawà	Comment
a. Ikáw palá.	It's you!
b. Si Auríng palá ang nanalo.	It was Auring that won (I wasn't expecting that).
c. Nandito palá ang aking chinelas[70]. Ang	My slippers are here (I wasn't expecting them

---

[68] **nan di to**, adv., here. Nandito and **na ri tó** are equivalent.
[69] We can also say "umubos ng pagkain."
[70] **chi ne las**, n., slippers. Always used in the plural. Also written **tsi ne las**.

Halimbawà	Comment
chinelas ko palá ay nandito.	to be here.)

§ 234. **Summary**: Ngâ, baká, yatà, kayâ, daw, palá.

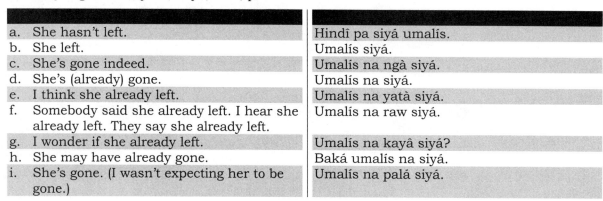

a.	She hasn't left.	Hindî pa siyá umalís.
b.	She left.	Umalís siyá.
c.	She's gone indeed.	Umalís na ngà siyá.
d.	She's (already) gone.	Umalís na siyá.
e.	I think she already left.	Umalís na yatà siyá.
f.	Somebody said she already left. I hear she already left. They say she already left.	Umalís na raw siyá.
g.	I wonder if she already left.	Umalís na kayâ siyá?
h.	She may have already gone.	Baká umalís na siyá.
i.	She's gone. (I wasn't expecting her to be gone.)	Umalís na palá siyá.

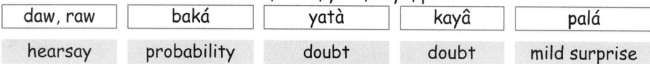

Figure 7-24: daw/raw, baká, yatà, kayâ, palá

§ 235. **Pagsásanay 7-1.** How would you say the following in Filipino?

		Answer
a.	She might still be here.	
b.	I think she's gone.[71]	
c.	They say she's gone.	

---

[71] You can express this in several ways. Pick one.

	Answer
d. I wonder why she left.[72]	
e. I wonder if she will come back[73].	
f. I wonder if she will not come back.	
g. Oh, you're here!	
h. I think I have money[74].	
i. I do have money! (Surprise)	
j. I don't have money! (Surprise)	

Useful words and phrases: asking to speak to somebody

§ 236. **Listen and speak.** Listen, then repeat out loud:

-- Ma-gan-dáng ha-pon pô.
-- Ma-gan- dáng ha-pon din pô.
-- Tu-loy pô ka-yó.
* * *
(sa personal, in person)
-- Ma-gan-dáng u-ma-ga pô.
-- Nan-di-to pô ba si Linda?
* * *
(sa telefono, on the telephone)
-- Ma-gan- dáng u-ma-ga pô.
-- Nan-di-yán pô ba si Mary Louise?
* * *
(sa telefono)
-- Ma-gan-dang u-ma-ga pô.

-- Kailangan ko pô si Charina.
-- Walâ siyá dito.
-- Puwede pô bang magbilin?

---

[72] Use **kayâ** to express "I wonder."
[73] **bumalik**, v., a.f., to come back, to return
[74] Use **mayroón** to express "I have." Use **pera** for money.

-- Pu-we-de pô bang ma-ka-u-sap si Peter?
-- San-da-lî lang pô.
* * *
(sa personal o sa telefono)
-- Ma-gan-dáng u-ma-ga pô.
-- Pu-we-de pô bang ma-ka-u-sap si David?
-- Ta-ta-wa-gin ko lang pô san-da-li.
* * *
(sa telefono)
-- Ma-gan-dáng umaga pô.
-- Pu-we-de pô bang ma-ka-u-sap si Marian?
-- San-da-lî lang pô.
* * *
(sa personal)
-- Ma-gan-dáng u-ma-ga pô.
-- Pu-we-de pô bang ma-ka-u-sap si Doy?
-- Mag-hin-tay lang pô ka-yó di-to.
* * *
-- Hello, nan-di-yán ba si Omar?
-- Pu-we-de ba si-yáng ma-ka-u-sap?
* * *
-- Wa-lâ siyá dito.
-- Pu-we-de bang mag-bilin?
* * *
-- Gi-sing na ba si Oliver?
-- Oo, gi-sing na si-yá.
* * *

Useful phrases: Ayaw, gustó

§ 237. Say **gustó** to say "to like" or "to want"; say **ayaw** to say "to not like" or "not to want." To say you really like something, say "gustóng-gustó."

§ 238. **Gustohín**, to like or to want, is like an–**in** verb. Not all aspects of gustohín are as frequently used as the present aspect.

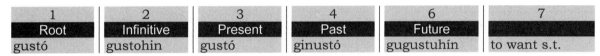

1 Root	2 Infinitive	3 Present	4 Past	6 Future	7
gustó	gustohin	gustó	ginustó	gugustuhín	to want s.t.

§ 239. **Ayaw** does not change form and is called a pseudo-verb. To say you really dislike something or don't like something at all, say "ayaw na ayaw."

§ 240. **Gustó** and **ayaw** can take one of three objects: **bagay**, thing; **tao**, person; kilos, action. In this lesson we look at **gustó ko ng bagay.**

Gustó

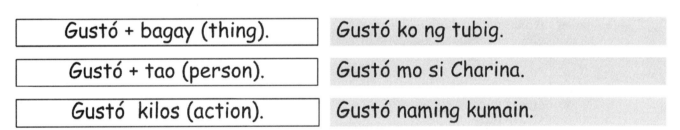

Gustó + bagay (thing).	Gustó ko ng tubig.
Gustó + tao (person).	Gustó mo si Charina.
Gustó kilos (action).	Gustó naming kumain.

Figure 7-25: Gustó, like or want, takes: 1) a thing, 2) a person or 3) an action.

Ayaw

Ayaw + bagay (thing).	Ayaw ko ng kapé.
Ayaw + tao (person).	Bakit ayaw mo si Charina?
Ayaw + kilos (action).	Ayaw niláng matulog.

Figure 7-26: Ayaw, dislike or not to want, takes as object: 1) a thing, 2) a person or 3) an action.

Useful phrases: Ayaw, gustó ko ng bagay

§ 241. To say, "I like or dislike something, " say "**gustó (ayaw) ko ng**, " followed by a noun in the ng-case. Typically, you would say the verb first.

§ 242. **Gustó / ayaw ko ng bagay**. The object of **gustó** is placed in the ng-case.

		Oo	Hindî
a.	akó	Gustó ko ng sapatos.	Hindî ko gustó ng sapatos.
b.	ikáw	Gustó mo ng pansin.	Hindî mo gustó ng pansin.
c.	siyá	Gustó niyá ng bahay.	Hindî niya gustó ng bahay.
d.	ng	Gustó ng mamà ng tubig.	Hindî gustó ng mama ng tubig.
e.	si …	Gustó ni Kikò ng laruan.	Hindî gustó ni Kikò ng laruan.
f.	tayo	Gustó natin ng coche.	Hindî natin gustó ng coche.
g.	kamí	Gustó namin ng kasama.	Hindî namin gustó ng kasama.
h.	kayó	Gustó ninyó ng pera.	Hindî ninyó gustó ng pera.
i.	silá	Gustó nilá ng pagkain.	Hindî nilá gustó ng pagkain.
j.	ng mga	Gustó pa ng mga tao ng kanin	Hindî na gustó ng mga tao ng kanin.
k.	siná …	Gustó nilá Pete at Grace ng pansít.	Hindî gustó nilá Pete at Grace ng pansít.

§ 243. **Gustó/ayaw ko ng bagay**. Note: hindî ayaw = gustó.

		Oo	
a.	akó	Ayaw ko ng sapatos.	I don't want shoes.
b.	ikáw	Ayaw mo ng pansin.	You don't want attention.
c.	siyá	Ayaw niyá ng bahay.	He (or she) doesn't want a house.
d.	ng	Ayaw ng kaibigan ko ng tubig.	My friend doesn't want (or doesn't like) water.
e.	si ...	Ayaw ni Kikò ng laruan.	Kikò doesn't want a toy.
f.	tayo	Ayaw natin ng Lexus.	We (incl.) don't want a Lexus.
g.	kamí	Ayaw namin ng kasama.	We (excl.) don't want company.
h.	kayó	Ayaw ninyó ng pera.	You (pl.) don't want money.
i.	silá	Ayaw nilá ng pagkain.	They don't want food.
j.	ng mga	Ayaw ng mga kaibigan ko ng pansít.	My friends don't want (or like) pansít.
k.	siná ...	Ayaw nilá Pete at Grace ng anák.	Pete and Grace don't want children.

§ 244. **Pagsásanay 7-2**. How would you say the following in Filipino?

		Answer
a.	I like pansít.	
b.	She really likes adobo.	
c.	Dad doesn't like rock-n-roll[75].	
d.	Does Pete like golf?	
e.	Mike and I like tennis[76].	
f.	Bobby really likes ice cream.	
g.	Why don't you (s.) like sports?	
h.	We (excl.) like bibingkà[77].	
i.	Why do you (s.) like okra?	
j.	Why don't you (s.) like okra?	

---

[75] How do you say rock-n-roll in Filipino? Rock-n-roll.
[76] Express as "Mike and I—we (excl.) like tennis.
[77] **bi bing kà**, n., rice cake

Useful phrases: Kailangan

§ 245. Use *kailangan* to express *to need*. To say you really need something, say "kailangang-kailangan."

§ 246. **Kailánganin**, to need, is like an–in verb. The present, kailángan ko, is short for *kinákailángan ko*.

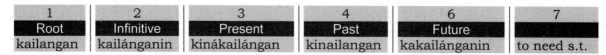

§ 247. **Kailánganin** can take one of three objects: **bagay**, thing; **tao**, person; **kilos**, action. In this lesson we look at **kailangan ko ng bagay**.

Kailangan

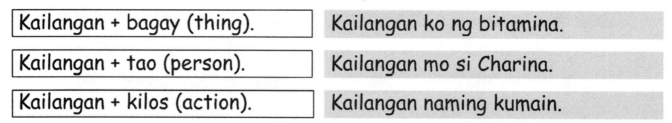

Figure 7-27: *Kailangan*, need, takeson as object: 1) a thing, 2) a person or 3) an action.

Useful phrases: Kailangan ko ng bagay

§ 248. To say, "I need something, " say "**Kailangan ko ng**, " followed by a noun in the ng-case. Typically, you would form your sentence in predicate-subject order. Here are examples:subject-predicate order, subject-predicate order.

§ 249. **Kailangan ko ng bagay.** The inanimate object of **kailangan** is placed in the ng-case. Later, we will see that, when it is a person, the "object" of **kailangan** is placed in the ang-case.

		Oo	Hindî
a.	akó	Kailangan ko ng sapatos.	Hindî ko kailangan ng sapatos.
b.	ikáw	Kailangan mo ng pansin.[78]	Hindî mo kailangan ng pansin.
c.	siya	Kailangan niyá ng bahay.	Hindî niya kailangan ng bahay.
d.	ng ...	Kailangan ng tao ng oxygen.	Hindî kailangan ng tao ng oxygen.
e.	si ...	Kailangan ni Mike ng payo.[79]	Hindî kailangan ni Mike ng payo.
f.	kamí	Kailangan namin ng kasama.[80]	Hindî namin kailangan ng kasama.
g.	tayo	Kailangan natin ng coche.	Hindî natin kailangan ng coche.
h.	kayó	Kailangan ninyó ng pera.	Hindî ninyó kailangan ng pera.
i.	silá	Kailangan nilá ng tulong.	Hindî nilá kailangan ng tulong.
j.	ng mga	Kailangan ng mga tao ng tulong.	Hindî kailangan ng mga tao ng tulong.
k.	siná ...	Kailangan niná Pete at Grace ng palayók.[81]	Hindî kailangan niná Pete at Grace ng palayók.

§ 250. **Kailangan ko ng bagay:** questions.

		Oo	Hindî
a.	akó	Kailangan ko ba ng sapatos?	Hindî ko ba kailangan ng sapatos?
b.	ikáw	Kailangan mo ba ng pansin?	Hindî mo ba kailangan ng pansin?
c.	siya	Kailangan ba niyá ng bahay?	Hindî ba niya kailangan ng bahay?
d.	ng ...	Kailangan ng tatay ng gamót.	Hindî kailangan ng tatay ng gamót.
e.	si ...	Kailangan ba ni Mike ng upuan?	Hindî ba kailangan ni Mike ng upuan?

---

[78] **pan sin**, n., attention.
[79] **pa yo**, n., advice.
[80] **ka sa ma**, n., companion.
[81] **pa la yók**, n., cooking pot or pan

		Oo	Hindî
f.	kamí	Kailangan ba namin ng kasama?[82]	Hindî ba namin kailangan ng kasama?
g.	tayo	Kailangan ba natin ng coche?	Hindî ba natin kailangan ng coche?
h.	kayó	Kailangan ba ninyó ng pera?	Hindî ba ninyó kailangan ng pera?
i.	silá	Kailangan ba nilá ng pagkain?	Hindî ba nilá kailangan ng pagkain?
j.	ng mga	Kailangan ng mga batà ng ticket.	Hindî kailangan ng mga batà ng ticket.
k.	siná ...	Kailangan ba niná Pete at Grace ng palayók?	Hindî ba kailangan niná Pete at Grace ng palayók?

§ 251. **Pagsásanay 7-3.** How would you say the following in Filipino?

		Answer
a.	I need more time[83].	
b.	You (pl). need more patience[84].	
c.	The children need money.	
d.	You (s.) just need attention[85].	
e.	You (s.) just need sleep[86].	
f.	Do you (s.)need anything[87]?	
g.	We (excl.) need tickets[88].	
h.	They need gas[89].	
i.	She needs her medication[90].	
j.	We (incl.) need an umbrella[91].	

---

[82] **ka sa ma**, n., companion.
[83] Say "mas maraming oras" to say "more time."
[84] **pa ci en ci a**, n., patience; also written pasensya.
[85] **pan sin**, n., attention. Remember: to say "only" or "just, " say **lamang** or **lang**.
[86] **tu log**, n., sleep
[87] Express as "Is there anything you need?" Use **mayroón**.
[88] Use the singular of ticket.
[89] **ga so li na**, n., gasoline
[90] **ga mót**, n., medicine, medication
[91] **pa yong**, n., umbrella

§ 252. **Questions**. Here are example questions that we might use frequently in conversation. Can you figure out what these questions mean?

  a. Anó ang kailangan mo?
  b. Sino ang kailangan mo?
  c. Bakit mo kailangan ang coche?
  d. Bakit mo kailangan si Charina?
  e. Saán mo gagamitin ang coche?
  f. Paano mo gagamitin ang pera?
  g. Kailán mo kailangan ang coche?

Grammar: -an verbs

§ 253. **Verbs in -an.** Verbs in **–an** are object-focus verbs. The subject of the sentence is the receiver of the verb's action. **–an** is a suffix; it is placed after the root word.

1 Root	2 Infinitive	3 Present	4 Past	5 Future	6
a. subok	subukan	sinusubok	sinubok	susubukan	to try s.t.
b. asa	asahan	inaasahan	inasahan	aasahan	to expect s.t.
c. tingin	tignan	tinitignan	tinignan	titignan	to look at s.t.
d. kinig	pakinggan	pinakikinggan	pinakinggan	pakikinggan	to listen to s.t.
e. iwan	iwanan	iniiwanan	iniwanan	iiwanan	to leave s.t.
f. hawák	hawakan	hinahawakan	hinawakan	hahawakan	to hold s.t.

§ 254. The following information on how to form the different verb forms is for your information only. Except where required by the instructor, you are not expected to memorize the procedure for forming verb forms. You can learn the forms by listening to and repeating the conversations.

§ 255. **Past aspect: -an verb.** To form the past aspect of **-an** verbs: a) If the infinitive begins with a consonant, take the infinitive and insert **–in** after the first letter. b) Otherwise, if the infinitive begins with a vowel, prefix **in-** to the infinitive.

§ 256. **Present aspect: -an verb.** To form the present aspect of **-an** verbs: a) If the infinitive begins with a consonant, insert **–in** into the first consonant-vowel pair, repeat the first consonant-vowel pair, then append the infinitive. b) Otherwise, if the infinitive begins with a vowel, prefix **in-**, repeat the first consonant-vowel pair, then append the infinitive.

§ 257. **Future aspect: -an verb.** To form the future aspect of **-an** verbs: a) If the infinitive begins with a consonant, prefix the first consonant-vowel pair of the root to the infinitive. b) Otherwise, if the infinitive begins with a vowel, prefix the first vowel to the infinitive.

-an verbs

root	infinitive	present	past	future
su-bok	su-bu-kan	si-nu-su-bu-kan	si-nu-bu-kan	su-su-bu-kan
a-sa	a-sa-han	i-na-a-sa-han	i-na-sa-han	a-a-sa-han

Figure 6-28: -an verbs

§ 258. **Sentences.** Let's use our new **–an** verbs to build sentences. Say the sentences below out loud.

		Comment
a.	Pinakinggan ko.	I listened (to s.t.).
b.	Subukan mo (s.). or Subukan ninyó (pl.).	Try it!
c.	Ano ang inaasahan mo?	What are you (s.) expecting?
d.	Tignan mo ito.	Look at this.
e.	Iwanan na lang natin si Kikò.	Let's just leave Kikò.
f.	Hawakan mo ngâ itó para sa akin?	Will you (s.) hold this for me?
g.	Titignan natin.	We will see (s.t.).
h.	Ano ang pinakikinggan nilá?	What are they listening to?
i.	Inaasahan namin si Badóng.	We are expecting Badong.
j.	Sinubukan ba nilá?	Did they try (it)?

§ 259. **Pagsásanay 7-4.** How would you say the following in Filipino?

	Answer
a. We (incl.) are trying (s.t.).	
b. She will try (s.t.).	
c. I tried (s.t.).	
d. Kikò will leave (s.t.).	
e. You (s.) tried (s.t.).	
f. They will look (at s.t.).	
g. We (excl.) are trying (s.t.).	
h. You (pl.) tried (s.t.).	
i. Kikò and Charina are trying (s.t.).	
j. The washerwoman listened (to s.t.).	

Vocabulary

§ 260. **Vocabulary.** In this *aral* you met the following words and phrases:

a lám, *root,* know; short for nalalaman
a yaw, *pseudo-v.,* don't like, don't want
baká, *adv.,* maybe, perhaps
ba tà, *n.,* young person
daw, *adv.,* "they say"; identical to raw
di to, *adj.,* here
ga mót, *n.,* medicine
gi sing, *root,* wake up; used in gumising
ka nin, *n.,* rice, steamed
ka sa ma, *n.,* companion
ka yâ, *adv.,* perhaps, maybe, in a doubting way
ma a la la, *v., o.f.,* to remember s.t.: na-a-a-la-la, na-a-la-la, ma-a-a-la-la
ma ba ít, *adj.,* good
mag bi lin, *v., a.f.,* to leave word: nag-bi-bi-lin, nag-bi-lin, mag-bi-bi-lin
mag hin táy, *v., a.f.,* to wait: nag-hi-hin-táy, nag-hin-táy, mag-hi-hin-táy
ma hu log, *v., a.f.,* to fall: na-hu-hu-log, na-hu-log, ma-hu-hu-log
ma ka u sap, *v., o.f.,* to be able to talk to s.b.: na-ka-ka-u-sap, na-ka-u-sap, ma-ka-ka-u-sap
nan di yán, na ri yán, *adj.,* there, near you; identical to nariyán, which see
ni lá, *pron.,* their; ng-case, 3rd pers., pl., after
nin yó, n'yo, *pron.,* your; ng-case, 2nd pers., pl., after
ni yá, *pron.,* his, her; ng-case, 3rd pers., s., after
pa gód, *adj.,* tired

pa la yók, *n.*, pot, pan
pan sin, *n.*, attention
pa yo, *n.*, advice
raw, *adv.*, "they say"; identical to daw
si yá, *pron.*, he, she; ang-case, pers., 3rd pers., s.
tak bó, *root*, run; used in tumakbo
ta o, *n.*, person
ta wa gin, *v., o.f.,* to call s.b.: ti-na-ta-wag, ti-na-wag, ta-ta-wa-gin
tu loy, *root*, proceed; used in tumulóy
u mu bos, *v., a.f.,* to consume: u-muubos, u-mu-bos, u-u-bos
u pu an, *n.*, seat
ya tà, *adv.*, doubt

Review and checklist

§ 261. **Checklist.** In this aral you expected to learn to:

   a. Say *daw, baká, yatà, palá, kayâ*
   b. Ask to speak to somebody
   c. Say *ayaw, gustó, kailangan ko ng bagay*
   d. Use your first -an verbs
   e. Use your first i- verbs: *ibigáy, ilagáy, isama, itulóy*

§ 262. **Answers to Pagsásanay 7-1.** How would you say the following in Filipino?

		Answer
a.	She might still be here.	Baká nandito pa siyá.
b.	I think she's gone.[92]	Walâ na yatá siyá. Baká umalís na siyá.
c.	They say she's gone.	Walâ na raw siyá. Umalís na raw siyá.
d.	I wonder why she left.[93]	Bakit kayâ siyá umalis?
e.	I wonder if she will come back[94].	Babalík kayâ siyá?
f.	I wonder if she will not come back.	Hindî na kayâ siyá babalík?
g.	Oh, you're here!	Nandito ka na palá! Narito ka na palá!

---

[92] You can express this in several ways. Pick one.
[93] Use **ka yâ** to express "I wonder."
[94] **bu ma lik**, v., a.f., to come back, to return

	Answer
h. I think I have money[95].	Mayroón yatà akóng pera.
i. I do have money! (Surprise)	Mayroón palá akóng pera.
j. I don't have money! (Surprise)	Walâ (na) palá akóng pera.

§ 263. **Answers to Pagsásanay 7-2.** How would you say the following in Filipino?

		Answer
a.	I like pansít.	Gustó ko ng pansít.
b.	She really likes adobo.	Gustóng-gustó niyá ng adobo.
c.	Dad doesn't like rock-n-roll[96].	Ayaw ng tatay ng rock-n-roll.
d.	Does Pete like golf?	Gustó ba ni Pete ng golf?
e.	Mike and I like tennis[97].	Si Mike at akó—gustó namin ng tennis.
f.	Bobby really likes ice cream.	Gustóng-gustó ni Bobby ng ice cream.
g.	Why don't you (s.) like sports?	Bakit ayaw mo ng sports?
h.	We (excl.) like bibingkà[98].	Gustó namin ng bibingkà.
i.	Why do you (s.) like okra?	Bakit mo gustó ng okra?
j.	Why don't you (s.) like okra?	Bakit ayaw mo ng okra?

§ 264. **Answers to Pagsásanay 7-3.** How would you say the following in Filipino?

		Answer
a.	I need more time[99].	Kailangan ko ng mas maraming oras.
b.	You (pl). need more patience[100].	Kailangan ninyó ng mas maraming paciencia.
c.	The children need money.	Kailangan ng pera ng mga batà. Kailangan ng mga batà ng pera.
d.	You (s.) just need attention[101].	Kailangan mo lang ng pansín.
e.	You (s.) just need sleep[102].	Kailangan mo lang ng tulog.

---

[95] Use **may ro ón** to express "I have." Use **pera** for money.
[96] Rock-n-roll in Filipino is rock-n-roll.
[97] Express as "Mike and I—we (excl.) like tennis."
[98] **bi bing kà**, n., rice cake
[99] Say "mas maraming oras" to say "more time."
[100] **pa ci en ci a**, n., patience; also written pasensya.
[101] **pan sin**, n., attention. Remember: to say "only" or "just, " say **lamang** or **lang**.

	Answer
f. Do you (s.)need anything[103]?	Mayroón ka bang kailangan?
g. We (excl.) need tickets[104].	Kailangan namin ng ticket.
h. They need gas[105].	Kailangan nilá ng gasolina.
i. She needs her medication[106].	Kailangan niyá ng kaniyáng gamót.
j. We (incl.) need an umbrella[107].	Kailangan natin ng payong.

§ 265. **Answers to Pagsásanay 7-4.** How would you say the following in Filipino?

	Answer
a. We (incl.) are trying (s.t.).	Sinusubukan natin.
b. She will try (s.t.).	Susubukan niyá.
c. I tried (s.t.).	Sinubukan ko.
d. Kikò will leave (s.t.).	Iiwanan ni Kikò.
e. You (s.) tried (s.t.).	Sinubukan mo.
f. They will look (at s.t.).	Titignan nilá.
g. We (excl.) are trying (s.t.).	Sinusubukan namin.
h. You (pl.) tried (s.t.).	Sinubukan ninyó.
i. Kikò and Charina are trying (s.t.).	Sinusubukan niná Kikò at Charina.
j. The washerwoman listened (to s.t.).	Pinakinggan ng labandera.

---

[102] **tu log**, n., sleep
[103] Express as "Is there anything you need?" Use **mayroón**.
[104] Use the singular of ticket.
[105] **ga so li na**, n., gasoline
[106] **ga mót**, n., medicine, medication
[107] **pa yong**, n., umbrella

Cultural note: Swimming in the South China Sea

Figure 7-29: Swimming in the South China Sea

Mahíhilig magpuntá sa aplaya ang mga Filipino. Itó namá'y hindî mahirap gawín, dahil silá'y nakatirá sa isáng kapuluán ng higít na pitóng libong pulô.

Naráramdamán mo ba ang maliwanag na araw na nagpápainit sa lahát ng bagay sa larawan: tubig, buhangin at mga lumálangoy?

Filipinos love to go to the beach, whih is not hard to do, as they live in an archipelago of more than 7,000 islands.

Can you "feel" the bright tropical sun warming everything in the picture: water, sand and swimmers? Photo courtesy of and © 2002 Walter White IV.

Aral Waló (8): Ayaw, gustó, kailangan, 2

Lesson goals

-- Kailangan mo ba ng coche?
-- Kailangan ko ang aking nanay

§ 266. **Lesson goals.** In this aral you can expect to learn to:

   a. Say you like or dislike somebody: "ayaw, gustó ko si Charina"
   b. Say you need somebody: "Kailangan ko si Kiko"
   c. Say you want to do something: "Ayaw, gustó kong kumilos"
   d. Say you need to do something: "Kailangan kong kumilos"
   e. Talk about the weather

Useful phrases: Ayaw, gustó ko "si Charina"

§ 267. To say, "I like or dislike somebody, " say "**Gustó (ayaw) ko si**, " followed by the name of the person liked or disliked. Typically, you would say the verb first.

§ 268. "**Gustó ko si Charina.**" **Gustó** (**gustohín**) behaves like an **-in** verb, an object focus verb. The person you like is the subject of the sentence and is placed in the ang-case. The person doing the liking is placed in the ng-case. If you like somebody very much, say "gustóng-gustó."

		Oo	Hindî
a.	akó	Gustó ko si Charina.	Hindî ko gustó si Charina.
b.	ikáw	Gustó mo siná Kikò at Charina.	Hindî mo gustó siná Kikò at Charina.
c.	siyá	Gustó niyá si Nenè.	Hindî niya gustó si Nenè.
d.	ng ...	Gustó ng batà si Dino.	Hindî gustó ng batà si Dino.
e.	si ...	Gustó ni Amado si Nenè.	Hindî gustó ni Amado si Nenè.
f.	tayo	Gustó natin si Dino.	Hindî natin gustó si Dino.
g.	kamí	Gustó namin si Amado.	Hindî namin gustó si Amado.

		Oo	Hindî
h.	kayó	Gustó ninyó si Kikò.	Hindî ninyó gustó si Kikò.
i.	silá	Gustó nilá si Pepe.	Hindî nilá gustó si Pepe.
j.	siná ...	Gustó niná Pete at Grace si Amado.	Hindî gustó niná Pete at Grace si Amado.

§ 269. **"Ayaw ko si Charina."** "Hindî . . . ayaw" does not sound right and is not used. **Ayaw** behaves like an **–in** verb, an object focus verb. The doer of the action is in the ng-case. If you dislike somebody very much, say "ayaw na ayaw."

		Oo	
a.	akó	Ayaw ko si Charina.	I don't like Charina.
b.	ikáw	Ayaw mo siná Kikò at Charina.	You don't like Kikò and Charina.
c.	siyá	Ayaw niyá si Nenè.	He (or she) doesn't like Nenè.
d.	si ...	Ayaw ni Amado si Nenè.	Amado does not like Nenè.
e.	tayo	Ayaw natin si Dino.	We (incl.) don't like Dino.
f.	kamí	Ayaw namin si Amado.	We (excl.) don't like Amado.
g.	kayó	Ayaw ninyó si Kikò.	You (pl). don't like Kikò.
h.	silá	Ayaw nilá si Pepe.	They don't like Pepe.
i.	siná ...	Ayaw niná Pete at Grace si Amado.	Pete and Grace don't like Amado.

§ 270. **Pagsásanay 8-1.** How would you say the following in Filipino?

		Answer
a.	I like Charina.	
b.	We (excl.) like Kikò.	
c.	She doesn't like Maria.	
d.	You (pl.) like Amado and Nene.	
e.	Don't you like me?	
f.	Do I dislike Mike?	
g.	Why don't you like Carmen?	
h.	I like Charina very much.	

i. I don't like Carlos at all[108].	Answer
j. We (excl.) don't like Pepe.	

Useful phrases: Kailangan ko "si Kikò"

§ 271. To say, "I need somebody," say "**Kailangan ko si**," followed by the name of the person needed. Say the verb first. If you need somebody very much, say "kailangang-kailangan."

§ 272. **Kailangan ko si Kikò. Statements**. The needed person is the subject of the sentence and is placed in the ang-case. The person in need is placed in the ng-case; **kailangan** (kailanganin) behaves like an object-focus verb.

		Oo	Hindî
a.	akó	Kailangan ko si Charina.	Hindî ko kailangan si Charina.
b.	ikáw	Kailangan mo siná Kikò at Charina.	Hindî mo kailangan siná Kikò at Charina.
c.	siya	Kailangan niyá si Nenè.	Hindî niyá kailangan si Nenè.
d.	ng ...	Kailangan ng tatay si Kikò.	Hindî kailangan ng tatay si Kikò.
e.	si ...	Kailangan ni Amado si Nenè.	Hindî kailangan ni Amado si Nenè.
f.	kamí	Kailangan namin si Amado.	Hindî namin kailangan si Amado.
g.	tayo	Kailangan natin si Dino.	Hindî natin kailangan si Dino.
h.	kayó	Kailangan ninyó si Kikò.	Hindî ninyó kailangan si Kikò.
i.	silá	Kailangan nilá si Pepe.	Hindî nilá kailangan si Pepe.
j.	ng mga	Kailangan ng mga tatay si Kikò.	Hindî kailangan ng mga tatay si Kikò.
k.	siná ...	Kailangan niná Pete at Grace si Amado.	Hindî kailangan niná Pete at Grace si Amado.

§ 273. **Kailangan ko si Kikò. Questions**.

	Oo	Hindî

---

[108] Express as "I dislike Carlos very much."

		Oo	Hindî
a.	akó	Kailangan ko ba si Charina?	Hindî ko ba kailangan si Charina?
b.	ikáw	Kailangan mo ba siná Kikò at Charina?	Hindî mo ba kailangan siná Kikò at Charina?
c.	siya	Kailangan ba niyá si Nenè?	Hindî ba niyá kailangan si Nenè?
d.	ng ...	Kailangan ba ng nanay si Nenè?	Hindî ba kailangan ng nanay si Nenè?
e.	si ...	Kailangan ba ni Amado si Nenè?	Hindî ba kailangan ni Amado si Nenè?
f.	kamí	Kailangan ba namin si Amado?	Hindî ba namin kailangan si Amado?
g.	tayo	Kailangan ba natin si Dino?	Hindî ba natin kailangan si Dino?
h.	kayó	Kailangan ba ninyó si Kikò?	Hindî ba ninyó kailangan si Kikò?
i.	silá	Kailangan ba nilá si Pepe?	Hindî ba nilá kailangan si Pepe?
j.	ng mga	Kailangan ba ng mga nanay si Pepe?	Hindî ba kailangan ng mga nanay si Pepe?
k.	siná ...	Kailangan ba niná Pete at Grace si Amado?	Hindî ba kailangan niná Pete at Grace si Amado?

§ 274. **Pagsásanay 8-2.** How would you say the following in Filipino?

		Answer
a.	She needs Kikò.	
b.	She needs you (pl.)	
c.	She needs us (incl).	
d.	Do you (s.) need me?	
e.	You (s.) don't need me.	
f.	Mom needs you.	
g.	Why do you need her?	
h.	I need you (pl).	
i.	When[109] will you need me?	
j.	I really need[110] Pepe!	

---

[109] **ka i lan**, adv., when
[110] Express as "I need Pepe very much."

Useful phrases: Ayaw, gustó kong kumilós

§ 275. **Gustó kong kumilos:** To say, "I want to do something, " say "**Gustó kong**, " followed by the verb. Typically, you would say the verb first. To say you really want to do something, say "gustónggustó." Here are examples:

		Oo	Hindî
a.	akó	Gustó kong mag-aral.	Ayaw kong mag-aral.
b.	ikáw	Gustó mong magpahingá.	Ayaw mong magpahingá.
c.	siyá	Gustó niyáng kumain.	Ayaw niyáng kumain.
d.	si ...	Gustóng mag-aral si Kikò.	Ayaw mag-aral ni Kikò.
e.	kamí	Gustó naming magtrabaho.	Ayaw naming magtrabaho.
f.	tayo	Gustó nating magtipíd.	Ayaw nating magtipíd.
g.	kayó	Gustó ninyóng magsikap.	Ayaw ninyóng magsikap.
h.	silá	Gustó niláng magmadalî.	Ayaw niláng magmadalî.
i.	siná ...	Gustóng maglutò siná Pete at Grace.	Ayaw maglutò niná Pete at Grace.

§ 276. **Gustó kong kumilos:** in question form. **Gustó** and **ayaw** behave like **–in** verbs. The doer of the action is in the ng-case.

		Oo	Hindî
a.	akó	Gustó ko bang mag-aral?	Ayaw ko bang mag-aral?
b.	ikáw	Gustó mo bang magpahingá?	Ayaw mo bang magpahingá?
c.	siyá	Gustó ba niyáng kumain?	Ayaw ba niyáng kumain?
d.	si ...	Gustó bang mag-aral ni Kikò?	Ayaw bang mag-aral ni Kikò?
e.	kamí	Gustó ba naming magtrabaho?	Ayaw ba naming magtrabaho?
f.	tayo	Gustó ba nating magtipíd?	Ayaw ba nating magtipíd?
g.	kayó	Gustó ba ninyóng magsikap?	Ayaw ba ninyóng magsikap?
h.	silá	Gustó ba niláng magmadalî?	Ayaw ba niláng magmadalî?
i.	siná ...	Gustó bang magmadalî siná Pete at Grace?	Ayaw bang magmadalî niná Pete at Grace?

§ 277. **Pagsásanay 8-3.** How would you say the following in Filipino?

	Answer
a. I want to work.	
b. Do you (s.) like to sing[111]?	
c. She wants to rest[112].	
d. We (excl.) want to save money[113].	
e. Do you (s.) want to eat?	
f. Kikò wants to go to school[114].	
g. Charina, do you like to cook[115]?	
h. I want to leave now[116].	
i. I want to drink.	
j. She really wants to go home[117].	

Useful phrases: Kailangan kong kumilos

§ 278. **Kailangan kong kumilos:** To say, "I need to do something," say "**Kailangan kong**," followed by the verb. Typically, you would form your sentence in predicate-subject order. Here are examples:

		Oo	Hindî
a.	akó	Kailangan kong mag-aral.	Hindî ko kailangang mag-aral.
b.	ikáw	Kailangan mong magpahingá.	Hindî mo kailangang magpahingá.
c.	siyá	Kailangan niyáng kumain.	Hindî niya kailangang kumain.
d.	si …	Kailangang mag-aral si Kikò.	Hindî kailangang mag-aral si Kikò.
e.	kamí	Kailangan naming magtrabaho.	Hindî namin kailangang magtrabaho.
f.	tayo	Kailangan nating magtipíd.	Hindî natin kailangang magtipíd.

---

[111] **ku man tá**, v., a.f., to sing
[112] **mag pa hi ngá**, v., a.f., to rest
[113] **mag ti píd**, v., a.f., to be thrifty, to save money
[114] Express as "Kikò wants to study."
[115] **mag lu tò**, v., a.f., to cook
[116] Express as "I want to leave already."
[117] **u mu wî**, v., a.f., to go home

		Oo	Hindî
g.	kayó	Kailangan ninyóng magsikap.	Hindî ninyó kailangang magsikap.
h.	silá	Kailangan niláng magmadali.	Hindî nilá kailangang magmadali.
i.	siná ...	Kailangang maglutò siná Pete at Grace.	Hindî kailangang maglutò siná Pete at Grace.

§ 279. **Kailangan kong kumilos:** predicate-subject order: question

		Oo	Hindî
a.	akó	Kailangan ko bang mag-aral?	Hindî ko ba kailangang mag-aral?
b.	ikáw	Kailangan mo bang magpahingá?	Hindî mo ba kailangang magpahingá?
c.	siyá	Kailangan ba niyáng kumain?	Hindî ba niya kailangang kumain?
d.	si ...	Kailangan bang mag-aral si Kikò?	Hindî ba kailangang mag-aral si Kikò?
e.	kamí	Kailangan ba naming magtrabaho?	Hindî ba namin kailangang magtrabaho?
f.	tayo	Kailangan ba nating magtipíd?	Hindî ba natin kailangang magtipíd?
g.	kayó	Kailangan ba ninyóng magsikap?	Hindî ba ninyó kailangang magsikap?
h.	silá	Kailangan ba niláng magmadali?	Hindî ba nilá kailangang magmadali?
i.	siná ...	Kailangan bang magmadali siná Pete at Grace?	Hindî ba kailangang magmadali siná Pete at Grace?

§ 280. **Kailangan kong kumilos:** subject-predicate order:

		Oo	Hindî
a.	akó	Akó ay kailangang mag-aral.	Akó ay hindî kailangang mag-aral.
b.	ikáw	Ikáw ay kailangang magpahinga.	Ikáw ay hindî kailangang magpahinga.
c.	siya	Siyá ay kailangang kumain.	Siyá ay hindî kailangang kumain.
d.	si ...	Si Kikò ay kailangang maligò.	Si Kikò ay hindî kailangang maligò.
e.	kamí	Kamí ay kailangang magtrabaho.	Kamí ay hindî kailangang magtrabaho.
f.	tayo	Tayo ay kailangang magtipid.	Tayo ay hindî kailangang magtipid.
g.	kayó	Kayó ay kailangang magsikap.	Kayó ay hindî kailangang magsikap.
h.	silá	Silá ay kailangang magmadalî.	Silá ay hindî kailangang magmadalî.
i.	siná ...	Siná Pete at Grace ay kailangang maglutò.	Siná Pete at Grace ay hindî kailangang maglutò.

§ 281. **Kailangan kong kumilos**: subject-predicate order:

		Oo	Hindî
a.	akó	Akó ba ay kailangang mag-aral?	Akó ba ay hindî kailangang mag-aral?
b.	ikáw	Ikáw ba ay kailangang magpahinga?	Ikáw ba ay hindî kailangang magpahinga?
c.	siyá	Siyá ba ay kailangang kumain?	Siyá ba ay hindî kailangang kumain?
d.	si ...	Si Kikò ba ay kailangang mag-aral?	Si Kikò ba ay hindî kailangang mag-aral?
e.	kamí	Kamí ba ay kailangang magtrabaho?	Kamí ba ay hindî kailangang magtrabaho?
f.	tayo	Tayo ba ay kailangang magtipid?	Tayo ba ay hindî kailangang magtipid?
g.	kayó	Kayó ba ay kailangang magsikap?	Kayó ba ay hindî kailangang magsikap?
h.	silá	Silá ba ay kailangang magmadalî?	Silá ba ay hindî kailangang magmadalî?
i.	siná ...	Siná Pete at Grace ba ay kailangang maglutò?	Siná Pete at Grace ba ay hindî kailangang maglutò?

§ 282. **Pagsásanay 8-4**: How would you say the following in Filipino?

		Your answer
a.	I'm hungry. I need to eat.	
b.	Charina is not hungry. She doesn't need to eat.	
c.	We (exclusive) need a house.	
d.	Do you (singular) need a[118] car?	
e.	I need my mom.	
f.	He needs to work.	

Useful phrases: Ang panahón, the weather

§ 283. Here are some words about the weather:

		Halimbawà	Notes
a.	araw	Hindî ko makita ang araw; natatakpan[119] siyá ng	sun

---

[118] Do not express the article in Filipino; it is unerstood in the case-marker **ng**.
[119] **ma tak pán**, v., a.f., to be covered

		Halimbawà	Notes
		mga ulap[120].	
b.	bagyó	Malakás ang ulán[121] kung may bagyó.	storm
c.	gináw	Magináw ang panahón sa Enero at Febrero.	cold
d.	hangin	Malakás ang hangin kung may bagyó.	wind
e.	init	Lalong mainit ang araw mulâ sa tanghali[122] hanggáng sa takip-silim[123].	heat
f.	lamíg	Gustó ko ng malamíg na inumin.	cold (object)
g.	ulán	Malakás ang ulán, kailangan natin ng payong[124].	rain
h.	ulap	Napakagandáng tignán ang mga ulap.	cloud

§ 284. **Adjectives about the weather.** Here are weather-related adjectives. Remember that in Filipino you can form an adjective by placing **ma-** in front of a root word.

		Adjective	Notes
a.	araw	maaraw	sunny
b.	bagyó	mabagyó (rarely used)	stormy
c.	gináw	magináw	cold (weather)
d.	hangin	mahangin	windy
e.	init	mainit	hot
f.	lamíg	malamíg	cold (drink)
g.	ulán	maulán	rainy
h.	ulap	maulap	cloudy

§ 285. **Verbs of weather.** You can form verbs from the root words about the weather.

	Root	Infinitive	Present	Past	Future	
a.	bagyó	bumagyó	bumabagyó	bumagyó	babagyó	to storm
b.	gináw	ginawin	giniginaw	gininaw	giginawin	to feel cold

---

[120] **u lap**, n., cloud
[121] **u lán**, n., rain
[122] **tang ha lì**, n., noon
[123] **ta kip-si lim**, n., dusk
[124] **pa yong**, n., umbrella

Root	Infinitive	Present	Past	Future	
c. init	uminit	umiinit	uminit	iinit	to become hot (person)
d. init	mainitan	naiinitan	nainitan	maiinitan	to feel warm (person)
e. lamíg	lumamíg	lumalamíg	lumamíg	lalamíg	to become cold (as in food or drink)
f. ulan	umulan	umuulan	umulan	uulan	to rain

Halimbawà:

Example	
a. Gi-ni-gi-naw ka ba?	Are you cold?
b. Ma-la-mig na ang a-king ca-pé.	My coffee is (already) cold.
c. Na-i-i-ni-tan si-yá.	She's warm.
d. Ba-bag-yó raw sa Sa-ba-dó.	A storm is expected on Saturday.
e. I-i-nit raw sa Lu-nes.	It's expected to warm up on Monday.

§ 286. **Pagsásanay 8-5.** How would you say the following in Filipino?

	Answer
a. It's raining.	
b. It's not raining.	
c. The food will become cold.	
d. My coffee[125] is still warm.	
e. There's a storm[126] in the north[127].	
f. It's always[128] sunny in Palawan.	
g. It's always rainy in Batanes.	
h. I'm cold!	
i. I'm hot!	

---

[125] **ca pé**, n., coffee
[126] Use the verb.
[127] **hi la gà**, n., north
[128] **pa la gì**, adv., always

j. The drinks are cold[129].

Vocabulary

§ 287. **Vocabulary.** In this *aral* you met the following words and phrases:

a raw, *n.*, day, sun
bag yó, *n.*, storm
hang gáng, *prep.*, until
ha ngin, *n.*, wind
kung, *conj.*, if
la lo, *adv.*, more
ma gi náw, *adj.*, cold
mag ma da lî, *v.*, *a.f.*, to hurry: nag-ma-ma-da-lî, nag-ma-da-lî, mag-ma-ma-da-lî
mag pa hi ngá, *v.*, *a.f.*, to rest: nag-pa-pa-hi-ngá, nag-pa-hi-ngá, mag-pa-pa-hi-ngá
mag si kap, *v.*, *a.f.*, to exert effort: nag-si-si-kap, nag-si-kap, mag-si-si-kap
mag ti píd, *v.*, *a.f.*, to be frugal, to save money: nag-ti-ti-pid, nag-ti-pid, mag-ti-ti-pid
ma i nit, *adj.*, hot, warm
ma la kás, *adj.*, strong
ma la míg, *adj.*, cold, cool
ma tak pán, *v.*, *o.f.*, to be covered: na-ta-tak-pán, na-tak-pán, ma-ta-tak-pán
mu lâ, *prep.*, from
na pa ka gan dá, *adj.*, how beautiful!
pa na hón, *n.*, time, weather
pa yong, *n.*, umbrella
ta kip - si lim, *n.*, dusk
tang ha lì, *n.*, noon
u lán, *n.*, rain
u lap, *n.*, cloud

-- Walâ kayâ tayong nakalimutan?
-- Kailangan ba nating bumilí ng bagoóng?

Review and checklist

---
[129] Put "cold" in the plural, as "the drinks" is plural.

§ 288. **Checklist.** In this *aral* you expected to learn to:

    a. Say you like or dislike somebody: "ayaw, gustó ko si Charina"
    b. Say you need somebody: "Kailangan ko si Kiko"
    c. Say you want to do something: "Ayaw, gustó kong kumilos"
    d. Say you need to do something: "Kailangan kong kumilos"
    e. Talk about the weather

Answers to exercises

§ 289. **Answers to Pagsásanay 8-1.** How would you say the following in Filipino?

		Answer
a.	I like Charina.	Gustó ko si Charina.
b.	We (excl.) like Kikò.	Gustó namin si Kikò.
c.	She doesn't like Maria.	Ayaw niyá si Maria.
d.	You (pl.) like Amado and Nene.	Gustó ninyó siná Amado at Nene.
e.	Don't you like me?	Hindî mo ba akó gustó?
f.	Do I dislike Mike?	Ayaw ko ba si Mike?
g.	Why don't you like Carmen?	Bakit ayaw mo si Carmen?
h.	I like Charina very much.	Gustóng-gustó ko si Charina.
i.	I don't like Carlos at all.	Ayaw na ayaw ko si Carlos.
j.	We (excl.) don't like Pepe.	Ayaw namin si Pepe.

§ 290. **Answers to Pagsásanay 8-2.** How would you say the following in Filipino?

		Answer
a.	She needs Kikò.	Kailangan niyá si Kikò.
b.	She needs you (pl.)	Kailangan niyá kayó.
c.	She needs us (incl).	Kailangan niyá tayo.
d.	Do you (s.) need me?	Kailangan mo ba akó?
e.	You (s.) don't need me.	Hindî mo akó kailangan.
f.	Mom needs you.	Kailangan ka ng nanay. Kailangan ka ni nanay.

		Answer
g.	Why do you need her?	Bakit mo siyá kailangan?
h.	I need you (pl).	Kailangan ko kayó.
i.	When[130] will you need me?	Kailán mo akó kakailanganin?
j.	I really need[131] Pepe!	Kailangang- kailangan ko si Pepe.

§ 291. **Answers to Pagsásanay 8-3.** How would you say the following in Filipino?

		Answer
a.	I want to work.	Gustó kong magtrabaho.
b.	Do you (s.) like to sing[132]?	Gustó mo bang kumantá?
c.	She wants to rest[133].	Gustó niyáng magpahinga.
d.	We (excl.) want to save money[134].	Gustó naming magtipid.
e.	Do you (s.) want to eat?	Gustó mo bang kumain?
f.	Kikò wants to go to school[135].	Gustó mag-aral ni Kikò?
g.	Charina, do you like to cook[136]?	Charina, gustó mo bang maglutò?
h.	I want to leave now[137].	Gustó ko nang umalís.
i.	I want to drink.	Gustó kong uminóm.
j.	She really wants to go home[138].	Gustóng-gustó niyáng umuwî.

§ 292. **Answers to Pagsásanay 8-4**: How would you say the following in Filipino?

		Your answer
a.	I'm hungry. I need to eat.	Gutóm akó. Kailangan kong kumain.
b.	Charina is not hungry. She doesn't need to eat.	Hindî gutóm si Charina. Hindî niyá kailangang kumain.

---

[130] **ka i lán**, adv., when
[131] Express as "I need Pepe very much."
[132] **ku man tá**, v., a.f., to sing
[133] **mag pa hi ngá**, v., a.f., to rest
[134] **mag ti píd**, v., a.f., to be thrifty, to save money
[135] Express as "Kikò wants to study."
[136] **mag lu tò**, v., a.f., to cook
[137] Express as "I want to leave already."
[138] **u mu wî**, v., a.f., to go home

c. We (exclusive) need a house.	Kailangan namin ng bahay.
d. Do you (singular) need a[139] car?	Kailangan mo ba ng coche?
e. I need my mom.	Kailangan ko ang aking nanay.
f. He needs to work.	Kailangan niyáng magtrabaho.

§ 293. **Answers to Pagsásanay 8-5.** How would you say the following in Filipino?

	Answer
a. It's raining.	Umuulán.
b. It's not raining.	Hindî umuulán.
c. The food will become cold.	Lalamíg ang pagkain.
d. My coffee[140] is still warm.	Mainit pa ang aking capé.
e. There's a storm[141] in the north[142].	Bumabagyó sa hilagà.
f. It's always[143] sunny in Palawan[144].	Palaging maaraw sa Palawan.
g. It's always rainy in Batanes[145].	Palaging maulán sa Batanes.
h. I'm cold!	Giniginaw akó.
i. I'm hot!	Naiinitan akó.
j. The drinks are cold[146].	Malalamíg ang mga inumín.

---

[139] Do not express the article in Filipino; it is unerstood in the case-marker **ng**.
[140] **ca pé**, n., coffee
[141] Use the verb.
[142] **hi la gà**, n., north
[143] **pa la gi**, adv., always
[144] **Palawan**, an island in the Western Visayas; a favorite vacation destination, flora and fauna are very different from those of other Philippine islands
[145] **Batanes**, the Philippines's northernmost province, a group of islands north of Luzon island; often hit by typhoons
[146] Put "cold" in the plural, as "the drinks" is plural.

Cultural note: A Manila street market

Figure 8-30: Street market, *palengke*, in metro Manila.

"What a riot of color the market square of a seaport like Manila must have been!" writes Father Horacio dela Costa, S.J., in *Readings in Philippine History* (Manila: Bookmark, 1965), describing the 16th-century people in what is now the Philippines. Some things have changed since then. Streets are paved; power lines tower above the market-goers. Other things remain the same. Vendors and shoppers are brown-skinned and like to haggle for a good deal. The Filipino word for *to haggle* is *tumawad*. Photo courtesy of and © R.A. Villanueva.

Aral Siyám (9): Walâ, mayroón, kauntì, marami

Lesson goals

-- Mayroón ka bang pera?
-- Mayroóng kauntì. Bakit?

§ 217. **Lesson goals.** In this aral you can expect to learn to:
   a. Say *walâ, mayroón, kauntì, marami*
   b. Use expressions of time
   c. Use verbs of the senses: *makita, marinig, maamóy, malasahan, maramdamán*
   d. Use the verb *magíng*, to become
   e. Say "Anó ang ginagawâ mo?"

Useful phrases: Walâ, mayroón, kauntì, marami

§ 218. Say **mayroón** to say "having" or "there is, there are" and **walâ** to say "not having" or "there isn't or there aren't.

having	not having
mayroón	walâ

Mga halimbawà:
   a. May-ro-ón a-kóng pe-ra. A-kó ay may-ro-óng pe-ra. I have money.
   b. Wa-lâ a-kóng pe-ra. A-kó ay wa-láng pe-ra. I don't have money. I have no money.
   c. May-ro-ón ba ta-yong bi-gás[147]? Ta-yo ba ay may-ro-óng bi-gás? Do we have rice?
   d. Wa-lâ na. Not any more.

---

[147] **bi gás**, n., uncooked rice. Steamed rice is *kanin.*. Unhusked rice is *palay.*

walâ, mayroón, kauntì, marami

walâ	mayroón	kauntì	Marami
there is none	there is	there is a little	there is plenty

Figure 9-31: walâ, mayroón, kauntì, marami

		mayroón	walâ
a.	akó	A-kó ay may-ro-óng co-che. May-ro-ón a-kóng co-che.	Akó ay waláng coche. Walâ akóng coche.
b.	ikáw	Ikáw ay mayroóng ba-hay. Mayroón kang bahay.	Ikáw ay waláng bahay. Walâ kang bahay.
c.	siyá	Siyá ay mayroóng la-ru-án. Mayroón siyáng la-ru-án.	Siyá ay waláng laruán. Walâ siyáng laruán.
d.	tayo	Tayo ay mayroóng pu-pun-ta-hán. Mayroón tayong pu-pun-ta-hán.	Tayo ay waláng pupuntahán. Walâ tayong pupuntahán.
e.	kamí	Kamí ay mayroóng a-so. Mayroón kamíng aso.	Kamí ay waláng aso. Walâ kamíng aso.
f.	kayó	Kayó ay mayroóng ga-ga-wín. Mayroón kayóng ga-ga-wín.	Kayó ay waláng gagawín. Walâ kayóng gagawín.
g.	silá	Silá ay mayroóng bi-si-ta. Mayroón siláng bi-si-ta.	Silá ay waláng bisita. Walâ siláng bisita.

§ 219. Say **mayroón** to say *having*. Say **mayroóng ka-un-tì** to say *having a few or a little*. Say **mayroóng marami** to say *having a lot*.

having	having a few or a little	having a lot
mayroón	mayroóng kauntì	mayroóng marami

Mga halimbawà:
a. May-ro-ón a-kóng pe-ra. A-kó ay may-ro-óng pe-ra. I have money

b. May-ro-ón a-kóng ka-un-tíng pe-ra. Akó ay mayroóng ka-un-tíng pe-ra. I have a little money
c. Ma-ra-mi a-kóng pe-ra. A-kó ay ma-ra-ming pe-ra. I have a lot of money.
d. Ma-ra-mi ba ta-yong bi-gás? Ta-yo ba ay ma-ra-ming bi-gás? Do we have plenty of rice?
e. Ma-ra-ming ma-ra-mi. Plenty.

		mayroón	marami
a.	akó	Akó ay mayroóng coche. Mayroón akóng coche.	Akó ay (mayroóng) maraming coche. Marami akóng coche.
b.	ikáw	Ikáw ay mayroóng bahay. Mayroón kang bahay.	Ikáw ay (mayroóng) maraming bahay. Marami kang bahay.
c.	siyá	Siyá ay mayroóng laruán. Mayroón siyáng laruán.	Siyá ay (mayroóng) maraming laruán. Marami siyáng laruán.
d.	tayo	Tayo ay mayroóng pupuntahán. Mayroón tayong pupuntahan.	Tayo ay (mayroóng) maraming pupuntahan. Marami tayong pupuntahan.
e.	kamí	Kamí ay mayroóng aso. Mayroón kamíng aso.	Kamí ay (mayroóng) maraming aso. Marami kamíng aso.
f.	kayó	Kayó ay mayroóng gagawín. Mayroón kayóng gagawín.	Kayó ay (mayroóng) maraming gagawín. Marami kayóng gagawín.
g.	silá	Silá ay mayroóng bisita. Mayroón siláng bisita.	Silá ay (mayroóng) maraming bisita. Marami siláng bisita.

§ 220. **Pagsásanay 9-1.** How would you say the following in Filipino?

		Answer
a.	We (excl.) have a dog[148].	
b.	They don't have a cat[149].	
c.	Do you (s.) have plenty of money?	
d.	I just have a little money.	
e.	He has many friends.	

---

[148] **a so**, n., dog
[149] **pu sà**, n., cat

	Answer
f. You (pl.) have a lot to do.	
g. He has nothing to do.	
h. Do you have some place to go?	
i. I have no companion[150].	
j. You (s.) have a lot of friends[151].	

Expressions of time

§ 221. **Adverbs of time.** The following are some adverbs of time:

			Halimbawà
a.	nga-yon	now	Maliligò na akó ngayón.
b.	ma-ma-yâ	later	Mamayâ na tayo kumain.
c.	ka-ngi-na	a while back	Kangináp pa kamí kumain.
d.	ka-ha-pon	yesterday	Kahapon ka pa naligò.
e.	bu-kas	tomorrow	Bukas na akó maliligò.
f.	no-ong i-sang ling-gó	last week	Noóng isang linggó ka pa naligò.
g.	min-san	once	Minsan sinuwerte akó.
h.	pa-la-gì	always	Palagi akóng masuwerte.
i.	ma-da-lang	seldom	Madalang akóng manalo.
j.	ma-da-las	often	Madalás akóng mag-exercise.
k.	ma-li-mit	frequent	Malimit kong tinatawagan ang aking nanay.
l.	ka-hit ka-i-lán	whenever	Tawagin mo lang akó kahit kailán.

§ 222. **Mga bahagi ng araw.** Here are names for some parts of the day:

a.	ma-da-líng-a-raw	dawn
b.	bu-káng-li-way-wáy	sunrise
c.	u-ma-ga	morning

---

[150] **ka sa ma**, n., companion
[151] **ka i bi gan**, n., friend

d.	tang-ha-lì	noon
e.	ha-pon	afternoon
f.	ta-kíp-si-lim	dusk
g.	ga-bí	evening, night
h.	mag-ha-pon	throughout the day
i.	mag-da-mág	throughout the night

§ 223. **Mga oras ng araw.** Filipinos tell the time of day using Filipino and Spanish.[152] It is useful to know both ways.

Written Filipino	Spoken Filipino	Spanish	English
a la una	a la una	a la una	one o'clock
iká-2	ikálawá	a las dos	2 o'clock
iká-3	ikatló	a las tres	3 o'clock
iká-4	iká-apat[153]	a las cuatro	4 o'clock
iká-5	ikálimá	a las cinco	5 o'clock
iká-6	iká-anim	a las seis	6 o'clock
iká-7	ikápitó	a las siete	7 o'clock
iká-8	ikáwaló	a las ocho	8 o'clock
iká-9	ikásiyám	a las nueve	9 o'clock
iká-10	ikásampû	a las diez	10 o'clock
iká-11	ikalabíng-isá	a las once	11 o'clock
iká-12	ikalabíndalawá	a las doce	12 o'clock

Halimbawà

A las diez ng umaga	10 o'clock a.m.
A las tres ng hapon	3 o'clock p.m.
A las siete ng gabi	7 p.m.

---

[152] The Philippines was a colony of Spain from 1565 to 1898. Magellan came in 1521. Legazpi formally established a colony in 1565. And in 1898, after the Spanish-American War, Spain ceded the Philippines to the United States through the Treaty of Paris which formally ended that war.

[153] Use the hyphen after the prefix if the main word begins with a vowel.

-- A-nóng o-ras ta-yo mag-si-sim-bá?[154] What time will we go to church?
-- A las di-ez ng u-ma-ga. At ten o'clock in the morning.

-- A-nóng o-ras ta-yo mag-si-sim-bá? What time will we go to church?
-- I-ká-sam-pû ng u-ma-ga. At ten o'clock in the morning.

§ 224. **Pagsásanay 9-2.** How would you say the following in Filipino?

	Answer
a. eight o'clock in the morning	
b. five o'clock in the afternoon	
c. nine o'clock last night	
d. now	
e. later	
f. tomorrow	
g. yesterday	
h. always	
i. all day	
j. all night	

§ 225. **Timeline 1.** The following timeline illustrates the ordering of certain adverbs of time.

ka-ngi-na[155]	**nga-yón**	**ma-ma-yâ**
a while ago	now	later

§ 226. **Timeline 2.** The following timeline illustrates the ordering of the adverbs yesterday, today and tomorrow.

---

[154] **mag sim ba**, v., a.f., to go to Mass
[155] **ka ngi na**, also written **ka ni na**

ka-ha-pon — yesterday **nga-yón** — today **bu-kas** — tomorrow

§ 227. **Weekday names.** Weekday names are adopted from Spanish.

Filipino (Spanish)	
a. Ling-gó (Domingo)	Sunday
b. Lu-nes	Monday
c. Mar-tés	Tuesday
d. Mi-er-co-lés[156]	Wednesday
e. Ju-e-ves[157]	Thursday
f. Vi-e-rnes[158]	Friday
g. Sa-ba-dó	Saturday

§ 228. **Month names.** Month names are adopted from Spanish.

Filipino (Spanish)	
a. E-ne-ro	January
b. Feb-re-ro[159]	February
c. Mar-zo[160]	March
d. Ab-ríl	April
e. Ma-yo	May
f. Ju-ni-o[161]	June
g. Ju-li-o[162]	July
h. A-gos-to	August
i. Sep-ti-em-bre[163]	September

---

[156] Also written **Mi yer ko lés**.
[157] Also written **Hu we bes**.
[158] Also written **Bi yer nes**.
[159] Also written **Pe bre ro**.
[160] Also written **Mar so**.
[161] Also written **Hun yo**.
[162] Also written **Hul yo**.

Filipino (Spanish)	
j. Oct-o-bre	October
k. No-vi-em-bre[164]	November
l. Di-ci-em-bre[165]	December

§ 229. **Pagsásanay 9-3.** How would you say the following in Filipino?

	Answer
a. Tuesday	
b. a while ago	
c. July	
d. Saturday	
e. later	
f. now	
g. February	
h. Wednesday	
i. tomorrow	
j. yesterday	

Useful phrases: Verbs of the senses

§ 230. **Verbs of the senses, "can."** Here is the first of two sets of verbs of the senses: to see, to hear, to feel (touch), to smell and to taste. This first set consists of verbs of the **ma-** family. Each of them has the meaning of "can": I can see, I can hear, I can feel. These are object-focus verbs. The doer of the action goes in the ng-case. The subject is whatever is "sensed."

1 Root	2 Infinitive	3 Present	4 Past	5 Future	
a. a-móy	ma-a-móy	na-a-a-móy	na-a-móy	ma-a-a-móy	to smell

---

[163] Also written **Set yem bre**.
[164] Also written **Nob yem bre**.
[165] Also written **Dis yem bre**.

1 Root	2 Infinitive	3 Present	4 Past	5 Future	
b. dam-dám	ma-ram-da-mán	na-ra-ram-da-mán	na-ram-da-mán	ma-ra-ram-da-mán	to feel
c. di-níg	ma-ri-níg	na-ri-ri-níg	na-ri-níg	ma-ri-ri-níg	to hear
d. di-níg	ma-ki-níg	na-ki-ki-níg	na-ki-níg	ma-ki-ki-níg	to listen
e. ki-ta	ma-ki-ta	na-ki-ki-ta	na-ki-ta	ma-ki-ki-ta	to see
f. la-sa	ma-la-sa-han	na-la-la-sa-han	na-la-sa-han	ma-la-la-sa-han	to taste

Verbs of the senses, "can"

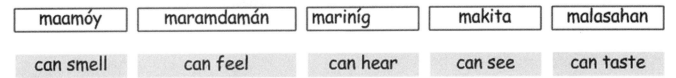

Figure 9-32: Verbs of the senses, "can"

§ 231. **Pagsásanay 9-4.** How would you say the following in Filipino?

	Answer
a. Yes, I heard.	
b. Can't you see (it)?	
c. Listen!	
d. I can't taste the garlic[166].	
e. She can smell the adobo.	
f. Did you see Kikò at school[167]?	
g. I can hear mom[168].	
h. Are you listening to me[169]?	

---

[166] **ba wang**, n., garlic. The doer goes in the ng-case; the subject is whatever is "sensed."
[167] **pa a ra lán**, n., school
[168] Remember: the doer goes in the ng-case; the subject is whatever is "sensed."
[169] Remember to use the sa-case.

	Answer
i. What do you (s.) see?	
j. I heard nothing.	

§ 232. **Verbs of the senses, "proactive."** Here is the second set of the verbs of the senses: to see, to hear, to feel (touch), to smell and to taste. They are object focus verbs. Each of these verbs has a proactive meaning: "look" versus "can see, " "listen" versus "can hear." The doer of the action goes in the ng-case. The subject is whatever is "sensed."

	1 Root	2 Infinitive	3 Present	4 Past	5 Future	
a.	a-móy	a-mu-yín	i-na-a-móy	i-na-móy	a-a-mu-yín	to smell s.t.
b.	di-níg	pa-king-gán	pi-na-ki-king-gán	pi-na-king-gán	pa-ki-king-gán	to listen to s.t.
c.	dam-dam	pa-ki-ram-da-man	pi-na-ki-ki-ram-da-man	pi-na-ki-ram-da-man	pa-pa-ki-ram-da-man	to feel s.t.
d.	ti-kím	tik-mán	ti-ni-tik-mán	ti-nik-mán	ti-tik-mán	to taste s.t.
e.	ti-ngín	tig-nán	ti-ni-tig-nán	ti-nig-nán	ti-tig-nán	to look at s.t.

Verbs of the senses, proactive

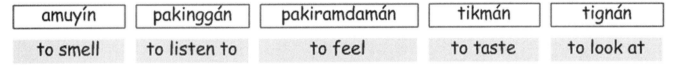

Figure 9-33: Verbs of the senses, proactive

§ 233. **Pagsásanay 9-5**. How would you say the following in Filipino?

	Answer
a. Look (s.) at Charina!	
b. Did you (s.) taste the sinigáng?	
c. We'll see (incl.)	
d. I will listen to him.	
e. Smell (s.) the roses[170]!	

Useful phrases: Magíng: to become

§ 234. Use **magíng** to express *to become*.

   a. Gustó kong magíng sundalo.[171]
   b. Gustó mong magíng bombero[172] paglakí mo[173]?
   c. Magiging mayaman[174] tayo balang araw.[175]

Root	Infinitive	Past	Present	Future	
	magíng	nagíng	nagiging	magiging	to become

---

[170] **ro sas**, n., rose; always used in the plural
[171] **sun da lo**, n., soldier, from Spanish *soldado*. The native word for soldier is *kawal*.
[172] **bom be ro**, n., fireman.
[173] **pag la kí mo**, when you grow up
[174] **ma ya man**, adj., rich
[175] **ba lang a raw**, phrase, some day

§ 235. **Pagsásanay 9-6.** How would you say the following in Filipino?

	Answer
a. This child will become a good person.	
b. Charina will become a good-looking woman.	
c. He did not become rich.	
d. I don't want to become fat.	
e. Do you want to become smart[176]?	

Useful phrases: Anó ang ginagawâ mo?

§ 236. **Listen and speak.** Listen to the recording or the instructor, then repeat out loud:

-- A-nó ang gi-na-ga-wâ mo?
-- Na-no-no-ód ng TV.
* * *

-- May gi-na-ga-wâ ka ba?
-- Walâ namán.
* * *

-- Ma-ra-mi ka bang gi-na-ga-wâ?
-- Oo, ma-ra-mi akóng gi-na-ga-wâ.
* * *

-- Ma-ra-mi ka bang gi-na-ga-wâ?
-- Hin-dî na-mán.

-- Anó ang linulutò mo, ináy?
-- Sinigáng na salmón.

---

[176] **ma ta li no**, adj., smart, intelligent

* * *

-- Gus-tó mong ma-no-ód[177] ng ci-ne? Na-pa-no-ód mo na ba ang pi-na-ka-ba-gong "Matrix"?
-- Oo, na-pa-no-ód[178] ko na, pe-ro gus-tó kong ma-pa-no-ód uli.

* * *

-- Gus-to mong ma-no-ód ng cine? Na-pa-no-ód mo na ba ang pi-na-ka-ba-gong "Matrix"?
-- Hin-dî pa.
-- Gus-to mong pa-no-o-rin[179]?

* * *

§ 237. **Listen and speak.** Listen to the recording or the instructor, then repeat out loud:

-- Ma-ru-nong ka bang mag-lu-tò?
-- Ma-ru-nong ka bang mag-a-do-bo[180]?
-- Hin-dî ko a-lám gu-ma-wâ ng ka-la-may.

* * *

-- Ma-ru-nong si-yáng mag-piano.

-- Marunong ba siyáng maglutò?
-- Magalíng siyáng maglutò.

---

[177] **ma no ód**, v., a.f., to watch or see
[178] **ma pa no ód**, v., a.f., to have the opportunity to watch or see
[179] **pa no o rin**, v., o.f., to watch s.t.
[180] **mag-a do bo**, v., a.f., to make adobo. In general, **mag-** placed in front of a noun means "to make" or "to do" the noun's object or action.

-- Ma-ga-líng si-yáng mag-piano.
-- Hin-dî si-yá ma-ru-nong mag-piano.

* * *

Vocabulary

§ 238. **Vocabulary.** In this *aral* you met the following words and phrases:

ci ne, *n.,* movie
ma a móy, *v., o.f.,* to smell s.t.: na-a-a-móy, na-a-móy, ma-a-a-móy
mag - a do bo, *v., a.f.,* to cook adobo: nag-a-a-do-bo, nag-a-do-bo, mag-a-a-do-bo
ma gíng, *pseudo-v.,* to become
mag pi a no, *v., a.f.,* to play the piano: nag-pi-pi-a-no, nag-pi-a-no, mag-pi-pi-a-no
ma la sa han, *v., o.f.,* to be able to taste s.t.: na-la-la-sa-han, na-la-sa-han, ma-la-la-sa-han
ma no ód, *v., a.f.,* to watch a show: na-no-no-ód, na-no-ód, ma-no-no-ód
ma pa no ód, *v., o.f.,* to be able to watch: na-pa-pa-no-ód, na-pa-no-ód, ma-pa-pa-no-ód
ma ram da mán, *v., o.f.,* to be able to feel: na-ra-ram-da-mán, na-ram-da-mán, ma-ra-ram-da-mán
ma ru nong, *adj.,* skillful, knows how
pa no o rin, *v., o.f.,* to watch s.t.: pi-na-pa-no-ód, pi-na-no-ód, pa-pa-no-o-rin

Review and checklist

§ 239. **Checklist.** In this aral you expected to learn to:

a. Say walâ, mayroón, kauntì, marami
b. Use expressions of time
c. Use verbs of the senses: makita, mariníg, maamóy, malasahan, maramdamán
d. Use the verb *magíng*, to become
e. Say "Anó ang ginagawâ mo?"

Answers to exercises

§ 240. **Answers to Pagsásanay 9-1.** How would you say the following in Filipino?

		Answer
a.	We (excl.) have a dog[181].	Mayroón kamíng aso.
b.	They don't have a cat[182].	Walâ siláng pusà.
c.	Do you (s.) have plenty of money?	Marami ka bang pera?
d.	I just have a little money.	Kauntì lang ang aking pera.
e.	He has many friends.	Marami siyáng kaibigan.
f.	You (pl.) have a lot to do.	Marami kayóng gagawín.
g.	He has nothing to do.	Walâ siyáng gagawín.
h.	Do you have some place to go?	Mayroón ka bang pupuntahán?
i.	I have no companion[183].	Walâ akóng kasama.
j.	You (s.) have a lot of friends[184].	Marami kang kaibigan.

§ 241. **Answers to Pagsásanay 9-2.** How would you say the following in Filipino?

		Answer
a.	eight o'clock in the morning	a las ocho ng umaga, ika-waló ng umaga
b.	five o'clock in the afternoon	a las cinco ng hapon, ika-limá ng hapon
c.	nine o'clock last night	a las nueve ng gabí kagabí, ika-siyam ng gabí kagabí
d.	now	ngayón
e.	later	mamayâ
f.	tomorrow	bukas
g.	yesterday	kahapon
h.	always	palagì
i.	all day	maghapon

---

[181] **a so**, n., dog
[182] **pu sà**, n., cat
[183] **ka sa ma**, n., companion
[184] **ka i bi gan**, n., friend

		Answer
j.	all night	magdamág

§ 242. **Answers to Pagsásanay 9-3.** How would you say the following in Filipino?

		Answer
a.	Tuesday	Martes
b.	a while ago	kanina or kangina
c.	July	Julio or Hulyo
d.	Saturday	Sabado
e.	later	mamayâ
f.	now	ngayón
g.	February	Febrero or Pebrero
h.	Wednesday	Miercolés or Miyerkolés
i.	tomorrow	bukas
j.	yesterday	kahapon

§ 243. **Answers to Pagsásanay 9-4.** How would you say the following in Filipino?

		Answer
a.	Yes, I heard.	Oo, narinig ko.
b.	Can't you see (it)?	Hindî mo ba nakikita?
c.	Listen!	Makinig!
d.	I can't taste the garlic[185].	Hindî ko nalalasahan ang bawang.
e.	She can smell the adobo.	Naaamóy niyá ang adobo.
f.	Did you see Kikò at school[186]?	Nakita mo ba si Kikò sa paaralan?
g.	I can hear mom[187].	Naririníg ko ang nanay.
h.	Are you listening to me[188]?	Nakikiníg ka ba sa akin?
i.	What do you (s.) see?	Anó ang nakikita mo?
j.	I heard nothing.	Walâ akóng nariníg.

---

[185] **ba wang**, n., garlic. The doer goes in the ng-case; the subject is whatever is "sensed."
[186] **pa a ra lán**, n., school
[187] Remember: the doer goes in the ng-case; the subject is whatever is "sensed."
[188] Remember to use the sa-case.

§ 244. **Answers to Pagsásanay 9-5.** How would you say the following in Filipino?

		Answer
a.	Look (s.) at Charina!	Tignán mo si Charina.
b.	Did you (s.) taste the sinigáng?	Tinikmán mo ba ang sinigáng?
c.	We'll see (incl.)	Titignán natin.
d.	I will listen to him.	Pakikingán ko siya.
e.	Smell (s.) the roses[189]!	Amuyín mo ang mga rosas.

§ 245. **Answers to Pagsásanay 9-6.** How would you say the following in Filipino?

		Answer
a.	This child will become a good person.	Ang batang itó ay magiging mabaít na tao.
b.	Charina will become a good-looking woman.	Si Charina ay magiging magandáng babae.
c.	He did not become rich.	Hindî siyá nagíng mayaman.
d.	I don't want to become fat.	Ayaw kong magíng matabâ.
e.	Do you want to become smart[190]?	Gustó mo bang magíng matalino?

---

[189] **ro sas**, n., rose; always used in the plural
[190] **ma ta li no**, adj., smart, intelligent

Cultural note: Kawasan Falls

Figure 9-34: Say "Kumustá" to these picnic-goers bound for Kawasan Falls. Photo © 2004 Omar Olarte

Figure 9-35: Beautiful Kawasan Falls in southern Cebú. Photo © 2004 Omar Olarte

Aral Sampû (10): Dapat, maaarì, huwág, bawal

Lesson goals

§ 246. **Lesson goals**. In this aral you can expect to learn to:

a. Ask questions
b. Say dapat, maaarì, huwág, bawal
c. Use verbs of the mind; agree and disagree
d. Use expressions like "sa lugar" and "sa panahon"
e. Use adjectives
f. Use verbs in **maka-**

Useful phrases: Questions

§ 247. **Questions**. Following are the most commonly used questions. Note that there are two forms for *who?* and *what?* One form is for the singular, the other is for the plural.

		Comment
a.	si-no (s.), si-nu-si-no (pl.)	who
b.	a-nó (s.), a-nu-a-no (pl.)	what
c.	ka-i-lán	when
d.	sa-án	where
e.	pa-a-no	how
f.	ba-kit	why
g.	i-lán	how many
h.	mag-ka-no	how much

Questions

sino	anó	kailán	saán	paano	bakit	ilán	magkano
Who?	What?	When?	Where?	How?	Why?	How many?	How much?

Figure 10-36: Questions

§ 248. **Sino and ano.** Use **sino** to ask "who . . .?" and **ano** to ask "what . . .?" Each of these is followed by "ang," then the predicate.

Halimbawà:
a. Sino ang nag-da-lá ng ba-lút? Who brought the balut?
b. Sinu-sino ang du-ma-ting? Who all came?
c. Anó ang da-dal-hin na-tin? What shall we bring?
d. Anu-ano ang li-nu-tò mo? What all did you cook?

§ 249. **Pagsásanay 10-1.** How would you say the following in Filipino?

		Answer
a.	Who (s.) ate the pansit?	
b.	Who (pl.) came?	
c.	When will you (s.) leave?	
d.	Where will they go?	
e.	Why aren't you (pl.) asleep yet?	
f.	How many do you (s.) need?	
g.	How much is this car?	
h.	Why are they not here yet?	
i.	How did you (pl.) go there?	
j.	What are we (incl.) going to eat?	

§ 250. **Listen and speak.** Listen to the recording or the instructor, then repeat out loud:

-- Sa-án ka pu-pun-tá? Literally, where will you go? In good English, where are

you going?
-- **Mag-si-sim-ba**. Literally, to go to church. In good English, I am going to church?

* * *

Useful phrases: Dapat, maaarì, huwág at bawal

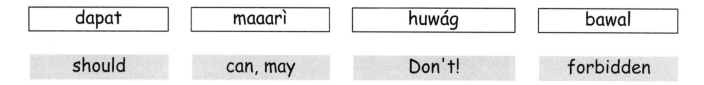

Figure 10-37: dapat, maaarì, huwág, bawal

§ 251. Say **dapat** to say *should*. **Dapat** is used in predicate-subject order more frequently than subject-predicate order.

		Halimbawà
a.	akó	Da-pat a-kóng mag-pa-hi-ngâ[191].
b.	ikáw	Da-pat kang ku-ma-in ng gu-lay.
c.	siyá	Da-pat mag-a-ral si Kikò. Da-pat si-yáng mag-a-ral.
d.	tayo	Da-pat ta-yong mag-ma-da-lî[192].
e.	kayó	Da-pat ka-míng mag-i-ngat[193].
f.	kamí	Da-pat ka-yóng mag-pa-ka-bu-ti[194].
g.	silá	Da-pat mag-pa-sa-la-mat[195] si-ná Kikò at Charina. Da-pat si-láng mag-pa-sa-la-mat.

[191] **mag pa hi nga**, v., a. f., to rest
[192] **mag ma da lî**, v., a. f., to hurry
[193] **mag-i ngat**, v., a. f., to take care, to be careful
[194] **mag pa ka bu ti**, v., a. f., to try to behave, to try to be good
[195] **mag pa sa la mat**, v., a. f., to be thankful

§ 252. **Pagsásanay 10-2.** How would you say the following in Filipino?

	Answer
a. I need to eat.	
b. Do you need to rest?	
c. Kikò needs to study.	
d. We (incl.) need to eat vegetables.	
e. She needs to drink water.	
f. I need to go.	
g. You (pl.) need to behave.	
h. They need to hurry.	
i. We (incl.) need to be careful.	
j. They need to be thankful.	

§ 253. Say **ma-a-a-rì** to say "to be allowed" or "to be able." **Maaarì** is used in predicate-subject -order more frequently than subject-predicate -order.

		Halimbawà
a.	akó	Ma-a-a-rì a-kóng su-ma-ma[196].
b.	ikáw	Maaarì kang mag-la-rô[197].
c.	siyá	Maaaring pu-ma-sá si Kikò. Ma-a-a-rì si-yáng pu-ma-sá.
d.	tayo	Ma-a-a-rì ka-míng ma-na-lo.
e.	kayó	Ma-a-a-rì ta-yong su-wer-te-hín.
f.	kamí	Ma-a-a-rì na ka-yóng lu-ma-bás.
g.	silá	Ma-a-a-ring ma-no-ód ng ci-ne si-ná Amado at Nenè.

§ 254. **Pagsásanay 10-3.** How would you say the following in Filipino?

	Answer
a. I am allowed to play.	
b. Kikò cannot come (along).	
c. Charina is allowed to go out.	

---

[196] **su ma ma**, v., a. f., to go with
[197] **mag la rô**, v., a. f., to play

160 LEARN FILIPINO

	Answer
d. You (s.) can't leave.	
e. They can go to the movies.	

§ 255. Say **hu-wág** to say "don't!" *Huwag* is followed by the infinitive.

	Comment
a. Hu-wág ka-yóng ma-i-ngay pa-ra ma-ri-nig na-tin ang pa-lá-bas.	Don't be noisy so we can hear the show.
b. Hu-wág mo a-kóng lo-lo-ko-hin[198].	Don't mess with me.
c. Hu-wág ka nang mag-la-rô, ba-ká ta-yo ma-hu-li.	Don't play any more, so we won't be late.
d. Hu-wág mag-ka-lát!	Don't litter.

§ 256. Say **ba-wal** to say "prohibited." *Bawal* is followed by the infinitive.

	Comment
a. Bawal ma-ni-ga-ril-yo di-to.	No smoking. Literally, "it is prohibited to smoke here."
b. Ba-wal ang mga ba-tà di-to.	No children. Literally, "children are not allowed here."
c. Ba-wal mag-bu-lak-ból.	No loitering. Literally, "it is prohibited to loiter."
d. Ba-wal u-mi-hì di-to.	Literally, "it is prohibited to urinate here."

§ 257. **Pagsásanay 10-4.** How would you say the following in Filipino?

	Answer
a. Don't (s.) leave!	
b. Don't (pl.) be noisy.	
c. Don't mess with her!	
d. Don't (pl.) make a mess.	
e. Don't (pl.) go there!	

---

[198] **lo ko hin**, v., o.f., to mess with s.b.

Useful phrases: Mind, agreeing, disagreeing

Verbs of the mind

Figure 10-38: Verbs of the mind

§ 258. **Verbs of the mind.** Here are the verbs of the mind: to know, to think of s. t., to forget, to say, to agree, to remember, to believe, to disagree.

	1 Root	2 Infinitive	3 Present	4 Past	5 Future	
a.	a-lám	ma-la-man	a-lam (short for na-la-la-man[199])	na-la-man[200]	ma-la-la-man	to know
b.	i-sip	i-si-pin	i-ni-i-sip	i-ni-sip	i-i-si-pin	to think of s. t.
c.	li-mot	ma-ka-li-mu-tan	na-ka-ka-li-mu-tan	na-ka-li-mu-tan	ma-ká-ka-li-mu-tan	to forget
d.	sabi	sa-bi-hin	si-ná-sa-bi	si-na-bi	sa-sa-bi-hin	to say
e.	sang-a-yon	su-mang-a-yon	su-ma-sang-a-yon	su-mang-ayon	sa-sang-a-yon	to agree

---

[199] Both forms are used, the short form more frequently.
[200] Use "nalaman ko" to say "I learned."

	1 Root	2 Infinitive	3 Present	4 Past	5 Future	
f.	tan-dâ	ma-tan-da-án	na-ta-tan-da-án	na-tan-da-án	ma-ta-tan-da-án	to remember
g.	ti-wa-là	ma-ni-wa-là	na-ni-ni-wa-là	na-ni-wa-là	ma-ni-ni-wa-là	to believe
h.	tu-tol	tu-mu-tol	tu-mu-tu-tol	tu-mu-tol	tu-tu-tol	to disagree

§ 259. **Pagsásanay 10-5.** How would you say the following in Filipino?

	Answer
a. I know.	
b. She forgot.	
c. We (excl.) agree.	
d. They don't believe.	
e. He will disagree.	
f. You (s.) can't remember.	
g. I will not say.	
h. She is thinking.	
i. Dad will agree.	
j. Did she say?	

§ 260. **Anó sa palagáy mo?** To ask for someone's opinion say: "Anó sa palagay mo?"

a. Anó sa palagáy mo?	Anó = what, palagay=opinion
b. Anó sa palagáy ninyó?	What do you all think?
c. Anó sa palagáy niyá?	What does he / she think?

§ 261. **In my opinion.** To express your own opinion say:

a. Sa a-king pa-la-gay, ...	In my opinion, ...
b. Sa to-to-ó, ...	In truth, totoo = true
c. Sa ka-ni-yáng pa-la-gáy	In his / her opinion

§ 262. **No comment.** To reply without giving an opinion say:

a. Hin-dî ko a-lám (kung pa-a-nong) sa-bi-hin	The words in parentheses may be omitted. Alám = know, paano=how, sabihin=to say
b. De-pende	It depends.
c. Ma-hi-rap sa-bi-hin	Mahirap = hard

§ 263. **Sang-ayon akó.** To agree with a statement say:

a. Ta-mà ka. Sang-a-yon a-kó.	tamà = right, sang-ayon in agreement
b. Ta-mà ka ya-tà	yatà = perhaps
c. Ba-ká ta-mà ka	baká = perhaps
d. Na-ni-ni-wa-là a-kó	maniwalà = to believe
e. Si-yem-pre!	of course
f. To-to-ó	true

§ 264. **Disagreeing.** To disagree with a statement say:

a. Ma-lî ka. Hin-dî a-kó sang-a-yon.	malî = wrong
b. Ma-lî ka ya-tà.	You may be wrong.
c. Ba-ká ma-lî ka.	You may be wrong.
d. Hin-dî a-kó na-ní-ni-wa-là.	maniwalà = to believe
e. Ma-hi-rap[201] pa-ní-wa-la-an.	paniwalaan = to believe something
f. Im-po-si-ble.	(pronounced im-po-sib-le)
g. Hin-dî to-to-ó.	It's not true.
h. Ma-ni-wa-là ka di-yán!	= Hindî akó naníniwalà.

§ 265. **Payag akó.** To grant permission use the following verbs:

Pu-ma-yag, to give one's permission, actor focus
Pa-ya-gan, to allow somebody or something, object focus

---

[201] **ma hi rap**, adj., hard, difficult

164 LEARN FILIPINO

§ 266. **Listen and speak.** Listen to the recording or the instructor, then repeat out loud:

Kikò: A-nó sa pa-la-gáy mo, Charina. Pa-pa-ya-gan ka-yâ ta-yo ng i-táy na ma-no-ód ng cine? What do you think, Charina? Will dad let us go see a movie?

Charina: Hin-dî a-kó a-lám kung pa-pa-yag 'yon. I don't know if he will let us.

Kikò: Si-ge na, itáy, pu-ma-yag ka na. O come on, dad, let us go.

Amado: O si-ge, sa i-sang con-di-ci-on, na u-u-wi[202] ka-yó ka-a-gád[203] pag-ka-ta-pos[204] ng ci-ne. OK, on one condition, that you come home right after the movie.

Useful phrases: sa lugar, sa panahon

§ 267. **Sa lugár.** Use **sa** to express *in, on, upon, at, to*:

a. Pu-pun-tá akó **sa** May-ni-là. I will go to Manila.
b. **Sa** I-lo-cos si-lá na-ka-ti-rá. They live in Ilocos.
c. May ba-hay si-lá **sa** Ba-tan-gas. They have a house in Batangas.
d. Ga-ling ka-mí **sa** Da-vao. We're coming from Davao.
e. Su-ma-kay ka na **sa** co-che[205]. Get in the car.
f. **Sa** git-nâ, in the middle
g. **Sa** du-lo, at the end
h. **Sa** gi-lid, on the edge

---

[202] **u mu wi**, v., a. f., to come home, to go home
[203] **ka a gád**, adv., right away
[204] **pag ka ta pos**, prep., after
[205] **co che**, n., car. Also written **ko tse**.

§ 268. **Sa panahón (future).** Use **sa** to express *in, on*:

  a. **Sa** u-ma-ga, in the morning
  b. **Sa** ha-pon, in the afternoon
  c. **Sa** ga-bí, in the evening, at night
  d. **Sa** Sa-ba-dó, on Saturday
  e. **Sa** ika-11 ng Septiembre, on September eleventh
  f. **Sa** su-su-nód na bu-wán, next month
  g. Ang a-king ka-a-ra-wán ay **sa** ika-26 ng Febrero, my birthday is February 26th

Grammar: Adjectives

§ 269. Many, many adjectives in Filipino begin with **ma**-. To form an adjective, take a root word, put **ma**- in front, and you have an adjective.

Mga halimbawà:

Ugat	Pang-uri	Halimbawà
a. ba-gal	ma-ba-gal	Ma-ba-gal ya-tà i-tong re-lóng i-tó.
b. bi-lis	ma-bi-lís	Mas-ya-dong ma-bi-lís ang re-ló mo.
c. du-mí	ma-du-mí	Ma-du-mí ang ca-lleng itó.
d. i-nit	ma-i-nit	Ma-i-nit pa ang capé; pa-la-mi-gín mo mu-na.
e. la-mig	ma-la-mig	Ma-la-mig ang a-king i-nu-min.
f. li-nis	ma-li-nis	I-tó ang i-su-ot mong da-mít, i-tó ay ma-li-nis.

§ 270. **Pagsásanay 10-6.** Let us practice forming adjectives from roots. Place **ma**- in front of the following root words to form an adjective:

Root	Answer: Adjective	
a. a-lat		salty
b. ba-gal		slow
c. ba-ít		good, well-behaved
d. ba-ngó		fragrant
e. bi-lís		fast
f. hi-rap		poor, difficult

Root	Answer: Adjective	
g. i-ngay		noisy
h. la-kás		strong
i. la-kí		big
j. la-pit		near
k. la-yò		far
l. li-it		small
m. pa-ít		bitter
n. pu-tî		white
o. sa-mâ		bad
p. sa-ráp		delicious
q. ta-bâ		fat
r. ta-mís		sweet
s. tan-dâ		old
t. tang-kád		tall
u. ya-man		rich

§ 271. To express *very*, repeat the adjective with the correct liaison:

a. ma-li-nis	malinis na malinis	very clean
b. ma-du-mí	madumíng madumí	very dirty
c. ma-ba-gal	mabagal na mabagal	very slow
d. ma-bi-lís	mabilís na mabilís	very fast
e. ma-i-nit	mainit na mainit	very hot
f. ma-la-míg	malamíg na malamíg	very cold

§ 272. **Pagsásanay 10-7.** How would you say the following in Filipino?

	Answer
a. Charina's room[206] is very clean.	
b. Peter is very tall.	
c. Her car is very fast.	

---

[206] cuarto or kuwarto

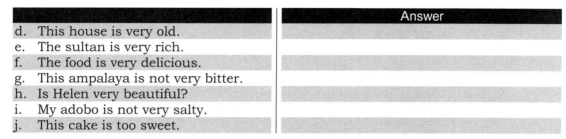

	Answer
d. This house is very old.	
e. The sultan is very rich.	
f. The food is very delicious.	
g. This ampalaya is not very bitter.	
h. Is Helen very beautiful?	
i. My adobo is not very salty.	
j. This cake is too sweet.	

§ 273. **Comparison of adjectives and adverbs.** Say *kasíng* to say *equally*. Say *mas* (Spanish) or *higít na* or *lalong* to say *more*. Say *pinaká-* to say *most*.

Figure 10-39: Comparison of adjectives

		equally kasíng	more higít na	most pinaká-	Comment
a.	ma-ba-it	kasíng-baít	mas higít na mabait	pi-na-ká-ma-ba-ít	good, nice, well-behaved
b.	ma-si-pag	kasíng-sipag	mas masipag o higít na masipag	pi-na-ká-ma-si-pag	diligent
c.	ma-ga-líng	kasíng-galíng	mas magalíng	pi-na-ká-ma-ga-líng	smart, skillful, talented
d.	ma-gan-dá	kasíng-gandá	mas magandá	pi-na-ká-ma-gan-dá	good-looking
e.	mu-ra	kasíng-mura	mas mura	pi-na-ká-mu-ra	inexpensive
f.	ma-li-nis	kasíng-linis	mas malinis	pi-na-ká-ma-li-nis	clean
g.	ma-bi-lís	kasíng-bilís	mas mabilis	pi-na-ká-ma-bi-lís	fast

§ 274. Say **kay** to say *than* (a person) or **kaysá** to say *than* (a thing).

	as	adjective		as
a.	kasíng	galíng		ni Kikò
b.	kasíng	taás		ng punò

	more	adjective	subject	than
c.	higit na	pang-uri		kay (tao[207])
d.	higit na	pang-uri		kaysá (bagay[208])

	more	adjective	subject	than
e.	Higit na	mabait	si Kikò	kay Charina.
f.	Higit na	matigas	ang bakal	kaysá kahoy.

a. Higít na masipag si Kikò kay Charina.

---

[207] **ta o,** n., human, person
[208] **ba gay**, n., thing, object

b. Si Mameng ang pinakámabaít na anák ni Aling Sisa.
c. Ikáw ba ang pinakámabaít na anák ng tatay mo?
d. Sino ang pinakámagandá sa inyóng magkakápatíd?

§ 275. **Pagsásanay 10-8.** How would you say the following in Filipino?

	Answer
a. This is faster than that (near you).	
b. Kikò is as diligent as Charina.	
c. Her car is as expensive as my car.	
d. Bananas[209] are cheaper than pineapples[210].	
e. My room is cleaner than your room.	
f. My room is as clean as your room.	
g. Is Luzon the largest island[211]?	
h. Kikó is the smartest in his class[212].	
i. Charina is the nicest!	
j. Helen is not the best looking one.	

Grammar: Verbs in maká-

§ 276. **Verbs in maká-.** Verbs in **maká-** are actor-focus verbs. Maká- is a prefix; it is placed before the root word. Maká- means "to have the opportunity to."

Halimbawà:

Infinitive	Meaning
a. ma-ká-ka-in	to have the opportunity to eat
b. ma-ká-tu-log	to have the opportunity to sleep
c. ma-ká-ra-ting	to have the opportunity to come
d. ma-ká-pun-tá	to have the opportunity to go

---

[209] **sa ging**, n., banana
[210] **pin ya**, n., pineapple
[211] **pu lô**, n., island
[212] **kla se**, n., class

	1 Root	2 Infinitive	3 Present	4 Past	6 Future
a.	darating	makárating	nakákarating	nakárating	makakárating
b.	kain	makákain	nakákakain	nakákain	makákakain
c.	puntá	makápuntá	nakákapuntá	nakápuntá	makákapuntá
d.	tulog	makátulog	nakátulog	nakátulog	makákatulog

maka- verbs

root	infinitive	present	past	future
ka-in	ma-ka-kain	na-ka-ka-ka-in	na-ka-ka-in	ma-ka-ka-ka-in
a-lís	ma-ka-a-lís	na-ka-ka-a-lís	na-ka-a-lís	ma-ka-ka-a-lís

Figure 10-40: maka- verbs

Vocabulary

§ 277. **Vocabulary.** In this *aral* you met the following words and phrases:

a nu - a no, *pron.,* what? pl.
ba lut, *n.,* a duck egg delicacy
ba wal, *pseudo-v.,* forbidden
con di ci on, *n.,* condition
da pat, *pseudo-v.,* should
gu lay, *n.,* vegetable
i lán, *adj.,* how many?
im po sib le, *adj.,* impossible
i táy, *n.,* father
ka a gád, *adv.,* right away
lo ko hin, *v., o.f.,* to fool s.b.: li-no-lo-ko, li-no-ko, lo-lo-ko-hin
lu ma bás, *v., a.f.,* to step out: lu-ma-la-bás, lu-ma-bás, la-la-bás
ma a a rì, *pseudo-v.,* can, is allowed

mag bu lak ból, *v., a.f.,* to fool around, not to work
mag da lá, *v., a.f.,* to bring (s.t.): nag-da-da-lá, nag-da-lá, mag-da-da-lá
mag - i ngat, *v., a.f.,* to be careful: nag-i-i-ngat, nag-i-ngat, mag-i-i-ngat
mag ka lát, *v., a.f.,* to make a mess: nag-ka-ka-lát, nag-ka-lát, mag-ka-ka-lát
mag ka no, *adv.,* how much
mag pa ka bu ti, *v., a.f.,* to be good, to behave: nag-pa-pa-ka-bu-ti, nag-pa-ka-bu-ti, mag-pa-pa-ka-bu-ti
mag pa sa la mat, *v., a.f.,* to gi-ve thanks: nag-pa-pa-sa-la-mat, nag-pa-sa-la-mat, mag-pa-pa-sa-la-mat
ma hi rap, *adj.,* poor, difficult
ma hu lí, *v., a.f.,* to be late: na-hu-hu-lí, na-hu-lí, ma-hu-hu-lí
ma i ngay, *adj.,* noisy
ma lî, *adj.,* wrong, incorrect
ma ni ga ril yo, *v., a.f.,* to smoke ciga-rettes: na-ni-ni-ga-ril-yo, na-ni-ga-ril-yo, ma-ni-ni-ga-ril-yo
ma ni wa lâ, *v., a.f.,* to believe: na-ni-ni-wa-là, na-ni-wa-là, ma-ni-ni-wa-là
o, *conj.,* or
pa a no, *adv.,* how
pag ka ta pos, *prep.,* after
pa lá bas, *n.,* show, program
pa la gáy, *n.,* opinion
pa ní wa la an, *v., o.f.,* to believe s.t.: pi-na-ni-ni-wa-la-an, pi-na-ni-wa-la-an, pa-ni-ni-wa-la-an
pa ra, *prep.,* for
pa ya gan, *v., o.f.,* to allow s.t.: pi-na-pa-ya-gan, pi-na-ya-gan, pa-pa-ya-gan
pu ma sá, *v., a.f.,* to pass: pu-ma-pa-sá, pu-ma-sá, pa-pa-sá
pu ma yag, *v., a.f.,* to give permi-ssion: pu-ma-pa-yag, pu-ma-yag, pa-pa-yag
sang - a yon, *root,* agree; short for sumasang-ayon
si yem pre, *adv.,* of course
su ma ma, *v., a.f.,* to go along: su-ma-sa-ma, su-ma-ma, sa-sa-ma
su wer te hín, *v., a.f.,* to be lucky: si-nu-su-wer-te, si-nu-wer-te, su-su-wer-te-hin
to to ó, *adj.,* true
u mi hì, *v., a.f.,* to urinate: u-mi-i-hì, u-mi-hì, i-i-hì
u mu wi, *v., a.f.,* to go home: u-mu-u-wî, u-mu-wî, u-u-wî

Review and checklist

§ 278. **Checklist.** In this *aral* you expected to learn to:

    a. Ask questions
    b. Say *dapat, maaarì, huwág, bawal*

c. Use verbs of the mind; agree and disagree
d. Use expressions like "sa lugar" and "sa panahon"
e. Use adjectives
f. Use verbs in **maka-**

Answers to exercises

§ 279. **Answers to Pagsásanay 10-1.** How would you say the following in Filipino?

		Answer
a.	Who (s.) ate the pansit?	Sino ang kumain ng pansít?
b.	Who (pl.) came?	Sinu-sino ang dumating?
c.	When will you (s.) leave?	Kailan ka aalís?
d.	Where will they go?	Saán silá pupuntá?
e.	Why aren't you (pl.) asleep yet?	Bakit hindî pa kayó natutulog?
f.	How many do you (s.) need?	Ilán ang kailangan mo?
g.	How much is this car?	Magkano ang cocheng ito?
h.	Why are they not here yet?	Bakit walâ pa silá?
i.	How did you (pl.) go there?	Paano kayong nagpuntá doón?
j.	What are we (incl.) going to eat?	Anó ang kakainin natin?

§ 280. **Answers to Pagsásanay 10-2.** How would you say the following in Filipino?

		Answer
a.	I need to eat.	Dapat akóng kumain.
b.	Do you need to rest?	Dapat ka bang magpahinga?
c.	Kikò needs to study.	Dapat mag-aral si Kikò.
d.	We (incl.) need to eat vegetables.	Dapat tayong kumain ng gulay.
e.	She needs to drink water.	Dapat siyáng uminóm ng tubig.
f.	I need to go.	Dapat na akóng umalís.
g.	You (pl.) need to behave.	Dapat kayóng magpakabuti.
h.	They need to hurry.	Dapat siláng magmadalî.
i.	We (incl.) need to be careful.	Dapat tayong mag-ingat.
j.	They need to be thankful.	Dapat siláng magpasalamat.

§ 281. **Answers to Pagsásanay 10-3.** How would you say the following in Filipino?

		Answer
a.	I am allowed to play.	Maaarì akóng maglarô.
b.	Kikò cannot come (along).	Hindî maaaring sumama si Kikò.
c.	Charina is allowed to go out.	Maaaring lumabás si Charina.
d.	You (s.) can't leave.	Hindî ka maaaring umalís.
e.	They can go to the movies.	Maaarì siláng manoód ng cine.

§ 282. **Answers to Pagsásanay 10-4.** How would you say the following in Filipino?

		Answer
a.	Don't (s.) leave!	Huwág kang umalís!
b.	Don't (pl.) be noisy.	Huwág kayóng maingay
c.	Don't mess with her!	Huwág mo siyáng lokohin!
d.	Don't (pl.) make a mess.	Huwág magkalát!
e.	Don't (pl.) go there!	Bawal magpuntá doón!

§ 283. **Answers to Pagsásanay 10-5.** How would you say the following in Filipino?

		Answer
a.	I know.	Alám ko.
b.	She forgot.	Nakalimutan niyá.
c.	We (excl.) agree.	Sumasang-ayon kamí.
d.	They don't believe.	Hindî silá naniniwalà.
e.	He will disagree.	Tututol siyá.
f.	You (s.) can't remember.	Hindî mo natatandaán.
g.	I will not say.	Hindî ko sasabihin.
h.	She is thinking.	Iniisip niyá.
i.	Dad will agree.	Sasang-ayon ang tatay.
j.	Did she say?	Sinabi ba niyá?

§ 284. **Answers to Pagsásanay 10-6.** Let us practice forming adjectives from roots. Place **ma-** in front of the following root words to form an adjective:

Root	Adjective	
a. alat	maalat	salty
b. bagal	mabagal	slow
c. baít	mabaít	good, well-behaved
d. bangó	mabangó	fragrant
e. bilís	mabilís	fast
f. hirap	mahirap	poor, difficult
g. ingay	maingay	noisy
h. lakás	malakás	strong
i. lakí	malakí	big
j. lapit	malapit	near
k. layò	malayò	far
l. liít	maliít	small
m. paít	mapaít	bitter
n. putî	maputî	white
o. samâ	masamâ	bad
p. saráp	masaráp	delicious
q. tabâ	matabâ	fat
r. tamís	matamís	sweet
s. tandâ	matandâ	old
t. tangkád	matangkád	tall
u. yaman	mayaman	rich

§ 285. **Answers to Pagsásanay 10-7.** How would you say the following in Filipino?

		Answer
a.	Charina's room[213] is very clean.	Malinis na malinis ang kuwarto ni Charina.
b.	Peter is very tall.	Si Pedro ay matangkád na matangkád.
c.	Her car is very fast.	Mabilís na mabilís ang kaniyáng coche.
d.	This house is very old.	Matandâng matandâ
e.	The sultan is very rich.	Mayamang mayaman
f.	The food is very delicious.	Masaráp na masaráp

---

[213] cuarto or kuwarto

		Answer
g.	This ampalaya is not very bitter.	Itóng ampalayá ay hindî mapaít na mapaít.
h.	Is Helen very beautiful?	Magandang maganda ba si Helen?
i.	My adobo is not very salty.	Hindî maalat na maalat ang aking adobo.
j.	This cake is too sweet.	Matamís na matamís ang kalamay na itó.

§ 286. **Answers to Pagsásanay 10-8.** How would you say the following in Filipino?

		Answer
a.	This is faster than that (near you).	Itó ay mas mabilís kaysá iyán.
b.	Kikò is as diligent as Charina.	Si Kikò ay kasíng-sipag ni Charina.
c.	Her car is as expensive as my car.	Ang kaniyáng coche ay kasíng-mahál ng aking coche.
d.	Bananas[214] are cheaper than pineapples[215].	Mas mura ang saging kaysá pinya.
e.	My room is cleaner than your room.	Mas malinis ang aking kuwarto kaysá iyóng kuwarto.
f.	My room is as clean as your room.	Ang aking kuwarto ay kasing-linis ng iyóng kuwarto.
g.		
h.	Is Luzon the largest island[216]?	Ang Luzon ba ang pinakamalaking pulô?
i.	Kikó is the smartest in his class[217].	Si Kikò ang pinakamagalíng sa kaniyáng klase.
j.		
k.	Charina is the nicest!	Si Charina ang pinakamabait!
l.	Helen is not the best looking one.	Hindî si Helen ang pinakamagandá.

---

[214] **sa ging**, n., banana
[215] **pin ya**, n., pineapple
[216] **pu lô**, n., island
[217] **kla se**, n., class

Milestone 2: You can expect to be able to:

1	2	3	4	5	6
Pronounce vowels, consonants with correct stress	Greet others; introduce yourself; say oo, opo	Say you don't understand Ask for help	Refer to persons and things as subjects: ang-case	Say: na, pa, hindî na, hindî pa, **namán, ngâ,** lamang	Use -um verbs: dumating, kumain, uminom, umalis
7	8	9	10	11	12
Use i-, **-an**, **-in** verbs	Refer to persons and things as "place": sa-case	Refer to persons and things as owner: ng-case	Refer to persons and things as doer of O.F. verb: ng-case	Refer to things as object of A.F. verb: ng-case	Use mag- and ma verbs
13	14	15	16	17	18
Count past ten Tell time Talk about the weather	Say talagá, kuwán, daw / raw, baká, yatà, palá, kayâ	Ask: who, what, when, where, why, how, how many	Say what you like, don't like, need: ayaw, gustó, kailangan	Say "I have" or "I don't have": walâ, mayroón, kauntì, marami	Say "I'm here" or "I'm not here": narito, walâ rito
19	20	21	22	23	24
Use verbs of sense: see, hear, taste, smell, feel	Use verbs of mind: know, think, say, agree, etc.	Say: dapat, maaarì, huwág, bawal	Form and use adjectives and adverbs	Use maka- verbs	
25	26	27	28	29	30

Lerón-Lerón Sintâ

Awit Bayan
Isinaayos ni Vic Romero

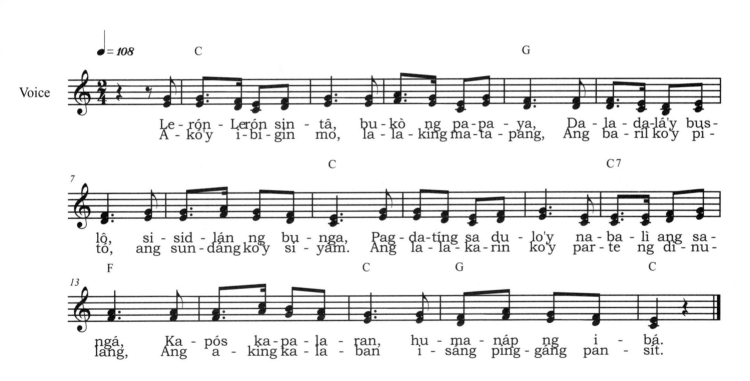

Aral Labíng-isá (11): Basic sentence patterns

Lesson goals

§ 287. **Lesson goals.** In this aral you can expect to learn to:

a. Say kulang, tamà, labis
b. Dagdadagan at bawasan
c. Use verbs to describe early morning activities
d. Use verbs in **maki-**
e. Define or identify somebody or something (Sentence pattern 1), e.g., Amado is an engineer.

-- Masyadong maalat ang adobo.
-- Tamang-tamà lang ang asim ng sinigáng.

Narito, nariyán, naroón

§ 288. Say *narito* or *nandito* to express "can be found here, near the speaker"

§ 289. Say *nariyán* or *nandiyán* to express *can be found there*, near the kausap.

§ 290. Say *naroón* or *nandoón* to express *can be found there*, far from both the speaker and the kausap.

narito	Can be found here, near the speaker
nariyán	Can be found there, near the kausap
naroón	Can be found there, far from both speaker and kausap

Mga halimbawà:

	Comment
Halika dito.	Come here.
Magpunta ka doón.	Go there.
Akó ay nandito.	I am (can be found) here.
Nandoón ang mesa.	The table is (can be found) there, far from the kausap.
Nandiyán ang upuan.	The chair is (can be found) there, near the kausap.
Nasaán ang tatay? Kikò, nariyán ba ang tatay?	Where's dad? Kikò, is dad there (near you)?
Hindî, walâ siyá dito.	No, he's not here.
Charing, nariyán ba si Robert?	Charing, is Robert there (near you)?
Oo, narito siyá.	Yes, he's here.

§ 291. Don't say "Hindi akó narito." Instead say "Wala akó dito."

Walâ dito, walâ diyán at walâ doón

§ 292. To say *not here*, say walâ *dito*. Do not say *hindî nandito*.

§ 293. To say *not there*, say walâ *diyán*. Do not say *hindî nandiyán*.

§ 294. To say *not there*, say walâ *doón*. Do not say *hindî nandoón*.

Summary: itó, dito, nandito, walâ dito

Halimbawà:
a. Kikò: Narito ba ang tatay?
b. Charina: Walâ pa siyá.
c. Kikò: Hindî pa ba dumatíng ang tatay?
d. Charina: Hindî pa siyá dumatíng. Walâ pa siyá.

e. Kikò: E ang nanay, umalís na ba ang nanay?
f. Charina: Oo, kangina pa siyá umalís.
g. Kikò: Kailán daratíng ang tatay?
h. Charina: Mamayâ pa siyá daratíng.

	this and that	here and there	can be found here or there	cannot be found here or there
near speaker	itó	dito	narito	walâ dito
near kausap	iyán	diyán	nariyán	walâ diyán
near neither	iyon	doón	naroón	walâ doón

Useful phrases: Kulang, tamà at labis

§ 295. Say **ku-lang** to express *lacking* or *not enough*.

§ 296. Say **ta-mà** or **ta-mang-ta-mà** to express *just right*.

§ 297. Say **la-bis**, **mas-yado** or **sob-ra** to express *too much*.

not enough	just right	too much
kulang	tama	labis

Halimbawà
a. Ku-lang ang a-lat[218] ng u-lam.
b. Ta-mang-ta-mà lang ang a-sim[219] ng si-ni-gáng.
c. Mas-ya-dong ma-a-lat ang a-do-bo.
d. Ku-lang ang a-king pe-ra.
e. Ta-mang-ta-mà lang ang da-lá kong pe-ra.[220]
f. Mas-ya-dong ma-hál[221] ang bi-li-hin.[222]

---

[218] **a lat** n., saltiness
[219] **a sim**, n., tart, sour
[220] **pe ra**, money
[221] **ma hál**, adj., expensive; also means dear, as in beloved
[222] **bi li hin**, n., things to buy

g. So-bra ang i-nit sa pa-leng-ke.²²³

Useful phrases: Dagdagán at bawasan

§ 298. Use **dag-da-gan** to express *to increase* or *to add to*.

    a. Dag-da-gan mo pa ang a-king ka-nin. Literally, increase my rice still. In good English, give me some more rice.
    b. "Nenè, di-nag-da-gan mo ba ang pe-ra ni Kikò?" Literally, Nene, did you increase Kiko's money? In good English, did you give Kiko more money?
    c. Dag-da-gan mo pa. Literally, increase (it) still. In good English, go on, add some more.

§ 299. Use **bawasan** to express *to decrease* or *to lessen*.

    a. Ba-wa-san na-tin ang car-gá mo, at mas-ya-dong ma-bi-gát. Let's lessen your load, as it's too heavy.
    b. Bi-na-wa-san na na-mán ang a-ming su-wel-do. My pay has been decreased again.
    c. Hu-wág mo nang ba-wa-san. Don't decrease (it) any more.

to increase	to lessen
dagdagan	bawasan

§ 300. **Pagsásanay 11-1.** How would you say the following in Filipino?

	Answer
a. The sinigang's sourness is just right.	
b. The adobo needs more salt.²²⁴	
c. The fried rice²²⁵ is too salty.²²⁶	
d. Add more water.	
e. They decreased my salary.²²⁷	

---

²²³ **pa leng ke**, n., market.
²²⁴ Use **kulang**, not **kailangan**.
²²⁵ **si na ngág**, n., fried rice
²²⁶ Use **sob ra**.

	Answer
f. They increased her salary.	
g. My salary is just right.	
h. Don't[228] increase my load[229] any more.	
i. My load is not enough.[230]	
j. Our load is too much.[231]	

Useful phrases: everyday activities, 1: getting up in the morning

§ 301. **Daily life cycle.** We go over the actions in the daily life cycle. We learn the verbs and go over typical conversations.

    a. **gu-mi-sing**, to wake up
    b. **bu-ma-ngon**, to get up
    c. **ma-li-gò**, to bathe
    d. **mag-bi-his**, to change clothes
    e. **mag-sa-pa-tos**, to put on shoes
    f. **mag-a-ga-han**, to eat breakfast
    g. **mag-al-mu-sál**, to eat breakfast
    h. **ku-ma-in**, to eat
    i. **u-mi-nóm**, to drink
    j. **mag-si-pil-yo**, to brush teeth
    k. **u-mi-hì**, to take a leak
    l. **du-mu-mi**, to take a dump

-- Tamà na iyáng suót mo.
-- Kailangan kong magbihis.
Pinawisan akó e.

§ 302. **gumising**, to wake up. Listen to the recording or the instructor, then repeat out loud.

---

[227] **su wel do**, n., salary
[228] **hu wág**, pseduo-v., don't!
[229] **car gá**, n., load
[230] Use **kulang**.
[231] Use **sobra**.

-- Ba-ká gi-síng na si Cha-ri-na. Pa-ki-tig-nán[232] mo ngâ. Charina may be awake. Please go look.
-- Si-ge, ti-tig-nán ko. OK, I will go look.

* * *

-- Gi-síng na ba si Cha-ri-na? Pa-ki-tig-nán mo ngâ. Is Charina awake? Would you go look?
-- Si-ge, ti-tig-nán ko. OK, I will go look.

* * *

-- Gi-síng na ya-tà si-yá. Pa-ki-tig-nán mo ngâ. I think she is awake. Would you go look?
-- Si-ge, ti-tig-nán ko. OK, I will go look.

* * *

-- Gi-síng na ba si Cha-ri-na? Is Charina awake?
-- Hin-dî ko a-lám. Ti-tig-nán ko. I don't know. I will go look.

* * *

-- Ináy, may tao ba sa banyo?
-- Aywán. Walâ yatà. Bakit?

§ 303. **bumangon**, to get up. Listen to the recording or the instructor, then repeat out loud.

-- Ca-loy, muk-hâ kang hin-dî na-tu-log ka-ga-bí. Chuck, you look like you didn't sleep last night.
-- Hin-dî ngâ akó na-ka-tu-log ka-ga-bi. Darn right, I didn't get any sleep last

---

[232] Put "paki-" in front of almost any verb to express "please do something for me . . ." Pakítignan, please go look.

night.
-- A-nóng o-ras kang na-tu-log? What time did you go to sleep?
-- A las dos na nang akó'y ma-tu-log. It was two o'clock when I went to sleep.
-- A-nóng o-ras kang gu-mi-sing? What time did you wake up?
-- A las ocho. Eight o'clock.
-- A-nóng o-ras kang bu-ma-ngon? What time did you get up?
-- A las ocho me-di-a. Eight-thirty.

§ 304. **maligò**, to take a bath. Use **maligò** to say "to take a bath" as well as "to take a shower." Listen to the recording or the instructor, then repeat out loud.

-- May[233] ta-o ba sa ban-yo? Is there anyone in the bathroom?
-- Ay-wán. Wa-lâ ya-tà. Ba-kit? I don't know. I don't think so. Why?
-- Ma-li-li-gò mu-na a-kó. I'll just take a bath.
-- A-kó mu-na. Ang ta-gál-ta-gál[234] mong ma-li-gò. Me first. You always take such long baths.
-- Hin-dî, san-da-lî lang a-kó. No, I'll be just a minute.
-- O si-ge, hu-wág mong u-bu-sin ang tu-big. OK, but don't use up all the water.

§ 305. **magbihis**, to change clothes. Use **magbihis** to say "to dress up" as well as "to dress down." Listen to the recording or the instructor, then repeat out loud.

-- Joe, ta-yo na. Joe, tayo na.
-- Oo, san-da-lî. Mag-bi-bi-his lang a-kó. Yeah, just a minute. I just need to change.
-- Hu-wág na. Ta-mà na 'yang su-ot mo. There's no need. What you got on is fine.
-- Hin-dî, ka-i-la-ngan kong mag-bi-his. Pi-na-wi-san a-kó e. No, I need to

---

[233] **May** is short for **mayroón**, there is, there are.
[234] To express "very," repeat the adjective's root. **Ang tagál-tagál**, so long (duration)! **Ang ganda-ganda**, so beautiful!

change. I was sweaty.

§ 306. **magsapatos**, to put shoes on. Listen to the recording or the instructor, then repeat out loud.

-- Ki-kò, ta-yó na. Han-dâ ka na ba? Kikò, let's go. Are you ready?
-- O-o, mag-sa-sa-pa-tos na lang a-kó. Yeah, I just need to put on my shoes.
-- O si-ge, mag-sa-pa-tos ka na, a-a-lís na ta-yo. OK, go ahead and put on your shoes, we're leaving.

§ 307. **magsapatos**, to put shoes on. Listen to the recording or the instructor, then repeat out loud.

-- Bu-kas ma-a-ga ta-yong a-a-lís. Tomorrow, we'll leave early.
-- O si-ge. A-nóng o-ras? OK, at what time?
-- Gi-sing ta-yo nang a las cu-a-tro pa-ra ma-ka-pag-a-ga-han ta-yo. Ma-la-yò ang la-la-ka-rin na-tin. Let's wake up at four o'clock, so we can have breakfast. We have far to walk.

§ 308. **magkapé**, to put shoes on. Listen to the recording or the instructor, then repeat out loud.

-- Gus-tó mong mag-ka-pé? Would you like some coffee?
-- O-o, si-ge. Sure.
-- A-nó ang i-ni-la-la-gáy mo sa i-yóng ka-pé? What do you put in your coffee?
-- Da-la-wang cu-cha-ri-tang ma-ta-mís at i-sáng cu-cha-ri-tang ga-tas. Two teaspoons sugar and one teaspoon milk.

§ 309. **kumain**, to eat. Listen to the recording or the instructor, then repeat out loud.

(iniisip: "Ba-ká hin-dî pa ku-ma-in ang mga i-tó") Ku-ma-in mu-na ka-yó. (thinking: "They may not have eaten yet.") Have you all eaten?
(iniisip: "Ku-ma-in na ka-mí.") Sa-la-mat pô, ku-ma-in na pô ka-mí. (thinking: "We ate.") Thank you, but we have eaten.
(iniisip: "Ba-ká na-hi-hi-yâ lang ang mga i-tó") Si-gu-ra-do ba ka-yó, ma-

ra-ming pag-ka-in. (thinking: "They may just be bashful.") Are you sure, there's plenty of food.

(iniisip: "Ang ba-ít ni-la.") O-pò, ku-ma-in na pô ka-mí, sa-la-mat pô. (thinking: "They are so kind.") Yes ma'm, we ate, thank you.

-- Mayroón ba tayong sabong panglabá?
-- Baká mayroón, itáy.

§ 310. **magsipilyo**, to brush one's teeth. Listen to the recording or the instructor, then repeat out loud.

-- May-ro-ón ba ta-yong si-pil-yong ba-go? Do we have a new toothbrush?
-- Ba-ká may-ro-ón. Gus-tó mo? We might. Would you like one?
-- Na-ka-li-mu-tan kong mag-da-lá ng si-pil-yo. I forgot to bring a toothbrush.

§ 311. **Pagsásanay 11-2.** How would you say the following in Filipino?

		Answer
a.	Dad might be awake.	
b.	What time did you (s.) get up?	
c.	Is somebody in the bathroom?	
d.	You (s.) need to change (clothes).	
e.	I just have to put on my shoes.	
f.	Let's (incl.) first have a cup of coffee.	
g.	What do you (s.) put in your coffee?	
h.	I wonder if they are just being shy.	
i.	I forgot to bring pajamas.	
j.	Do we have a new car?	

Grammar: Verbs in makí-

§ 312. **Verbs in makí-.** Verbs in **makí-** are actor-focus verbs. The subject of the sentence is the doer of the action. **Makí-** is a prefix; it is placed before the root word. **Makí-** means "to do something with somebody else." Hence the meaning of the following example verbs:

Infinitive	Meaning
a. ma-kí-ka-in	to eat with somebody
b. ma-kí-sa-báy	to go with somebody
c. ma-kí-sa-káy	to ride with somebody
d. ma-kí-sa-ma	to get along with somebody

Halimbawà:
 a. Kumain na akó. Nakikain akó kiná Amado at Nene. I already ate. I ate Amado and Nene's house.
 b. Makikisabay tayo kiná Reyes. We will go with the Reyeses.
 c. Puwede bang makisakáy? May I ride with you?
 d. Marunong makisama si Calóy. Calóy knows how to get along (with others).

1	2	3	4	5	6
Root	Infinitive	Present	Past	Future	
a. ka-in	makíkain	nakikikain	nakikain	makíkikain	to eat with s.b.
b. sa-báy	makísabáy	nakikisabáy	nakisabáy	makíkisabáy	to go with s.b.
c. sa-káy	makísakáy	nakikisakáy	nakisakáy	makíkisakáy	to ride with s.b.
d. sa-ma	makísama	nakikisama	nakisama	makíkisama	to get along with s.b.

maki- verbs

root	infinitive	present	past	future
ka-in	ma-ki-ka-in	na-ki-ki-ka-in	na-ki-ka-in	ma-ki-ki-ka-in
sa-báy	ma-ki-sa-báy	na-ki-ki-sa-báy	na-ki-sa-báy	ma-ki-ki-sa-báy

Figure 11-42: maki- verbs

§ 313. **Pagsásanay 11-3.** How would you say the following in Filipino?

	Answer
a. Will you (s.) go with us (excl.)?	
b. Charina will ride with them.	
c. When did you (s.) eat with them?	
d. I don't want to go with you (pl.)	
e. Sheila does not know how to get along.	

Grammar: Basic sentence patterns

§ 314. **Basic sentence patterns.** We find four basic sentence patterns in Filipino. We begin with examples.

Subject	Predicate	Purpose of sentence
I	am a farmer.	1. Define or identify somebody or something.
Kikò	is funny.	2: Describe somebody or something
Charina	went to the market.	3: Somebody or something does something
He	was taken to the hospital.	4: To somebody or something happens something

Pattern	Purpose	Subject	Predicate	Examples
Pattern 1	Define somebody or something	noun or pronoun	noun or pronoun	Maria is a teacher. Si Maria ay guro. The teacher is she. Ang guro ay siyá.
Pattern 2	Describe somebody or something	noun or pronoun	Adjective	Amado is tall. Matangkád si Amado.

Pattern	Purpose	Subject	Predicate	Examples
				Nenè is diligent. Si Nenè ay masipag.
Pattern 3	Somebody or something performs an action	noun or pronoun	actor-focus verb	Kikò went to school Nagpuntá si Kikò sa paaralan.
Pattern 4	To somebody or something happens an action	noun or pronoun	object-focus verb	The pansít was finished by Dino. Inubos ni Dino ang pansít.

§ 315. The above examples illustrate the following patterns. (Opt. = optional)

	Purpose of sentence	Subject	Predicate	Optional complement	Optional complement
a.	Define somebody or something	ANG-phrase	AY ANG-phrase	opt. NG-phrase	opt. SA-phrase
b.	Describe somebody or something	ANG-phrase	AY adjective-phrase	opt. NG-phrase	opt. SA-phrase
c.	Somebody or something does something	ANG-phrase	AY actor-focus-verb	opt. NG-phrase	opt. SA-phrase
d.	To somebody or something happens	ANG-phrase	AY object-focus-verb	opt. NG-phrase	opt. SA-phrase

190 LEARN FILIPINO

| Purpose of sentence something | Subject | Predicate | Optional complement | Optional complement |

Vocabulary

§ 316. **Vocabulary.** In this *aral* you met the following words and phrases:

ay wán, I don't know
ba ít, *root,* good; used in "ang baít, " so good!
ca pé, *n.,* coffee
cu a tro, *numeral,* four
cu cha ri ta, *n.,* teaspoon
dos, *numeral,* two
du mu mi, *v., a.f.,* to take a dump: du-mu-du-mí, du-mu-mí, du-du-mí
ga tas, *n.,* milk
han dà, *adj.,* ready
i la gáy, *v., o.f.,* to put s.t.: i-li-na-la-gáy, i-li-na-gáy, i-la-la-gáy
ka ga bí, *adv.,* last night
ka mí, *pron.,*
la ka rin, *v., o.f.,* to walk some di-stance: li-na-la-kad, li-na-kad, la-la-ka-rin
las,
ma a ga, *adj.,* early
mag - al mu sál, *v., a.f.,* to eat breakfast: nag-a-al-mu-sál, nag-al-mu-sál, mag-a-al-mu-sál
mag ka pé, *v., a.f.,* to drink coffee: nag-ka-ka-pé, nag-ka-pé, mag-ka-ka-pé
ma ka li mu tan, *v., a.f.,* to forget: na-ka-ka-li-mu-tan, na-ka-li-mu-tan, ma-ka-ka-li-mu-tan
ma ka pag - a ga han, *v., a.f.,* to be able to have breakfast: na-ka-ka-pag-a-ga-han, na-ka-pag-a-ga-han, ma-ka-ka-pag-a-ga-han
ma ka tu log, *v., a.f.,* to be able to sleep: na-ka-ka-tu-log, na-ka-tu-log, ma-ka-ka-tu-log
ma la yò, *adj.,* far
ma ta mís, *adj.,* sweet
muk hâ, seems
mu na, *adv.,* first, as in "do this first"
o cho, *numeral,* eight
o pò, yes, sir; yes, ma'm
pa ki tig nán, *v., o.f.,* to please look at s.t.: pi-na-ki-ki-tig-nán, pi-na-ki-tig-nán, pa-ki-ki-tig-nán
pa wi san, *v., o.f.,* to perspire: pi-na-pa-wi-san, pi-na-wi-san, pa-pa-wi-san
si gu ra do, *adj.,* certain, sure
si pil yo, *n.,* toothbrush
su ot, *n.,* attire

ta gál - ta gál, *adj.,* long (in duration)
ta yo, *pron.,* we; ang-case, 1st pers., pl. incl.

§ 317. **Worth memorizing.** Impress your relatives and friends! Memorize the following phrases and use them every chance you get.

Worth memorizing	Comment
Dag-da-gán mo pa.	Add some more.
Hu-wág mo nang ba-wa-san.	Don't decrease (it) any more.

Review and checklist

§ 318. **Checklist.** In this *aral* you expected to learn to:

a. Say kulang, tamà, labis
b. Day dagdagan at bawasan
c. Use verbs to describe early morning activities
d. Use verbs in **maki-**
e. Define or identify somebody or something (Sentence pattern 1), e.g., Amado is an engineer.

Answers to exercises

§ 319. **Answers to Pagsásanay 11-1.** How would you say the following in Filipino?

	Answer
a. The sinigang's sourness is just right.	Tamang-tamà lang ang asim ng sinigang.
b. The adobo needs more salt.[235]	Kulang ang alat ng adobo.
c. The fried rice[236] is too salty.[237]	Sobra ang alat ng sinangág.
d. Add more water.	Dagdagán mo pa ng tubig.
e. They decreased my salary.[238]	Binawasan nilá ang aking suweldo.

---

[235] Use **kulang**, not **kailangan**.
[236] **si na ngág,** n., fried rice
[237] Use **so bra**.

	Answer
f. They increased her salary.	Dinagdagán ang kaniyáng suweldo.
g. My salary is just right.	Tamang-tamà lang ang aking suweldo.
h. Don't[239] increase my load[240] any more.	Huwág mo nang dagdagaán ang aking cargá.
i. My load is not enough.[241]	Kulang ang aking cargá.
j. Our load is too much.[242]	Sobra ang aming cargá.

§ 320. **Answers to Pagsásanay 11-2.** How would you say the following in Filipino?

	Answer
a. Dad might be awake.	Baká gisíng na ang tatay.
b. What time did you (s.) get up?	Anóng oras ka bumangon?
c. Is somebody in the bathroom?	May tao ba sa banyo?
d. You (s.) need to change (clothes).	Kailangan mong magbihis.
e. I just have to put on my shoes.	Magsasapatos na lang akó.
f. Let's (incl.) first have a cup of coffee.	Magkapé muna tayo.
g. What do you (s.) put in your coffee?	Anó ang inilalagáy mo sa iyóng kapé?
h. I wonder if they are just being shy.	Baká nahihiyâ lang silá.
i. I forgot to bring pajamas.	Nakalimutan kong magdalá ng pajama.
j. Do we have a new car?	Mayroón ba tayong bagong coche?

§ 321. **Answers to Pagsásanay 11-3.** How would you say the following in Filipino?

	Answer
a. Will you (s.) go with us (excl.)?	Makikisabáy ka ba sa amin?
b. Charina will ride with them.	Makikisakáy si Charina sa kanilá.
c. When did you (s.) eat with them?	Kailán ka nakikain sa kanilá?
d. I don't want to go with you (pl.)	Ayaw kong makisabáy sa inyó.

---

[238] **su wel do**, n., salary
[239] **hu wág**, pseduo-v., don't!
[240] **car gá**, n., load
[241] Use **ku lang**.
[242] Use **so bra**.

	Answer
e. Sheila does not know how to get along.	Hindî marunong makisama si Sheila.

Nangangayayat yatà akó ah.

Cultural note: Drying palay on the road

Figure 11-43: Drying palay (unmilled rice) on the road

Halos waláng ibáng maipaglalagyán ang magsasaká ng kaniyáng paláy na kailangang patuyuín maliban sa daán; itó'y patag at waláng-kalat.

Tatló ang mga salita ng mga Filipino na katumbás ng salitáng Ingles na "rice": 1) palay, 2) bigás at 3) kanin.

Just about the only flat, uncluttered surface where a farmer can dry his paláy is the paved road. Filipinos have three words for rice: 1) paláy, unmilled rice, 2) bigás, milled rice and 3) kanin, steamed rice.

Photo © 2003 Segundo Joaquin Romero Jr.

Aral Labíndalawá (12): Sentence pattern 1

-- Ináy, naritó na ang tatay.
-- Ah, mabuti namán. Kain na tayo, kung gayón.

Lesson goals

§ 322. **Lesson goals.** In this aral you can expect to learn to:

   a. Say alám, marunong, magalíng
   b. Use more verbs to describe going to school or work
   c. Define or identify somebody or something (Sentence pattern 1), e.g., Amado is an engineer.
   d. Use adjectives and adverbs of manner

Useful phrases: Alám, marunong, magalíng, mahusay

§ 323. Use **alám** to express "to know something, " not "to know somebody, " for which we use **kilala**.

§ 324. **Nalalaman**, to know, is an–an verb. The present, aläm ko, is short for *nalalaman ko*.

1 Root	2 Infinitive	3 Present	4 Past	6 Future	7
alám	malaman	aläm (nalalaman)	nalaman	malalaman	to know s.t.

§ 325. **Alám ko** can take one of two objects: **bagay**, thing, or **kilos**, action. The doer of the action is in the ng-case.

   a. Alám ko ito. Alám ko iyán. Alám ko iyón. *I know this. I know that.*
   b. Alám kong magbasketball. I know how to play basketball.

c. Alám mo bang maglutò? Do you know how to cook?
d. Hindî niyá alám kumanta. She does not know how to sing.

		Oo	Hindî
a.	akó	Alám kong magtanggo.	Hindî ko alám magtanggo.
b.	ikáw	Alám mong magkastilà[243].	Hindî mo alám magkastilà.
c.	siyá	Alám niyáng lumangóy[244].	Hindî niya alám lumangóy.
d.	si ...	Alám mag-aral[245] ni Kikò.	Hindî alám mag-aral ni Kikò.
e.	kamí	Alám naming magtrabaho[246].	Hindî namin alám maglakuatsa.
f.	tayo	Alám nating gumastos[247].	Hindî natin alám magtipíd.
g.	kayó	Alám ninyóng magkalát[248].	Hindî ninyó alám maglinis.
h.	silá	Alám niláng magmadali[249].	Hindî nilá alám magmadali.
i.	siná ...	Alám maglutò niná Pete at Grace.	Hindî alám maglutò niná Pete at Grace.

§ 326. **Marunong** is an adjective that means "knows." Use **marunong** to say somebody knows something. The implicit verb is "to be," and the pronoun is the subject and is in the ang-case. The plural form **marurunong** is rarely used.

		Oo	Hindî
a.	akó	Marunong akóng magtanggo[250].	Hindî akó marunong magtanggo.
b.	ikáw	Marunong kang magkastilà.	Hindî ka marunong magkastilà.
c.	siyá	Marunong siyáng lumangoy.	Hindî siya marunong lumangoy.
d.	si ...	Marunong mag-aral si Kikò.	Hindî marunong mag-aral si Kikò.
e.	kamí	Marunong kamíng magtrabaho.	Hindî kamí marunong maglakuatsa.
f.	tayo	Marunong tayong gumastos.	Hindî tayo marunong magtipíd.

---

[243] **mag kas ti là**, v., a.f., to speak Spanish
[244] **lu ma ngóy**, v., a.f., to swim
[245] **mag-a ral**, v., a.f., to study
[246] **mag tra ba ho**, v., a.f., to work
[247] **gu mas tos**, v., a.f., to spend money
[248] **mag ka lát**, v., a.f., to make a mess
[249] **mag ma da lî**, v., a.f., to hurry
[250] **mag tang go**, v., a.f., to dance the tango

		Oo	Hindî
g.	kayó	Marunong kayóng magkalát.	Hindî kayó marunong maglinis.
h.	silá	Marunong siláng magmadali.	Hindî silá marunong magmadali.
i.	siná ...	Marunong maglutò siná Pete at Grace.	Hindî marunong maglutò siná Pete at Grace.

§ 327. **Magalíng and mahusay** are adjectives that have the same meaning: "is good". Use either **magalíng** or **mahusay** to say somebody is good at something. The implicit verb is "to be, " and the pronoun is the subject and is in the ang-case. The plural forms **magagalíng** and **mahuhusay** are frequently used. Examples follow.

		Oo	Hindî
a.	akó	Magalíng akóng magtanggo.[251]	Hindî akó magalíng magtanggo.
b.	ikáw	Mahusay kang magkastilà.[252]	Hindî ka mahusay magkastilà.
c.	siyá	Magalíng siyáng lumangoy.[253]	Hindî siya magalíng lumangoy.
d.	si ...	Magalíng mag-aral si Kikò.	Hindî magalíng mag-aral si Kikò.
e.	kamí	Magalíng kamíng magtrabaho.	Hindî kamí magalíng maglakuatsa.
f.	tayo	Magalíng tayong gumastos.[254]	Hindî tayo magaling magtipíd.
g.	kayó	Magagalíng kayóng magkalát.[255]	Hindî kayó magagalíng maglinis.
h.	silá	Mahuhusay siláng kumantá.[256]	Hindî silá mahuhusay kumantá.
i.	siná ...	Mahuhusay maglutò[257] siná Pete at Grace.	Hindî mahuhusay maglutò siná Pete at Grace.

§ 328. **Pagsásanay 12-1.** How would you say the following in Filipino?

		Answer
a.	I don't know how to speak Cebuano.	
b.	Does know how to cook?	

---

[251] **mag tang go**, v., a.f., to dance the tango
[252] **mag kas ti là**, v., a.f., to speak Spanish
[253] **lu ma ngóy**, v., a.f., to swim
[254] **gu mas tos**, v., a.f., to spend money
[255] **mag ka lát**, v., a.f., to make a mess
[256] **ku man ta**, v., a.f., to sing
[257] **mag lu tò**, v., a.f.t, to cook

	Answer
c. She sings very well.[258]	
d. I know Ilocano but am not very good.	
e. He is a good driver.[259]	
f. Can you swim[260]?	
g. They know how to get along.[261]	
h. Are you (s.) good at math?	
i. I don't know how to play mahjongg.[262]	
j. Who is good at making lechon[263]?	

Useful phrases: everyday activities, 2: getting to school or work

§ 329. We go over the actions for getting to school or getting to work. We learn the verbs and go over typical conversations.

    a. **umalís ng bahay**, to leave the house
    b. **maghintáy ng sakáy**, to wait for a ride
    c. **maghintáy ng bus**, to wait for the bus
    d. **sumakáy**, to get on (a vehicle)
    e. **magbayad ng pasahe**, to pay the fare

§ 330. **maghintay ng bus**. Listen to the recording or the instructor, then repeat out loud:

-- Sa-án ba da-pat mag-hin-táy ng bus? Where should one wait for the bus?

-- Sa-án ka pu-pun-tá? Where are you going?

-- Sa Man-da-ue. To Mandaue.

-- Do-ón sa kan-to, sa may Caltex. There, at the corner, at the Caltex.

---

[258] Use **ma ga líng** or **ma hu say** for very well.
[259] Express as "he drives very well."
[260] Express as "Do you know to swim?"
[261] **ma ki sa ma**, v., a.f., to get along
[262] **mag-mah jong**, v., a.f., to play mahjongg, a board game of Chinese origin that uses tiles
[263] **mag-le chon**, v., a.f., to make lechon (roast whole pig)

-- Si-ge, sa-la-mat. OK, thanks.

§ 331. **maghintay ng bus**. Listen to the recording or the instructor, then repeat out loud:

-- Ang ta-gál ya-tà ng bus nga-yon ah. I can't believe the bus is so late.
-- Ma-ta-gál ka na bang nag-hi-hin-táy? Have you been waiting long?
-- Oo, lam-pás na ng sam-púng mi-nu-to. Yeah, more than ten minutes.
-- Da-tí-ra-ti'y may bus ba-wat sam-púng mi-nu-to. There's usually a bus every ten minutes.
-- Ba-ká na-si-ra-án o ka-yâ na-traf-fic. Maybe it had a breakdown, or there's too much traffic.
-- O-o ngâ, pa-sa-mâ nang pa-sa-mâ ang traf-fic. You're right, the traffic is getting worse.

-- Mayroón ka bang baryá?
-- Baká mayroón. Anó ang kailangan mo?

§ 332. **sumakay,** to get on (a vehicle). Listen to the recording or the instructor, then repeat out loud:

-- E-bi-ang, sa-káy na. Ibiang, get on.
-- Pu-nô na ya-tà e. It's full.
-- (i-sáng la-la-ki) Ha-li-ka. Ta-ta-yô na lang a-kó. Come on. I'll just stand.
-- Si-ge, ma-ra-ming sa-la-mat. OK, thanks a lot.

§ 333. **magbayad ng pasahe,** to pay the fare. Listen to the recording or the instructor, then repeat out loud:

-- May-ro-ón ka bang bar-yá? Do you have change?
-- Ba-ká may-ro-ón, a-nó ang ka-i-la-ngan mo? Maybe. What do you need?

-- **Ka-i-la-ngan ko lang ng pa-ma-sa-he. Mag-ka-no ba?** I just need enough for the fare? How much is it?

§ 334. **Pagsásanay 12-2.** How would you say the following in Filipino?

		Answer
a.	Where can one wait for a taxi?	
b.	There, at the corner, at the Petron.	
c.	Where are you going?	
d.	I can't believe the bus is so late.	
e.	I'll just stand.	
f.	OK, thanks a lot.	
g.	Have you been waiting long?	
h.	Yeah, more than ten minutes.	
i.	Do you have change?	
j.	How much is it?	

Grammar: Basic sentence pattern 1

§ 335. **Pattern 1.** We are ready to learn our first sentence pattern. We learn how to define or identify somebody or something.

§ 336. We start with a noun or pronoun and add another **noun or pronoun**. That's the basic pattern. Note that the translations below are not literal. They are sentences in good English that express the same meaning as the equivalent Filipino sentence.

Subject	Predicate	
Ang nanalo[264]	ay si Kikò.	Kikò won.
Ang nanay ko	ay nurse.	My mom is a nurse.
Ang may kagagawán[265]	ay itó.	This did it.

---

[264] **ma na lo**, v., a.f., to win
[265] **may ka ga ga wán**, expression, have responsibility for something

Predicate	Subject	
Si Kikò	ang nanalo.	Kikò won.
Nurse	ang nanay ko.	My mom is a nurse.
Itó	ang may kagagawán.	This did it.

§ 337. After learning the basic pattern, you can create your own variations. Talk about two or more nouns or pronouns instead of just one. The sentences you can build are countless.

§ 338. **Pattern 1, Question.** To form the question variant of pattern 1, add **ba** after the subject and before the predicate.

	Subject	Predicate	
a.	Ang nanalo ba	ay si Kikò?	Did Kikò win?
b.	Ang nanay ko ba	ay nurse?	Is my mom a nurse?
c.	Ang may kagagawán ba	ay itó?	Did this do it?

	Predicate	Subject	
a.	Si Kikò ba	ang nanalo	Kikò didn't win.
b.	Nurse ba	ang nanay ko	My mom is not a nurse.
c.	Itó ba	ang may kagagawán	This didn't do it.

§ 339. **Pattern 1, Negative.** To form the negative variant of pattern 1, add **hindî** after **ay**, when present, and before the predicate.

Subject	Predicate	
Ang nanalo	ay hindî si Kikò.	Kikò didn't win.
Ang nanay ko	ay hindî nurse.	My mom is not a nurse.
Ang may kagagawán	ay hindî itó.	This didn't do it.

Predicate	Subject	
Hindî si Kikò	ang nanalo	Kikò didn't win.
Hindî nurse	ang nanay ko	My mom is not a nurse.
Hindî itó	ang may kagagawán	This didn't do it.

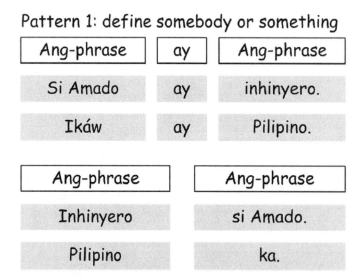

Figure 12-44: Basic Sentence Pattern 1

§ 340. **Pagsásanay 12-3.** How would you say the following in Filipino?

		Answer
a.	Miss[266] Nenè, this is my mom.	
b.	Marina is a poet.[267]	
c.	My grandparents[268] were farmers.[269]	
d.	Are you (s.) a student[270]?	
e.	My friend[271] is Cebuano.	
f.	Isn't your father an engineer[272]?	

---

[266] **a ling**, n., Miss or Ms., a title of respect for a woman
[267] **ma ka tà**, n., poet
[268] **lo lo**, n., grandfather; use the plural, mga lolo, to say grandparents
[269] **mag sa sa ká**, n., farmer
[270] **es tu di an te**, n., student; also written **estudyante**
[271] **ka i bi gan**, n., friend

g. Her brother is a priest.[273]	**Answer**
h. This is mine.	
i. That is not yours.	
j. Who are you?	

Grammar: Adjectives and adverbs of manner

§ 341. **Adjectives and adverbs of manner.** The same word can be used as an adjective and an adverb. The word is an adjective when it modifies a noun or pronoun. It is an adverb when it modifies a verb, an adjective or another adverb.

Halimbawà:
Mabilís si Kikò. *Adjective.*
Mabilís lumakad si Kikò. *Adverb.*

		Halimbawà	Comments
a.	da-han-da-han	**Dahan-dahan** tayong maglakád[274] at madulás[275] ang daán.	slowly
b.	ma-bi-lís	**Mabilís** magpatakbó[276] ng coche.	fast
c.	ma-ba-gal	**Mabagal** namán ang waiter.	slow
d.	ta-hi-mik	**Tahimik** kung gabí dito sa aming barrio.	quiet
e.	ma-i-ngay	**Maingay** dito sa aming barrio sa araw.	noisy
f.	mas-ya-do	**Masyadong** maalikabók[277] sa daán.[278]	too much
g.	ma-ta-gál	**Matagál** maligò[279] si Charina.	takes a long time
h.	ma-da-lî	**Madalíng** maglutò[280] si Nenè.	takes a short time

---

[272] **in hin ye ro**, n., engineer
[273] **pa rì**, n., priest
[274] **mag la kád**, v., a.f., to walk; same as **lumakad**
[275] **ma du lás**, adj., slippery
[276] **mag pa tak bó**, v., a.f., to operate
[277] **ma a li ka bók**, adj., dusty
[278] **da án**, n., street, road
[279] **ma li gò**, v., a.f., to take a bath

§ 342. **Pagsásanay 12-4.** How would you say the following in Filipino?

	Answer
a. Charina eats slowly	
b. Kikò does not talk[281] fast.	
c. My mom walks slowly.	
d. My mom cooks fast.	
e. We (excl.) climbed[282] slowly.	
f. Crispy pata is too[283] fat.[284]	
g. Our (excl.) house is quiet.	
h. The street is noisy.	
i. They left quickly.[285]	
j. Is the waiter slow or[286] fast?	

Vocabulary

§ 343. **Vocabulary.** In this *aral* you met the following words and phrases:

bar yá, *n.,* change (money)
ba wat, *adj.,* each
da tí ra ti'y, *adv.,* in the past
gu mas tos, *v., a.f.,* to spend money: gu-ma-gas-tos, gu-mas-tos, ga-gas-tos
ha li ka, *pseudo-v.,* come here, s.
i yán, *pron.,* that, near speaker
i yón, *pron.,* that; ang-case, impers., that, for from speaker and kausap
kan to, *n.,* street corner
ku man tá, *v., a.f.,* to sing: ku-ma-kan-tá, ku-ma-n-tá, ka-kan-tá
la la ki, *n.,* male
lam pás, *prep.,* beyond
lu ma ngoy, *v., a.f.,* to swim: lu-ma-la-ngóy, lu-ma-ngóy, la-la-ngóy

---

[280] **mag lu tò**, v., a.f., to cook
[281] **mag sa li tâ**, n., to speak, to talk
[282] **u mak yát**, v., a.f., to climb
[283] **mas ya do**, adv., too, excessively
[284] **ma ta bâ**, adj., fat
[285] Use **ma bi lís** or **ma da lî** for quickly.
[286] **o**, conj., or

mag bas ket ball, *v., a.f.,* to play basketball: nag-ba-bas-ket-ball, nag-bas-ket-ball, mag-ba-bas-ket-ball
mag ba yad, *v., a.f.,* to pay: nag-ba-ba-yad, nag-ba-yad, mag-ba-ba-yad
mag kas ti là, *v., a.f.,* to speak Spanish: nag-ka-kas-ti-là, nag-kas-ti-là, mag-ka-kas-ti-là
mag la kua tsa, *v., a.f.,* to fool around: nag-la-la-ku-a-tsa, nag-la-ku-a-tsa, mag-la-la-ku-a-tsa
mag li nis, *v., a.f.,* to clean: nag-li-li-nis, nag-li-nis, mag-li-li-nis
mag tang go, *v., a.f.,* to tango: nag-ta-tang-go, nag-tang-go, mag-ta-tang-go
Man da ue, *n.,* a place in Cebú
ma si ra án, *v., o.f.,* to suffer a breakage: na-si-si-ra-an, na-si-ra-an, ma-si-si-ra-an
ma traf fic, *adj.,* there is heavy traffic
mi nu to, *n.,* minute
pa ma sa he, *n.,* money for fare
pa sa he, *n.,* fare amount
pa sa mâ, *adj.,* worsening
pu nô, *adj.,* full
sa káy, *root,* ride; used in sumakáy
ta gál, *root,* long in duration; used in "ang tagál, " so long (duration)!
tu ma yô, *v., a.f.,* to stand: ta-ma-ta-yo, tu-ma-yo, ta-ta-yo

Review and checklist

§ 344. **Checklist.** In this *aral* you expected to learn to:

a. Say *alám, marunong, magalíng*
b. Use more verbs to describe going to school or work
c. Define or identify somebody or something (Sentence pattern 1), e.g., Amado is an engineer.
d. Use adjectives and adverbs of manner

Answers to exercises

§ 345. **Answers to Pagsásanay 12-1.** How would you say the following in Filipino?

	Answer
a. I don't know how to speak Cebuano.	Hindî akó alám mag-Cebuano. Hindî akó marunong mag-Cebuano.
b. Does know how to cook?	Alám ba niyáng maglutò. Marunong ba siyáng maglutò?

	Answer
c. She sings very well.[287]	Magalíng siyáng kumantá. Mahusay siyáng kumantá.
d. I know Ilocano but am not very good.	Marunong akóng mag-Ilocano pero hindî akó magalíng.
e. He is a good driver.[288]	Magalíng siyáng magmaneho.
f. Can you swim[289]?	Marunong ka bang lumangóy?
g. They know how to get along.[290]	Marunong siláng makisama.
h. Are you (s.) good at math?	Magalíng ka ba sa math?
i. I don't know how to play mahjongg.[291]	Hindî ko alám mag-mahjong.
j. Who is good at making lechon[292]?	Sino ang mahusay maglechón?

§ 346. **Answers to Pagsásanay 12-2.** How would you say the following in Filipino?

	Answer
a. Where can one wait for a taxi?	Saán ba puwedeng maghintáy ng taxi?
b. There, at the corner, at the Petron.	Doón sa kanto, sa may Petron.
c. Where are you going?	Saán ka pupuntá?
d. I can't believe the bus is so late.	Ang tagál yatà ng bus ngayon ah.
e. I'll just stand.	Tatayô na lang akó.
f. OK, thanks a lot.	Sige, maraming salamat.
g. Have you been waiting long?	Matagál ka na bang naghihintáy?
h. Yeah, more than ten minutes.	Oo, lampás na ng sampúng minuto.
i. Do you have change?	Mayroón ka bang baryá?
j. How much is it?	Magkano ba?

§ 347. **Pagsásanay 12-3.** How would you say the following in Filipino?

---

[287] Use **ma ga líng** or **ma hu say** for very well.
[288] Express as "he drives very well."
[289] Express as "Do you know to swim?"
[290] **ma ki sa ma**, v., a.f., to get along
[291] **mag-mah jong**, v., a.f., to play mahjongg, a board game of Chinese origin that uses tiles
[292] **mag-le chon**, v., a.f., to make lechon (roast whole pig)

		Answer
a.	Miss[293] Nenè, this is my mom.	Aling Nenè, itó pô ang nanay ko.
b.	Marina is a poet.[294]	Si Marina ay makatà.
c.	My grandparents[295] were farmers.[296]	Magsasaká ang aking mga lolo.
d.	Are you (s.) a student[297]?	Estudiante ka ba?
e.	My friend[298] is Cebuano.	Ang aking kaibigan ay Cebuano.
f.	Isn't your father an engineer[299]?	Hindî ba inhinyero ang tatay mo?
g.	Her brother is a priest.[300]	Ang kaniyáng kapatíd ay parì.
h.	This is mine.	Itó ay akin.
i.	That is not yours.	Iyán ay hindî iyó.
j.	Who are you?	Sino ka? Ikáw ay sino?

§ 348. **Answers to Pagsásanay 12-4.** How would you say the following in Filipino?

		Answer
a.	Charina eats slowly	Mabagal kumain si Charina.
b.	Kikò does not talk[301] fast.	Hindî mabilís magsalitâ si Kikò.
c.	My mom walks slowly.	Mabagal lumakad ang nanay ko.
d.	My mom cooks fast.	Mabilís maglutò ang nanay ko.
e.	We (excl.) climbed[302] slowly.	Dahan-dahan kamíng umakyát.
f.	Crispy pata is too[303] fat.[304]	Masyadong matabâ ang crispy pata.
g.	Our (excl.) house is quiet.	Tahimik ang aming bahay.
h.	The street is noisy.	Maingay ang daán.

---

[293] **a ling**, n., Miss or Ms., a title of respect for a woman
[294] **ma ka tà**, n., poet
[295] **lo lo**, n., grandfather; use the plural, mga lolo, to say granparents
[296] **mag sa sa ká**, n., farmer
[297] **es tu di an te**, n., student; also written **estudyante**
[298] **ka i bi gan**, n., friend
[299] **in hin ye ro**, n., engineer
[300] **pa rì**, n., priest
[301] **mag sa li tâ**, n., to speak, to talk
[302] **u mak yát**, v., a.f., to climb
[303] **mas ya do**, adv., too, excessively
[304] **ma ta bâ**, adj., fat

			Answer
i.	They left quickly.[305]		Mabilís siláng umalís. Madalî siláng umalís.
j.	Is the waiter slow or[306] fast?		Ang waiter ba ay mabagal o mabilís?

-- Lumakí ang GNP noóng 2002 ng 5.2%.
-- Pero ang GDP 4.6% lang ang inilakí.

---

[305] Use **ma bi lís** or **ma da lî** for quickly.
[306] **o**, conj., or

Cultural note: A religious people

Figure 12-45: A Filipino couple at prayer

"The soldiers and seamen who came to the Philippines for Spain were accompanied by missionaries who came to win it for the Christian religion. . . .

It is perhaps the most enduring achievement of their [the Spanish colonists] rule." Horacio dela Costa, S.J. *Readings in Philippine History* (Manila: Bookmark, 1965). Photo: R.A. Villanueva.

Aral Labíntatló (13): Sentence pattern 2

Lesson goals

§ 349. **Lesson goals.** In this aral you can expect to learn to:

a. Use verbs to describe everyday activities at work or at school
b. Describe somebody or something (Sentence pattern 2), e.g., Kikò is funny.
c. Use verbs in **ipaki-**

Useful phrases: everyday activities, 3: at work or at school

§ 350. We go over the actions while at work or at school. We learn the verbs and go over typical conversations.

a. **dumating sa escuela**, to arrive at school
b. **mag-aral**, to study
c. **dumating sa trabaho**, to arrive at work
d. **magtrabaho**, to work
e. **mananghalian**, to have lunch
f. **magtelefono**, to make a phone call
g. **magcapé**, to drink coffee
h. **magmerienda**, to have a snack
i. **lumabás sa escuela**, to get out of school
j. **lumabás sa trabaho**, to get out of work
k. **umuwî**, to go home

-- Matagál ka bang naghintáy?
-- May quince minutos.

ARAL LABÍNTATLÓ (13) 211

1. **magmaneho ng coche**, to drive a car

§ 351. **dumating sa escuela**, to arrive at school

-- A-nóng o-ras ka da-pat na-sa es-cu-e-la? What time should you be at school?
-- A las si-e-te me-di-a. Seven-thirty.

-- Kung ga-yón, ka-i-la-ngan ta-yong u-ma-lís sa ba-hay nang a las se-is me-di-a. In that case, we should leave the house at six-thirty.
-- OK, a-yaw kong du-ma-tíng sa e arrive late at school.

-- Combo number 1 na may fries at salad.

§ 352. **mananghalian**, to have lunch

-- Mike, a-nóng o-ras na? Mike, what time is it?
-- A las do-ce. Twelve o'clock.

-- Ka-yâ pa-lá na-gu-gu-tom na a-kó. Gus-tó mong ku-ma-in sa la-bás? That's why I'm hungry. Would you like to eat out?
-- Hin-dî a-kó pu-we-de. Nag-ba-on a-kó. I can't. I brought lunch.

-- Ma-bu-ti ka pa. A-nó'ng ba-on mo? Good for you. What's for lunch?
-- Long-ga-ni-sa, ka-nin at sa-lad. Sausage, rice and salad.

-- Lisa, gu-tóm na akó. Sa-án mo gus-

tóng ku-ma-in? Lisa, I'm hungry. Where do you want to eat?
-- Gu-tóm na rin a-kó. Gus-tó mo bang ku-ma-in sa Chik-fil-A o sa Jolibee? I'm hungry too. Would you like to eat at Chik-fil-A or Jolibee?
-- Sa Chik-fil-A. Ta-yo na. Ga-mi-tin na-tin ang a-king co-che. Chik-fil-A. Let's go. Let's use my car.
-- A-nó ang i-nor-der mo? What did you order?
-- Sa-lad, at sa-ká so-pas. I-káw? Salad and soup. You?
-- A-kó, 'yong combo number 1, Chik-fil-A sandwich na may fries at ka-sa-mang medium drink. Me, combo number 1, Chik-fil-A sandwich with fries and a medium drink.
-- A-kó, tu-big lang ang i-i-nu-mín ko. Me, I'll just drink water.

-- Dadaanan kitá nang mga a las cinco media.
-- Hindî ba ma-traffic?

§ 353. **lumabas sa trabaho**, to get out of work

-- A las cin-co na. U-wi-án na. Ta-yo na, Mike. It's five o'clock. Time to go home. Let's go, Mike.
-- Ma-u-ná ka na. Hin-dî pa ta-pós i-tóng gi-na-ga-wâ ko. Go ahead. I haven't finished what I'm doing.
-- Ma-ta-gál ka pa ba? Are you going to be long?
-- Hin-dî a-kó si-gu-ra-do, pe-ro ba-ká i-sáng oras pa. I'm not sure, but I

could be another hour.

-- Nenè, a-nóng oras ka la-la-bás sa tra-ba-ho? Nenè. what time will you get off work?
-- A las cin-co y me-di-a. Five-thirty.
-- O si-ge, da-da-a-nan kitá nang mga a las cin-co y me-di-a. OK, I will pick you up around five-thirty.
-- May pu-pun-ta-hán ba ta-yo? Are we going somewhere?
-- Da-da-án lang ta-yo sag-lít sa Mandaue. We'll just briefly go by Mandaue.
-- Hin-dî ba ma-traf-fic? Isn't there a lot of traffic?
-- Oo, pe-ro wa-lâ ta-yong ma-ga-ga-wâ. Pa-lá-gi na-máng ga-no-ón. Yes, but there's nothing we can do. It's always like that.

§ 354. **lumabas sa escuela**, to get out of school

-- Kikò, a-nóng oras ka la-la-bás sa es-cu-e-la bu-kas? Kikò, what time will you get off school tomorrow?
-- A las cu-at-ro. Four o'clock.

-- A-nó'ng ga-ga-wín mo pag-ka-ta-pos? What will you do afterwards?
-- Mag-la-la-rô ng basketball, ba-kit? Play basketball, why?

-- Gus-tó ko sa-nang mag-pá-tu-long. I would like to ask for help.
-- O si-ge, anó ang ka-i-la-ngan mo? OK, what do you need?

§ 355. **magmaneho ng coche**, to drive a car

-- May-ro-ón pa bang ga-so-li-na ang co-che? Does the car still have gas?
-- Ma-ra-mi pa. It still has a lot.

-- A-yaw kong ma-u-bu-san tayo. Ma-ra-mi pa ba? I don't want to run out. Is there still a lot?

-- Ma-ra-mi pa, pero kung gus-tó mo, mag-kar-ga na ta-yo nga-yón. There's still a lot, but if you like, let's gas up now.

-- O sige, hu-mintô ta-yo sa pi-na-ká-ma-la-pit na ga-so-li-na-han. OK, let's stop at the nearest gas station.

-- Ma-buti na-mán, at gus-tó kong bu-mi-li ng ma-i-i-nóm. Good, as I want to buy a drink.

-- O nan-dito na ta-yo sa ga-so-li-na-han. Mag-punt-á ka sa tin-da-han, ha-bang nag-ka-kar-gá a-kó. I-pa-ki-bi-lí mo a-kó ng Coke. OK, we're here at the gas station. Why don't you go in the store, while I gas up, and get me a Coke.

-- O sige. OK.

§ 356. **Pagsásanay 13-1.** How would you say the following in Filipino?

		Answer
a.	What time will you get off work?	
b.	Are we going somewhere?	
c.	What will you do afterwards?	
d.	I would like to ask for help.	
e.	What do you need?	
f.	What time is it?	
g.	So that's why I'm hungry.	
h.	We should leave the house at seven-thirty.	
i.	Let's stop at the nearest store[307].	
j.	Please buy me a Sprite.	

---

[307] **tin da han**, n., store

Grammar: Basic sentence pattern 2

§ 357. **Pattern 2.** We are ready to learn our second sentence pattern.
We learn how to describe somebody or something.

§ 358. We start with a noun or pronoun
and add an **adjective** or prepositional phrase serving as an adjective.
That's the basic pattern.

Subject	Predicate	Comment
a. Si Kikò	ay nakákatawá.	Kikò is funny.
b. Ang karaniwang tao	ay mabaít.	The average person is good.
c. Kamí	ay mabibilís.	We are fast.
d. Si Kikò	ay nasa escuela.	Kikò is in school.
e. Ang walís	ay naritó.	The broom is here.

§ 359. After learning the basic pattern,
you can create your own variations.
Talk about two or more nouns or pronouns instead of just one.
Use two or more adjectives.
The sentences you can build are countless.

§ 360. **Pattern 2, Negative.** To form the negative variant of pattern 2,
add **hindî** after **ay**, when present, and before the predicate.

Subject	Predicate	Comment
a. Si Kikò	ay hindî nakákatawá.	Kikò is not funny.
b. Ang karaniwang tao	ay hindî mabaít.	The average person is not good.
c. Kamí	ay hindî mabibilís.	We are not fast.
d. Si Kikò	ay walâ sa escuela.	Kikò is not in school.
e. Ang walís	ay walâ dito.	The broom is not here.

Note that the opposite of "nasa" is not "Hindî nasa." Rather it is "walâ sa."

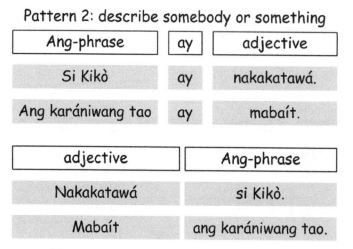

Figure 13-46: Basic Sentence Pattern 2

§ 361. **Pagsásanay 13-2.** How would you say the following in Filipino?

	Answer
a. Marina is funny.	
b. Isn't Kikò diligent[308]?	
c. The Reyes children[309] are very good.	
d. My car isn't fast.	
e. My grandparents'[310] house is beautiful.	
f. Pepe is not tall[311].	
g. Those kids are rowdy.[312]	

---

[308] **ma si pag**, adj., diligent
[309] Express as "the children of the Reyeses."
[310] **lo lo**, n., grandfather; to say **grandparents**, say **mga lolo**.
[311] **ma tang kad**, adj., tall
[312] **ma gu ló**, adj., rowdy. Remember: use a plural adjective to describe a plural noun: **ma gu gu ló**.

		Answer
h.	Is your car clean?	
i.	I think[313] the waiter is handsome.[314]	
j.	Charina is the prettiest.	

Grammar: Verbs in ipakí-

§ 362. **Verbs in ipakí-.** These verbs are used everyday. You will inevitably ask somebody for a favor, like passing the salt or ketchup. Use an **ipaki-** verb to do this. Verbs in **ipakí-** are object-focus verbs. The doer of the action is placed in the ng-case. **ipakí** - is a prefix; it is placed before the root word. **ipakí** - means "to please do something for the speaker." Hence the meaning of the following example verbs:

	Infinitive	Meaning
a.	i-pa-kí-a-bót	to please hand over, to kindly ask s.b. to hand over s.t.
b.	i-pa-kí-bi-gáy	to please give s.t. to s.b., to kindly ask s.b. to give s.t. to s.b.
c.	i-pa-kí-da-lá	to please bring, to kindly ask s.b. to bring s.t. (two persons involved)
d.	i-pa-kí-pa-da-lá	to to kindly ask a third party to bring s.t. to s.b. (three persons)
e.	i-pa-kí-sa-bi	to please say s.t. to s.b., to kindly ask s.b. to say s.t. to s.b.

Halimbawà:
a. I-pa-kí-a-bót mo ngâ ang ma-ta-mís. *Please pass the sugar.*
b. I-pa-kí-bi-gáy mo ngâ ito kay Joe. *Please give this to Joe.*
c. I-pi-na-ki-sa-bi ni Mike sa a-kin. *Mike kindly asked me to say it.*

	1 Root	2 Infinitive	3 Present	4 Past	5 Future
a.	abót	ipakíabót	ipinakikíabót	ipinakíabót	ipakikíabót
b.	bigáy	ipakíbigáy	ipinakikíbigáy	ipinakíbigáy	ipakikíbigáy
c.	dalá	ipakídalá	ipinakikídalá	ipinakídalá	ipakikídalá

---

[313] Here use **ya tà** to express "I think."
[314] **gu a po**, adj., handsome; also written **gu wa po**

1 Root	2 Infinitive	3 Present	4 Past	5 Future
d. dalá	ipakípadalá	ipinakikípadalá	ipinakípadalá	ipakikípadalá
e. sabi	ipakísabi	ipinakikísabi	ipinakísabi	ipakikísabi

§ 363. **i- and ipaki- verb families**. In general, **ipaki-** can be used with any root that takes the **i-** prefix. Furthermore, ipaki can be used with other roots that may not take the **i-** prefix. **Ipaki-** is more versatile than **i-**.

i-	ipaki-
a. i-a-bót	i-pa-kí-a-bót
b. i-bi-gáy	i-pa-kí-bi-gáy
c. i-da-lá	i-pa-kí-da-lá
d. i-ga-wâ	i-pa-kí-ga-wâ
e. i-pa-da-lá	i-pa-kí-pa-da-lá
f. i-tu-lóy	i-pa-kí-tu-lóy
g. i-sa-ma	i-pa-kí-sa-ma

§ 364. **Pagsásanay 13-3**. How would you say the following in Filipino? Remember "please" is already built in into the "ipaki-" verbs. These verbs are almost always used with **ngâ**.

	Answer
a. Please pass the salt.	
b. Please give this to José.	
c. Please bring the radio.	
d. Please tell Kikò[315] to hurry.[316]	
e. Charina kindly[317] gave it[318] to Kikò.	
f. Nenè kindly said (it).	
g. I will kindly ask Amado to bring it.	
h. Will you kindly make me a cake?	

---

[315] Tell Kikò = say to Kikò.
[316] **mag ma da lî**, v., a.f., to hurry
[317] Kindly = please.
[318] No need to express "it."

i. Will you make me a dress?
j. Please just send it[319] through Mike.

Answer

Tanghalì na, ah. Walâ pa si Charina.

Vocabulary

§ 365. **Vocabulary.** In this *aral* you met the following words and phrases:

ba on, *n.,* packed lunch
bu mi li, *v., a.f.,* to buy: bu-mi-bi-lí, bu-mi-lí, bi-bi-lí
cin co, *numeral,* five
da a nan, *v., o.f.,* to pass by s.t.: di-na-da-a-nan, di-na-a-nan, da-da-a-nan
do ce, *numeral,* twelve
du ma án, *v., a.f.,* to pass: du-ma-ra-án (du-ma-da-án), du-ma-án, da-ra-án (da-da-án)
es cu e la, *n.,* school
ga mi tin, *v., o.f.,* to use s.t.: gi-na-ga-mit, gi-na-mit, ga-ga-mi-tin
ga no ón, *pron.,* that way; used in the expression "Ganoón ba?" Is that right?
ga so li na, *n.,* gas
ga so li na han, *n.,* gas station
ga yón, *pron.,* that way
ha bang, *conj.,* while
hu lí, *adj.,* late
hu min tô, *v., a.f.,* to stop: hu-mi-hin-tô, hu-mi-n-tô, hi-hin-tô
i pa ki bi lí, *v., a.f.,* to please buy s.t. for s.b.: i-pi-na-ki-ki-bi-lí, i-pi-na-ki-bi-lí, i-pa-ki-ki-bi-lí
Jo li bee, *n.,* a burger place
la bás, *root,* outside; used in lumabás
long ga ni sa, *n.,* sausage
ma ga wâ, *gerundive,* that which can be done
mag ba on, *v., a.f.,* to pack a lunch: nag-ba-ba-on, nag-ba-on, mag-ba-ba-on
mag kar gá, *v., a.f.,* to load up: nag-ka-kar-gá, nag-kar-gá, mag-ka-kar-gá
mag ma ne ho, *v., a.f.,* to drive: nag-ma-ma-ne-ho, nag-ma-ne-ho, mag-ma-ma-ne-ho
mag pá tu long, *v., o.f.,* to ask/accept help: nag-pa-pa-tu-long, nag-pa-tu-long, mag-pa-pa-tu-long
mag te le fo no, *v., a.f.,* to ma-ke a phone call: nag-te-te-le-fo-nó, nag-te-le-fo-nó, mag-te-te-le-fo-nó

---
[319] No need to express "it."

ma gu tom, *v., a.f.,* to be hungry: na-gu-gu-tom, na-gu-tom, ma-gu-gu-tom
ma i i nóm, *gerundive,* that which can be drunk
ma nang ha li an, *v., a.f.,* to have lunch: na-na-nang-ha-li-an, na-nang-ha-li-an, ma-na-nang-ha-li-an
ma u bu san, *v., o.f.,* to run out of s.t.: na-u-u-bu-san, na-u-bu-san, ma-u-u-bu-san
me di a, *n.,* half hour
pa lá gi, *adv.,* always
pi na ká ma la pit, *adj.,* nearest
pun ta hán, *v., o.f.,* to go to some place: pi-nu-pun-ta-hán, pi-nun-ta-hán, pu-pun-ta-hán
sag lít, *adj.,* quick
sa ká, and
se is, *numeral,* six
si e te, *numeral,* seven
so pas, *n.,* soup
ta pós, *adj.,* finished
tin da han, *n.,* store
u mor der, *v., a.f.,* to order (at a restaurant): u-mo-or-der, u-mor-der, o-or-der
u wi án, *n.,* home

Review and checklist

§ 366. **Checklist.** In this *aral* you expected to learn to:

a. Use verbs to describe everyday activities at work or at school
b. Describe somebody or something (Sentence pattern 2), e.g., Kikò is funny.
c. Use verbs in **ipaki-**

Answers to exercises

§ 367. **Answers to Pagsásanay 13-1.** How would you say the following in Filipino?

		Answer
a.	What time will you get off work?	Anóng oras ka lalabás sa trabaho?
b.	Are we going somewhere?	May pupuntahán ba tayo?
c.	What will you do afterwards?	Anó'ng gagawín mo pagkatapos?
d.	I would like to ask for help.	Gustó ko sanang magpátulong.
e.	What do you need?	Anó ang kailangan mo?
f.	What time is it?	Anóng oras na?

	Answer
g. So that's why I'm hungry.	Kayâ palá nagugutom na akó.
h. We should leave the house at seven-thirty.	Kailangan tayong umalís sa bahay nang a las siete media.
i. Let's stop at the nearest store[320].	Humintô tayo sa pinakámalapit na tindahan.
j. Please buy me a sprite.	Ipakibilí mo akó ng sprite.

§ 368. **Answers to Pagsásanay 13-2.** How would you say the following in Filipino?

	Answer
a. Marina is funny.	Nakakatawá si Marina.
b. Isn't Kikò diligent[321]?	Hindî ba masipag si Kikò?
c. The Reyes children[322] are very good.	Mababait ang mga anák ng mga Reyes.
d. My car isn't fast.	Hindî mabilís ang aking coche.
e. My grandparents'[323] house is beautiful.	Magandá ang bahay ng aking mga lolo.
f. Pepe is not tall[324].	Si Pepe ay hindî matangkád.
g. Those kids are rowdy.[325]	Maguguló ang mga batang iyón.
h. Is your car clean?	Malinis ba ang iyóng coche?
i. I think[326] the waiter is handsome.[327]	Guapo yatà ang waiter.
j. Charina is the prettiest.	Si Charina ang pinakamagandá.

§ 369. **Answers to Pagsásanay 13-3.** How would you say the following in Filipino? Remember "please" is already built in into the "ipaki-" verbs. These verbs are almost always used with **ngâ**.

	Answer
a. Please pass the salt.	Ipakíabót mo ngâ ang asín.
b. Please give this to José.	Ipakíbigáy mo ngâ itó kay José.

---

[320] **tin da han**, n., store
[321] **ma si pag**, adj., diligent
[322] Express as "the children of the Reyeses."
[323] **lo lo**, n., grandfather; to say **grandparents**, say **mga lolo**.
[324] **ma tang kad**, adj., tall
[325] **ma gu ló**, adj., rowdy. Remember: use a plural adjective to describe a plural noun: **ma gu gu ló**.
[326] Here use **ya tà** to express "I think."
[327] **gu a po**, adj., handsome; also written **gu wa po**

		Answer
c.	Please bring the radio.	Ipakídalá mo ngâ ang radyo.
d.	Please tell Kikò[328] to hurry.[329]	Ipakísabi kay Kikò na magmadalî.
e.	Charina kindly[330] gave it[331] to Kikò.	Ipinakibigáy ni Charina kay Kikò.
f.	Nenè kindly said (it).	Ipinakisabi ni Nenè.
g.	I will kindly ask Amado to bring it.	Ipakikipadalá ko kay Amado.
h.	Will you kindly make me a cake?	Ipakigawâ mo ngâ akó ng kalamay?
i.	Will you make me a dress?	Ipakigawâ mo ngâ akó ng damít?
j.	Please just send it[332] through Mike.	Ipakípadalá na lang kay Mike.

Ipakídalá mo ngâ ang radyo.

---

[328] Tell Kikò = say to Kikò.
[329] **mag ma da lî**, v., a.f., to hurry
[330] Kindly = please.
[331] No need to express "it."
[332] No need to express "it."

Cultural note: Green rice fields

Figure 13-47: Green rice fields

Malalawak ang mga luntiang bukid na tinaniman ng paláy sa mga lalawigan ng Nueva Ecija, Pangasinán, Tarlac, Pampanga at Bulacan, sa Gitnang Kapatagan ng Luzon. Ganoón din sa dakong Cagayan sa hilaga-silangang Luzon at sa Kanlurang Kabisayaan, lalo na sa lalawigan ng Iloilo. Green fields of rice go on and on for miles in the Central Plain of Luzon, in the provinces of Nueva Ecija, Pangasinán, Tarlac, Pampanga and Bulacan. The same is true of the Cagayan Valley in northeastern Luzon and the Western Visayas, especially Iloilo province. Data: Domingo C. Salita, *Geography and Natural Resources of the Philippines*. Quezon City: JMC Press, 1997. Also, Philippine National Statistics Office, 1991 Census of Agriculture, census.gov.ph / data / sectordata / 1991 / ag910002.txt. Photo: Segundo Joaquin Romero Jr.

Aral Labíng-apat (14): Sentence pattern 3

Lesson goals

§ 370. **Lesson goals.** In this aral you can expect to learn to:

a. Use verbs to describe everyday activities: supper at home
b. Use verbs in **ipag-**
c. Say "somebody or somebody does something" (Sentence pattern 3), e.g., Nenè is cooking.

Useful phrases: everyday activities, 4: supper at home

§ 371. We go over the actions at home after work or school. We learn the verbs and go over typical conversations.

a. **alisín ang sapatos**, to take off shoes
b. **maglutò ng hapunan**, to cook supper
c. **ihandâ ang mesa**, to set the table
d. **maghapunan**, to have supper
e. **maghugas ng pinggán**, to wash dishes
f. **magtapon ng basura**, to take out the trash

§ 372. **dumating sa bahay**, to arrive home

-- Nan-di-to ba ang ta-tay? Is dad here?
-- Wa-lâ pa si-yá. He's not here yet.
-- Hin-dî pa ba du-ma-ting ang ta-tay? Hasn't dad arrive yet?
-- Hin-dî pa si-yá du-ma-ting. Wa-lâ pa si-yá. He hasn't yet arrived. He's not

-- Anóng oras ka dapat nasa paaralán?
-- A las siete media.

here yet.
— E ang na-nay, u-ma-lís na ba ang na-nay? What about mom, did she leave?
— Oo, ka-ngí-na pa si-yá u-ma-lís. Yes, she left a while ago.
— Ka-i-lán da-ra-tíng ang ta-tay? When will dad arrive?
— Ma-ma-yâ pa si-yá da-ra-tíng. It will be later when he arrives.

Ináy, nariyán na.

§ 373. **alisin ang sapatos**, to take off shoes

— Ha-li-ka-yó, pa-sok ka-yó. Please come in.
— A-li-sín nin-yo ang in-yóng sa-pa-tos, pa-ra mag-pa-hi-ngá ang in-yóng mga pa-á. Take off your shoes, so your feet can rest.

§ 374. **ihanda ang mesa**, to set the table

— Ki-kò, Cha-ri-na, ha-li-ka-yó at i-han-dâ n'yo ang me-sa. Ki-kò, Cha-ri-na, come and set the table.
— I-náy, na-ri-yán na. I'm coming, mom.
— Na-sa-án si Ki-kò? Where is Kikò?
— I-náy, na-ri-yán na. I'm coming, mom.
— Mga ba-tà, mag-hu-gas ka-yó ng ka-may, at i-han-da n'yo ang me-sa. Ma-la-pit na ta-yong ku-ma-in. Children, wash your hands and set the table. We'll eat soon.
— I-ha-han-dâ ko ang mga ping-gán. Ki-kò, i-han-dâ ang mga cu-cha-ra't te-ne-dór? I'll set the plates. Kiko, set the spoons and forks?
— O sige, at i-ha-han-dâ ko rin ang mga ba-so. OK, and I will set the glasses too.

§ 375. **maghapunan**, to have supper

-- Gu-tóm na a-kó, Nenè. I-káw, ku-ma-in ka na ba? I'm hungry, Nenè. Have you eaten?
-- Hin-dî pa a-kó ku-ma-in, Amado. Hin-dî pa akó gu-tóm. I haven't eaten, Amado. I'm not yet hungry.
-- Ma-sa-ráp ba ang pag-ka-in? Is the food delicious?
-- O-o, ma-sa-ráp ang pag-ka-in. Yes, the food is delicious.
-- Nenè, ma-ta-bâ ba a-kó? Nenè, am I fat?
-- Hin-dî, hin-dî ka ma-ta-bâ; i-káw ay pa-yát. No, you're not fat. You're slim.
-- Ku-ma-in na ba si Kikò? Has Kikò eaten?
-- O-o, ku-ma-in na si Kikò. Si Kikò at si Charina ay ku-ma-in na. Yes, Kikò has eaten. Kikò and Charina have eaten.
-- Ma-ta-bâ ba si Dino? Is Dino fat?
-- Hin-dî, hin-dî ma-ta-bâ si Dino; si-yá ay pa-yát. No, Dino is not fat. He is slim.

Anóng araw ba ngayón?

§ 376. **maghugas ng pinggan**, to wash dishes

-- Si-no ang da-pat mag-hu-gas ng ping-gan nga-yon? Whose turn is it to wash dishes?
-- Si Ki-kò pô, i-náy. It's Kiko's, mom.
-- Hin-dî pô, si Cha-ri-na, i-náy. No, mom, it's Charina's turn.
-- Ang mga a-raw ko ay Lu-nes, Mi-er-co-les at Vi-er-nes. My days are Monday, Wednesday and Friday.
-- Ta-mà, at a-kó na-mán, ang mga a-raw ko ay Mar-tés, Ju-e-ves at Sa-ba-dó. You're right, and mine are Tuesday, Thursday and Saturday.

-- Ta-mà, a-nóng a-raw ba nga-yón? Right, what day is it today?
-- Mi-er-co-lés. Ka-yâ si Cha-ri-na da-pat ang mag-hu-gas ng ping-gán. Wednesday, so it's Charina's turn to wash dishes.
-- O si-ge, Charina, a-raw mo nga-yón. OK, Charina, it's your day today.
-- Kikò, i-káw na-mán ang mag-la-bás ng ba-su-ra. Kikò, you take out the trash.
-- O-pò, i-náy. OK, mom.

§ 377. **magtapon ng basura**, to take out the trash

-- Wa-lâ na bang i-bang ba-su-ra? I-la-la-bás ko na ang mga i-tó. Is there any more trash? I'm about to take out the trash.
-- San-da-lî lang. May-ro-ón pa a-kóng i-báng i-da-dag-dág. Just a minute. I've got some more.
-- I-yóng mga ba-su-ra-han sa mga ban-yo, ti-nig-nán mo ba? The trash cans in the bathrooms, did you check them?
-- O-pò, ináy. I did, mom.
-- Ba-lu-tin mong ma-bu-ti ng plas-tic at hig-pi-tan mo ang pag-ka-ka-ta-lì u-pang hin-dî ma-nga-móy. Wrap it well in plastic and tie it up securely so it won't smell.
-- O-pò, i-náy. OK, mom.

§ 378. **Pagsásanay 14-1.** How would you say the following in Filipino?

	Answer
a. Just a minute.	
b. It's your day today.	
c. My days are Monday, Wednesday and Friday.	
d. Charina, come and set the table.	
e. I'm coming.	
f. Yes, she left a while ago.	

228 LEARN FILIPINO

	Answer
g. Is dad here?	
h. Right, what day is it today?	
i. Whose turn is it to cook?	
j. Please come in.	

Grammar: Verbs in ipág-

§ 379. **Verbs in ipág-.** Verbs in **ipág-** are object-focus verbs. The subject of the sentence is the receiver of the verb's action. **Ipág-** is a prefix; it is placed before the root word. **Ipag-** has a meaning of doing something for somebody, for example to cook for somebody, *ipaglutò*.

1 Root	2 Infinitive	3 Present	4 Past	5 Future	5
a. da-sál	ipagdasál	ipinagdarasál	ipinagdasál	ipagdarasál	to pray for s.b.
b. han-dâ	ipaghandâ	ipinaghahandâ	ipinaghandâ	ipaghahandâ	to give a feast for s.b.; also to prepare for s.b.
c. lig-pít	ipagligpít	ipinagliligpít	ipinagligpít	ipagliligpít	to put things away for s.b.
d. lu-tò	ipaglutò	ipinaglulutò	ipinaglutò	ipaglulutò	to cook for s.b.

Halimbawà:
a. Ipagdasál nating umulán. *Let us pray for rain.*
b. Ipaghahandâ kita ng hapunan. *I will prepare dinner for you.*
c. Charina, ipaglutò mo ngâ akó ng sinigáng? *Charina, will you cook me some sinigang?*
d. Maysakít si Kikò. Ipinagligpít ko siyá. *Kikò is ill. I put things away for him.*
e. Ipagdarasál kitá. *I will pray for you.*

§ 380. **Pagsásanay 14-2.** How would you say the following in Filipino?

	Answer
a. Please cook some adobo for me.	
b. Charina prayed for me	

	Answer
c. We (excl.) will prepare for you.	
d. I will no longer cook for you (s.)[333]	
e. Did you (s.) pray for me?	
f. They prepared (s.t.) for me.	
g. She put things away for me.	

Grammar: Basic sentence pattern 3

§ 381. **Pattern 3.** We are ready to learn our third sentence pattern.
We learn how to say "somebody or something does something."

§ 382. We start with a noun or pronoun
and add an **actor-focus verb**.
That's the basic pattern.

Subject	Predicate	Optional complement	Optional complement
Si Mameng	ay mag-tu-tu-rò	ng sayáw	sa escuela.
Ang mga bisita	ay nag-da-lá	ng maraming pagkain	sa picnic.
Ikáw	ay ma-ká-ka-pa-sok		sa bulwagan.
Iyón	ay hindî mang-yá-ya-ri		sa amin.

§ 383. After learning the basic pattern,
you can create your own variations.
Talk about two or more nouns or pronouns instead of just one.
Use two or more actor-focus verbs.
The sentences you can build are countless.

§ 384. **Pattern 3, Negative.** To form the negative variant of pattern 3,
add **hindî** after **ay**, when present, and before the actor-focus verb.

---

[333] Remember the pronoun combination "I – for you" in Filipino: **kitá**.

Subject	Predicate	Optional complement	Optional complement
Si Mameng	ay hindî mag-tu-tu-rò	ng sa-yáw	sa es-cu-e-la.
Ang mga bi-si-ta	ay hindî nag-da-lá	ng ma-ra-ming pag-ka-in.	
Ikáw	ay hindî ma-ká-ka-pa-sok		sa bul-wa-gan.
Iyón	ay hindî mang-yá-ya-ri.		

§ 385. **Pagsásanay 14-3.** How would you say the following in Filipino?

	Answer
a. Let's (incl.) watch a movie.	
b. Are you (s.) going to the market?	
c. I will not buy a new car.	
d. My mom will cook pansit.	
e. I wonder if he will bring a ball.[334]	
f. Do they eat vegetables?	
g. She swims[335] fast.	
h. Are you (s.) writing a book?	
i. Let's dance.[336]	
j. Where've you (pl.) been?	

---

[334] Use **kayâ** to express "I wonder if."
[335] **lu ma ngóy**, v., a.f., to swim
[336] **mag sa yáw**, v., a.f., to dance

Pattern 3: "somebody does something"

ang-phrase	actor-focus verb	opt. ng-phrase	opt. sa-phrase
Si Mameng	ay magtuturò	ng sayáw	sa escuela.
Ang mga bisita	ay nagdalá	ng pagkain	sa picnic.
Ikáw	ay hindî makakápasok		sa bulwagan.
Iyón	ay hindî mangyayari		sa bahay ko.

actor-focus verb	opt. ng-phrase	opt. sa-phrase	ang-phrase
Magtuturò	ng sayáw	sa escuela	si Mameng.
Nagdalá	ng pagkain	sa picnic	ang mga bisita.
Hindî (ka) makakápasok		sa bulwagan	(ka).
Hindî mangyayari		sa bahay ko	iyón.

Figure 14-48: Basic Sentence Pattern 3

Vocabulary

§ 386. **Vocabulary.** In this *aral* you met the following words and phrases:

a do bo, *n.,* a dish
ba lu tin, *v., o.f.,* to wrap s.t.: bi-na-ba-lot, bi-na-lot, ba-ba-lu-tin
ba su ra, *n.,* garbage
ba su ra han, *n.,* garbage can
bi si ta, *n.,* visitor
bul wa gan, *n.,* hall
cu cha ra, *n.,* spoon
ha li ka yó, *pseudo-v.,* come here, pl.
hig pi tán, *v., o.f.,* to tighten s.t.: hi-ni-hig-pi-tán, hi-nig-pi-tán, hi-hig-pi-tán
i bá, *adj.,* different
i dag dág, *v., o.f.,* to add to s.t.: i-di-na-dag-dág, i-di-nag-dág, i-da-dag-dág
i la bás, *v., o.f.,* to show or take out s.b. or s.t.: i-li-ni-la-bás, i-li-na-bás, i-la-la-bás
i pag da sál, *v., o.f.,* to pray for s.t.: i-pi-nag-da-ra-sál, i-pi-nag-da-sál, i-pag-da-ra-sál
i pag han dâ, *v., o.f.,* to prepare for s.b.: i-pi-nag-ha-han-dâ, i-pi-nag-han-dâ, i-pag-ha-han-dâ
i pag lig pít, *v., o.f.,* to put away for s.b.: i-pi-nag-li-lig-pít, i-pi-nag-lig-pít, i-pag-li-lig-pít
i pag lu tò, *v., o.f.,* tò cook for s.b.: i-pi-nag-lu-lu-tò, i-pi-nag-lu-tò, i-pag-lu-lu-tò
i pa sok, *v., o.f.,* to put s.t. i-n: i-pi-na-pa-sok, i-pi-na-sok, i-pa-pa-sok
i yó, *pron.,* your; ng-case, 2nd pers., s.
Ju e ves, *n.,* Thursday
lo lo, *n.,* grandfather
mag la bás, *v., a.f.,* to bring out: nag-la-la-bás, nag-la-bás, mag-la-la-bás
mag tu rò, *v., a.f.,* to teach: nag-tu-tu-ro, nag-tu-ro, mag-tu-tu-ro
ma ka pa sok, *v., a.f.,* to be able to go in: na-ka-ka-pa-sok, na-ka-pa-sok, ma-ka-ka-pa-sok
ma ma yâ, *adv.,* later
ma nga móy, *v., a.f.,* to smell bad: na-nga-nga-móy, na-nga-móy, ma-nga-nga-móy
mang ya ri, *v., a.f.,* to happen: nang-ya-ya-ri, nang-ya-ri, mang-ya-ya-ri
Mar tés, *n.,* Tuesday
ma u bos, *v., o.f.,* to be consu-med: na-u-u-bos, na-u-bos, ma-u-u-bos
Mi er co lés, *n.,* Wednesday
na ri yán, *adj.,* there, near you; identical to nandiyán, which see
nga yón, *adv.,* now, today
pa á, *n.,* foot

Gustó ko sanang magpatulong.

pag ka ka ta lì, *n.*, the way s.t. is tied
pa sok, *root,* enter; used in pumasok
ping gán, *n.*, plate, dish
Sa ba dó, *n.*, Saturday
sa yáw, *n.*, dance
te ne dór, *n.*, fork
u pang, *conj.*, so that
Vi er nes, *n.*, Friday

Review and checklist

§ 387. **Checklist.** In this *aral* you expected to learn to:

a. Use verbs to describe everyday activities: supper at home
b. Use verbs in **ipag**-
c. Say "somebody or somebody does something" (Sentence pattern 3), e.g., Nenè is cooking.

Answers to exercises

§ 388. **Answers to Pagsásanay 14-1.** How would you say the following in Filipino?

		Answer
a.	Just a minute.	Sandalî lang.
b.	It's your day today.	Araw mo ngayón
c.	My days are Monday, Wednesday and Friday.	Ang mga araw ko ay Lunes, Miercoles at Viernes.
d.	Charina, come and set the table.	Charina, halika at ihandâ mo ang mesa.
e.	I'm coming.	Nariyán na.
f.	Yes, she left a while ago.	Oo, kangina pa siyá umalís.
g.	Is dad here?	Nandito ba ang tatay?
h.	Right, what day is it today?	Tamâ, anóng araw ba ngayón?
i.	Whose turn is it to cook?	Sino ang dapat maglutò ngayon?
j.	Please come in.	Halikayó, pasok kayó

§ 389. **Answers to Pagsásanay 14-2.** How would you say the following in Filipino?

	Answer
a. Please cook some adobo for me.	Ipaglutò mo ngâ akó ng adobo.
b. Charina prayed for me	Ipinagdasál akó ni Charina.
c. We (excl.) will prepare for you.	Ipaghahandâ ka namin.
d. I will no longer cook for you (s.).[337]	Hindî na kitá ipaglulutò.
e. Did you (s.) pray for me?	Ipinagdasál mo ba akó?
f. They prepared (s.t.) for me.	Ipinaghandâ nilá akó.
g. She cleaned up for me.	Ipinagligpít niyá akó.

§ 390. **Answers to Pagsásanay 14-3.** How would you say the following in Filipino?

	Answer
a. Let's (incl.) watch a movie.	Manoód tayo ng cine.
b. Are you (s.) going to the market?	Pupuntá ka ba sa palengke?
c. I will not buy a new car.	Hindî akó bibilí ng bagong coche.
d. My mom will cook pansit.	Maglulutò ang nanay ko ng pansít.
e. I wonder if he will bring a ball.[338]	Magdadalá kayâ siyá ng bola?
f. Do they eat vegetables?	Kumakain ba silá ng gulay?
g. She swims[339] fast.	Mabilís siyáng lumangóy.
h. Are you (s.) writing a book?	Sumusulat ka ba ng libró?
i. Let's dance.[340]	Magsayáw tayo.
j. Where've you (pl.) been?	Saán kayó galing?

---

[337] Remember the pronoun combination "I – for you" in Filipino: **kitá**.
[338] Use **kayâ** to express "I wonder if."
[339] **lu ma ngóy**, v., a.f., to swim
[340] **mag sa yáw**, v., a.f., to dance

Maliít na gagambá

Umakyát sa sangá

Dumatíng ang ulán

Itinabóy siyá

Sumikat ang araw

Natuyô ang sangá

Maliít na gagambá

Ay laging masayá.

Cultural note: Metro Manila traffic

Figure 14-49: Stuck in metro Manila traffic

About ten million people (2000 census) live in the 636 square kilometers of the 13 cities (Quezon, Manila, Caloocan, Pasig, Valenzuela, Las Piñas, Parañaque, Makati, Marikina, Muntinlupà, Pasay, Malabón, Mandaluyong) and four municipalities (Taguig, San Juan, Navotas, Pateros) that together comprise Metro Manila.
Photo © R.A. Villanueva.

Aral Labínlimá (15): Sentence pattern 4

Lesson goals

§ 391. **Lesson goals.** In this aral you can expect to learn to:

a. Use verbs to describe everyday activities: getting ready for bed
b. Use verbs in **ipáng**-
c. Say "something happens to somebody or something" (Sentence pattern 4), e.g., The book was given by me to Charina.
d. Give a summary of the basic sentence patterns
e. Use the most frequently used verbs

Useful phrases: everyday activities, 5: getting ready for bed

§ 392. We go over the actions at home after work or school. We learn the verbs and go over typical conversations.

a. **mag-da-sál**, to pray
b. **mag-ma-no**, to kiss the hand of an elder
c. **mag-hi-la-mos**, to wash one's face
d. **ma-tu-log**, to sleep
e. **ma-na-gi-nip**, to dream
f. **mag-hi-lík**, to snore

-- Marami akóng lulutuin. Gustó mo akóng tulungan?
-- Opò, ináy.

238 LEARN FILIPINO

§ 393. **magdasal**, to pray

-- Mga ba-tà, ha-li-na ka-yó at mag-da-sál na ta-yo. Children, come and let's pray.
-- O-pò, i-náy.
-- Ki-kò, ha-li-na.
-- O-pò, i-náy.
-- Han-dà na ba ka-yóng mag-da-sál? Are you ready to pray?
-- O-pò, i-táy.
-- O si-ge. Sa-báy-sa-báy ta-yo. Sa nga-lan ng A-má, at ng A-nák, at ng Es-pi-ri-tu San-to. A-men. OK. Together now. In the name of the Father, and of the son and of the Holy Spirit. Amen.

-- Maghíhilamos lang akó.
-- Sige, akó ang susunód.

§ 394. **magmano**, to kiss the hand of an elder

-- Ma-no[341] pô, i-náy.
-- Ka-a-wa-án[342] ka ng Di-yos, a-nák.[343] God bless you, my child.

-- Ma-no pô, itáy.
-- Ka-a-wa-an ka ng Di-yos, a-nák.

§ 395. **maghilamos**, to wash one's face

-- Si-no ang na-sa ban-yo? Who's in the bathroom?

---

[341] **mag ma no**, v., a.f., to kiss the hand of an elder. This is a Filipino custom: a person says "Mano pô," then takes the hand of an elder and either kisses it or touches it to his / her own forehead.
[342] **ka a wa án**, v., o.f., to have mercy
[343] Literally, "May God have mercy on you, my child."

-- Akó.
-- Mag-ta-ta-gál ka ba? Are you going to be long?
-- Hindî, mag-hí-hi-la-mos lang a-kó. No, I'll just wash my face.
-- O si-ge, a-kó ang su-su-nód. OK, I'll be next.

-- O wa-lâ nang sa-bón.³⁴⁴ Ki-kò!

Itáy, saán ba tayo magbabakasyón ngayóng taóng itó?

§ 396. **managinip**, to dream

-- Si-no 'yong nag-sa-sa-li-tâ? Ga-bí na ah. Who's that talking. It's late.
-- Si Ki-kò, na-na-na-gi-nip. It's Kikò, dreaming.
-- Si-yá ngâ ba? Nag-sa-sa-li-tâ sa ka-ni-yáng pa-na-gi-nip? Really? He talks in his dream?
-- Oo. Nang-ya-ri nang minsan 'yan. Ka-pág yatà pa-gód na pa-gód siyá, nag-sa-sa-li-ta si-yá sa ka-ni-yáng pa-na-gi-nip. Yes. It has happened once. I think when he's very tired, he talks in his sleep.
-- Ga-no-ón ba? Is that right?

§ 397. **maghilik**, to snore

-- Amado, u-rong³⁴⁵ ka ngâ na ka-un-tî. Amado, move over a little.
-- O ba-kit? Why?

---

³⁴⁴ **sa bón**, n. soap
³⁴⁵ **u mu rong**, v., a.f., to move over, to scoot over

-- Ang la-kás[346] mong mag-hi-lík. Hin-dî akó ma-ka-tu-log. You snore so loud. I can't sleep.
-- O ga-no-ón ba? O really?
-- Oo. U-sog ka nang ka-un-tì. Yes, move over a little.
-- O si-ge. Pa-ci-en-ci-a ka na, at pa-gód na pa-gód a-kó. OK, I'm sorry, I'm very tired.
-- Hin-dî ba-le. Ma-tu-log ka u-lî. Never mind. Go back to sleep.
-- Sa-la-mat.

§ 398. **Pagsásanay 15-1.** How would you say the following in Filipino?

	Answer
a. Are you going to be long?	
b. OK, I'll be next.	
c. There's no more soap.	
d. Who's that talking?	
e. I can't sleep.	
f. That has happened once (before.)	
g. I am very tired.	
h. Move over just a bit.	
i. Never mind	
j. Go back to sleep.	

Grammar: Verbs in ipáng-

§ 399. **Verbs in ipang-.** Verbs in **ipáng-** are object-focus verbs. The subject of the sentence is the receiver of the verb's action. **Ipáng-** is a prefix; it is placed before the root word. For a better sound, **Ipáng-** becomes **ipam-** before the consonant **b: ipambilí,** to use to buy something; **ipang-** changes to **ipa-** before the consonant **m: ipamunas,** to use to wipe something.

---

[346] **la kás**, adv., strong, loud

	1 Root	2 Infinitive	3 Present	4 Past	5 Future	6
a.	ba-yad	i-pam-ba-yad	i-pi-nam-ba-ba-yad	i-pi-nam-ba-yad	i-pam-ba-ba-yad	use to pay s.t.
b.	bi-lí	ipambilí	i-pi-nam-bi-bilí	i-pi-nam-bi-lí	i-pam-bi-bi-lí	use to buy s.t.
c.	pu-nas	i-pa-mu-nas	i-pi-na-mu-mu-nas	i-pi-na-mu-nas	i-pa-mu-mu-nas	use to wipe s.t.
d.	re-ga-lo	ipangregalo	i-pi-nang-re-re-galo	i-pi-nang-re-ga-lo	ipangreregalo	use as a gift

Halimbawà:
a. Ipambayad mo itó. *Use this to pay. Pay with this.*
b. Anó ang ipambabayad mo? *What will you use to pay?*
c. Anó ang ipinamunas mo ng mesa? *What did you use to wipe the table?*
d. Mayroón ka bang ipangreregalo? *Do you have something to give as a gift?*
e. Walâ akóng ipambilí ng gasolina. *I have nothing with which to buy gas.*

Walâ akong ipambilí ng gasolina

ipang- verbs

root	infinitive	present	past	future
bi-lí	i-pam-bi-lí	i-pi-nam-bi-bi-lí	i-pi-nam-bi-lí	i-pam-bi-bi-lí
re-ga-lo	i-páng-re-ga-lo	i-pi-náng-re-re-ga-lo	i-pi-náng-re-ga-lo	i-páng-re-re-ga-lo

Figure 15-50: ipang- verbs

§ 400. **Pagsásanay 15-2.** How would you say the following in Filipino?

		Answer
a.	What did you use to pay?	
b.	I used the toy as a gift.[347]	
c.	She has no money for gas.[348]	
d.	Do you have something with which to pay?	
e.	We don't have anything with which to wipe the table.	

Grammar: Basic sentence pattern 4

§ 401. **Pattern 4.** We are ready to learn our fourth sentence pattern.
We learn how to say "somebody or something does something."

§ 402. We start with a noun or pronoun
and add an **object-focus verb**.
That's the basic pattern.

	Subject	Predicate	Optional complement	Optional complement
a.	Si Amado	ay ti-nu-lu-ngan	ko	sa palengke.
b.	Ang pansít	ay i-nu-bos.	ni Charina.	
c.	Siyá	ay i-ni-ha-tíd	ko	sa pagamutan.
d.	Itó	ay di-na-lá	ng lolo't lola.	

§ 403. After learning the basic pattern,
you can create your own variations.
Talk about two or more nouns or pronouns instead of just one.

---

[347] Use **ipangregalo**.
[348] Use **ipambilí**.

Use two or more object-focus verbs.
The sentences you can build are countless.

§ 404. **Pattern 4, Negative.** To form the negative variant of pattern 4,
add **hindî** after **ay**, when present, and before the actor-focus verb.

Subject	Predicate	Optional complement
Si Amado	ay hindî ko i-pi-na-sok	sa tra-ba-ho.
Ang pansít	ay hindî na-u-bos.	
Siyá	ay hindî ko i-ni-ha-tíd	sa pa-ga-mu-tan.

Maaabót kayâ natin ang mga bituwín?

Pattern 4: "something happens to somebody or something"

ang-phrase	object-focus verb	opt. ng-phrase	opt. sa-phrase
Si Amado	ay tinulungan	namin	sa palengke.
Ang pansít	ay naubos ngâ ba?		
Siyá	ay inihatíd	ni Badóng	sa pagamutan.
Iyón	ay hindî tatanggapin	(ko).	

Figure 15-51: Basic Sentence Pattern 4

§ 405. **Pagsásanay 15-3.** How would you say the following in Filipino?

	Answer
a. The table was set by Kikò and Charina.	
b. Was the pansit finished by you (s.)?	
c. What was cooked by you (pl.)?	
d. The gift[349] was brought by Carlos.	
e. The food was not tasted by her.	
f. The milk will by drunk by the children.	
g. Let's (incl.) hide the clutter[350].	
h. Clean your (s.) room.	
i. What will we (incl.) do?	
j. I was called by Charina.	

---

[349] **re ga lo**, n., gift
[350] **ka lat**, n., clutter

Grammar: Summary of basic sentence patterns

§ 406. **Pattern 1.** We often identify or define somebody or something. We call this sentence pattern 1.

ANG-phrase	AY ANG-phrase	opt. NG-phrase	opt. SA-phrase
a. Ang nanalo	ay si Kikò.		
b. Ang nanay ko	ay nurse.		
c. Ang may ka-ga-ga-wán	ay itó.		

§ 407. **Pattern 2.** We often describe somebody or something. We call this sentence pattern 2.

ANG-phrase	AY adjective-phrase	opt. NG-phrase	opt. SA-phrase
a. Si Kikò	ay na-ká-ka-ta-wá.		
b. Ang ka-ra-ni-wang tao	ay mabaít.		
c. Kamí	ay ma-bi-bi-lís.		
d. Iyán	ay med-yo mahirap.		

§ 408. **Pattern 3.** We often say "somebody or something does something." We call this sentence pattern 3.

ANG-phrase	AY actor-focus-verb	opt. NG-phrase	opt. SA-phrase
a. Si Mameng	ay mag-tu-tu-rò	ng sayáw	sa escuela.
b. Ang mga bisita	ay nag-da-lá	ng maraming pagkain.	
c. Ikáw	ay hindî ma-ká-ka-pa-sok		sa bulwagan.
d. Iyón	ay hindî mang-yá-ya-ri.		

§ 409. **Pattern 4.** We often say "to somebody or something happens something." We call this sentence pattern

ANG-phrase	AY object-focus-verb	opt. NG-phrase	opt. SA-phrase
a. Si Amado	ay tinulungan	ko	sa palengke.

	ANG-phrase	AY object-focus-verb	opt. NG-phrase	opt. SA-phrase
b.	Ang pansít	ay naubos ngâ ba?		
c.	Siyá	ay inihatid	ko	sa pagamutan.
d.	Iyón	ay hindî tatanggapín	(ko).	

Most frequently-used verbs

§ 410. **Most frequently-used verbs.** Here is a chart of the most frequently-used verbs in Filipino. It is sorted in alphabetical order by root word.

	Root	Infinitive	Present	Past	Future	
a.	alám	malaman	na-la-la-man	nalaman	malalaman	know s.t.
b.	alís	umalís	u-ma-a-lís	umalís	aalís	leave
c.	ayaw	umayáw	u-ma-a-yáw	umayáw	aayáw	to quit
d.	bigáy	ibigáy	i-bi-ni-bi-gáy	ibinigáy	ibibigáy	give s.t.
e.	bigáy	magbigáy	nag-bi-bi-gáy	nagbigáy	magbibigáy	give
f.	bitaw	bitawan	bi-ni-bi-ta-wan	binitawan	bibitawan	let s.t. go
g.	dalá	dalhín	di-na-da-lá	didalá	dadalhín	bring s.t.
h.	damdám	ma-ram-da-mán	na-ra-ram-da-mán	na-ram-da-mán	ma-ra-ram-da-mán	feel s.t.
i.	dinig	marinig	na-ri-ri-nig	narinig	maririnig	hear
j.	dumating	dumating	du-ma-ra-ting	dumating	darating	come
k.	gawâ	gawín	gi-na-ga-wâ	ginawâ	gagawín	do s.t.
l.	gawâ	gumawâ	gu-ma-ga-wâ	gumawâ	gagawâ	make
m.	gustó	gustuhín	gus-tó	ginustó	gugustuhín	want, like s.t.
n.	hawak	hawakan	hinahawakan	hinawakan	hahawakan	hold s.t.
o.	isip	isipin	iniisip	inisip	iisipin	think s.t.
p.	isíp	mag-isíp	nag-iisíp	nag-isíp	mag-iisíp	think
q.	kailangan	kailanganin	kailangan	kinailangan	kakailanganin	need s.t.
r.	kailangan	mangailangan	nangángailangan	nangailangan	mangángailangan	need s.t.

Root	Infinitive	Present	Past	Future	
s. kita	makita	nakikita	nakita	makikita	see
t. kuha	kunin	kinukuha	kinuha	kukunin	take s.t.
u. lagáy	ilagáy	ilinalagáy	ilinagáy	ilalagáy	place s.t.
v. puntá	pumuntá	pumupuntá	pumuntá	pupuntá	go
w. sabi	sabihin	sinásabi	sinabi	sasabihin	sáy s.t.
x. salitâ	magsalitâ	nagsalitâ	nagsasalitâ	magsasalitâ	speak
y. tanggáp	tanggapín	tinatanggáp	tinanggáp	tatanggapín	accept s.t.

§ 411. **Pagsásanay 15-4.** How would you say the following in Filipino?

	Answer
a. I received the package.[351]	
b. Did you see her?	
c. Let us place the vegetables on the table.	
d. Hold this for me.[352]	
e. Did Ben take his guitar[353]?	
f. Tell Susan, not me.	
g. Dad is thinking.	
h. They will hear you.	
i. Did the teacher[354] see you?	
j. Don't let go of the ball.	

Vocabulary

§ 412. **Vocabulary.** In this *aral* you met the following words and phrases:

    'yan, *pron.,* short for iyán
    a má, *n.,* father

---

[351] **pa ke te**, n., package
[352] para sa akin, for me
[353] **gi ta ra**, n., guitar
[354] **gu rò**, n., teacher

ba le, *expr.*, matter; used in the expression "hindî bale, " it doesn't matter
Di yos, *n.*, God
es pi ri tu, *n.*, Spirit
ha li na, *pseudo-v.*, come on
ka a wa án, *v., o.f.*, to have mercy on s.b.: ki-na-ka-a-wa-án, ki-na-a-wa-án, ka-ka-a-wa-án
ka pág, *conj.*, if
la kás, *n.*, force, strength; used in "ang lakás, " so strong
mag da sál, *v., a.f.*, to pray: nag-da-ra-sál, nag-da-sál, mag-da-ra-sál
mag hi la mos, *v., a.f.*, to wash one's face: nag-hi-hi-la-mos, nag-hi-la-mos, mag-hi-hi-la-mos
mag hi lík, *v., a.f.*, to snore: nag-hi-hi-lík, nag-hi-lík, mag-hi-hi-lík
mag sa li tâ, *v., a.f.*, to speak: nag-sa-sa-li-tâ, nag-sa-li-tâ, mag-sa-sa-li-tâ
mag ta gál, *v., a.f.*, to be long (in duration): nag-ta-ta-gál, nag-ta-gál, mag-ta-ta-gál
ma na gi nip, *v., a.f.*, to dream: na-na-na-gi-nip, na-na-gi-nip, ma-na-na-gi-nip
ma no, *n.*, hand; used in "mano pô, " said when kissing an elder's hand
min san, *adv.*, once
nga lan, *n.*, name
pa na gi nip, *n.*, dream
sa báy - sa báy, *adv.*, at the same time
sa bón, *n.*, soap
san to, *adj.*, holy, saint
su su nód, *adj.*, next
u sog, *root,* move; used in umusog, to move

Review and checklist

§ 413. **Checklist.** In this *aral* you expected to learn to:

a. Use verbs to describe everyday activities: getting ready for bed
b. Use verbs in **ipáng**-
c. Say "something happens to somebody or something" (Sentence pattern 4), e.g., The book was given by me to Charina.
d. Give a summary of the basic sentence patterns
e. Use the most frequently used verbs

Answers to exercises

§ 414. **Answers to Pagsásanay 15-1.** How would you say the following in Filipino?

	Answer
a. Are you going to be long?	Mag-ta-ta-gál ka ba?
b. OK, i'll be next.	Sige, a-kó ang su-su-nód.
c. There's no more soap.	O wa-lâ nang sa-bón
d. Who's that talking?	Si-no 'yong nag-sa-sa-li-tâ?
e. I can't sleep.	Hin-dî akó ma-ka-tu-log.
f. That has happened once (before.)	Nang-ya-ri nang minsan 'yan.
g. I am very tired.	Pagód na pagŏd akó.
h. Move over just a bit.	U-rong ka ngâ na ka-un-tî. U-sog ka nang ka-un-tî.
i. Never mind	Hindî bale.
j. Go back to sleep.	Matulog ka ulî.

§ 415. **Answers to Pagsásanay 15-2.** How would you say the following in Filipino?

	Answer
a. What did you use to pay?	Anó ang ipinambayad mo?
b. I used the toy as a gift.[355]	Ipinangregalo ko ang laruán.
c. She has no money for gas.[356]	Walâ siyáng ipambibilí ng gasolina.
d. Do you have something with which to pay?	Mayroón ka bang ipambabayad?
e. We don't have anything with which to wipe the table.	Walâ tayong ipamumunas ng mesa.

§ 416. **Answers to Pagsásanay 15-3.** How would you say the following in Filipino?

	Answer
a. The table was set by Kikò and Charina.	Ihinandâ niná Kikò at Charina ang mesa.
b. Was the pansit finished by you (s.)?	Inubos mo ba ang pansít?
c. What was cooked by you (pl.)?	Anó ang ilinutò ninyó?
d. The gift[357] was brought by Carlos.	Dinalà ni Carlos ang regalo.

---

[355] Use **ipangregalo**.
[356] Use **ipambilí**.
[357] **re ga lo**, n., gift

	Answer
e. The food was not tasted by her.	Hindî niyá tinimán ang pagkain.
f. The milk will by drunk by the children.	Iinumín ng mga bata ang gatas.
g. Let's (incl.) hide the clutter³⁵⁸.	Itagò natin ang mga kalat.
h. Clean your (s.) room.	Linisin mo ang iyóng kuwarto.
i. What will we (incl.) do?	Anó ang gagawin natin?
j. I was called by Charina.	Tinawag akó ni Charina.

§ 417. **Answers to Pagsásanay 15-4.** How would you say the following in Filipino?

	Answer
a. I received the package.³⁵⁹	Tinanggap ko ang pakete.
b. Did you see her?	Nakita mo ba siyá?
c. Let us place the vegetables on the table.	Ilagáy natin ang mga gulay sa mesa.
d. Hold this for me.³⁶⁰	Hawakan mo ngâ itó para sa akin.
e. Did Ben take his guitar³⁶¹?	Kinuha ba ni Ben and kaniyáng gitara?
f. Tell Susan, not me.	Sabihin mo kay Susan, hindî sa akin.
g. Dad is thinking.	Nag-iisip ang tatay.
h. They will hear you.	Maririníg ka nilá.
i. Did the teacher³⁶² see you?	Nakita ka ba ng gurò?
j. Don't let go of the ball.	Huwág mong bitawan ang bola.

---

[358] **ka lat**, n., clutter
[359] **pa ke te**, n., package
[360] para sa akin, for me
[361] **gi ta ra**, n., guitar
[362] **gu rò**, n., teacher

Milestone 3: You can expect to be able to:

1	2	3	4	5	6
Pronounce vowels, consonants with correct stress	Greet others; introduce yourself; say oo, opo	Say you don't understand Ask for help	Refer to persons and things as subjects: ang-case	Say: na, pa, hindî na, hindî pa, namán, ngâ, lamang	Use -um verbs: dumating, kumain, uminom, umalis
7	8	9	10	11	12
Use i-, -an, -in verbs	Refer to persons and things as "place": sa-case	Refer to persons and things as owner: ng-case	Refer to persons and things as doer of O.F. verb: ng-case	Refer to things as object of A.F. verb: ng-case	Use mag- and ma verbs
13	14	15	16	17	18
Count Tell time Talk about the weather	Say talagá, kuwán, daw / raw, baká, yatà, palá, kayâ	Ask: who, what, when, where, why, how, how many, how much	Say what you like, don't like, need: ayaw, gustó, kailangan	Say "I have" or "I don't have": walâ, mayroón, kauntì, marami	Say "I'm here" or "I'm not here": narito, walâ rito
19	20	21	22	23	24
Use verbs of sense: see, hear, taste, smell, feel	Use verbs of mind: know, think, say, agree, remember, etc.	Say: dapat, maaarì, huwág, bawal	Form and use adjectives and adverbs	Use maka-, maki- verbs	Say: kulang, tamà, labis, sobra
25	26	27	28	29	30
Say: alám, marunong, mahusay, magalíng	Use ipaki-, ipag-, ipang- verbs	Recognize and use pattern 1 sentences	Recognize and use pattern 2 sentences	Recognize and use pattern 3 sentences	Recognize and use pattern 4 sentences

Magtaním ay di Birò

Awit Bayan

Bahagi Dalawa, Part Two
Mga Usapan, Conversations

Aral Labíng-anim (16): Hindî pa ba tayo kakain?

Tampók na usapan: Featured conversation

Figure 16-53: Usapan: Hindî pa ba tayo kakain?

1. Kikò: I-náy, hin-dî pa ba ta-yo ka-ka-in?
2. Nanay: Hin-dî mu-na³⁶³, Ki-kò, hin-ta-yín³⁶⁴ na-tin ang i-yóng ta-tay.
3. Kikò: O si-ge, i-náy, ma-li-li-gò³⁶⁵ mu-na a-kó.
4. Charina: I-náy, na-sa-án³⁶⁶ si Ki-kò?

---

³⁶³ **hindî muna**, not yet; can also say *huwág muna*
³⁶⁴ **hin ta yin**, v., o.f., to wait for s.t. or s.b.
³⁶⁵ **ma li gò**, v., a.f., to take a bath
³⁶⁶ **na sa án**, question, where?

5. Nanay: Na-sa ban-yo[367], na-li-li-gò.
6. Charina: Na-sa-án ang ta-tay, i-náy?
7. Nanay: Wa-lâ pa si-yá. Hin-dî pa si-yá du-ma-tíng mu-lâ[368] sa tra-ba-ho.

Ikáw namán: Your turn

§ 418. **Pagsásanay 16-1**. Listen to the instructor or the recording. Then read the featured conversation out loud. Repeat until you can read it fluently,

§ 419. **Pagsásanay 16-2**. Say the following in Filipino:

	Answer
a. Aren't we (incl.) going to eat yet?	
b. Isn't she going to leave yet?	
c. Haven't they arrived yet?	
d. Aren't you (s.) going to sleep yet?	
e. Aren't you (s.) going to take a bath yet?	
f. Isn't he going to go to the store yet?	

§ 420. **Pagsásanay 16-3**. Say the following in Filipino:

	Answer
a. Not yet, let's wait for Kikò.	
b. Not yet, let's wait for them.	
c. Not yet, let's wait for your (pl.) mom.	
d. Not yet, let's wait for the guests.	
e. Not yet, let's wait for her.	
f. Not yet, let's wait for Kikò and Charina.	

---

[367] **ban yo**, n., bathroom
[368] **mu lâ**, prep., from

§ 421. **Pagsásanay 16-4**. Say the following in Filipino:

	Answer
a. OK, I will take a bath first.	
b. OK, she will go to the store first.	
c. OK, we (incl.) will eat first.	
d. OK, you (s.) will brush your (pl.) teeth first.	
e. OK, they will sleep first.	
f. OK, I will wash the dishes first.	

-- Itáy, nanalo na namán kamí sa football!
-- Siyá ngâ ba, OK ah.

Cultural note: Harana

Figure 15-54: "Harana" by Tony Doctor, Filipino painter. Oil on canvas.

"The **harana** was accepted as a proper and beautiful form of courtship. Between supper and midnight, the boy and his friends--he seldom went alone--would stand below the girl's window and sing **kundimans** (love songs), to the accompaniment of guitars and bandurias. If, after a few songs, the father or the mother asked them to leave, the boy might as well give hope of winning the girl. If, however, they were asked to come up, the boy could take the hospitality to mean that he had found favor in the eyes of the girl's parents. Once in the living room, the boys might sing another song or two; and the girl might reply with another song. The boys might even be given refreshments." I.V. Mallari. *Vanishing Dawn: Essays on the Vanishing Customs of the Christian Filipinos.* (Manila: Philippine Education Co., 1954). For more on Tony Doctor's paintings visit: philippineartists.com / philippineartistsgroup / tonydoctor.html.

Answers to exercises

§ 422. **Answers to Pagsásanay 16-2**. Say the following in Filipino:

		Answer
a.	Aren't we (incl.) going to eat yet?	Hindî pa ba tayo kakain?
b.	Isn't she going to leave yet?	Hindî pa ba siyá aalís?
c.	Haven't they arrived yet?	Hindî pa ba silá dumating?
d.	Aren't you (s.) going to sleep yet?	Hindî ka pa ba matutulog?
e.	Aren't you (s.) going to take a bath yet?	Hindî ka pa ba maliligò?
f.	Isn't he going to go to the store yet?	Hindî pa ba siyá pupuntá sa tindahan?

§ 423. **Answers to Pagsásanay 16-3**. Say the following in Filipino:

		Answer
a.	Not yet, let's wait for Kikò.	Hindî muna, hintayín natin si Kikò.
b.	Not yet, let's wait for them.	Hindî muna, hintayín natin silá.
c.	Not yet, let's wait for your (pl.) mom.	Hindî muna, hintayín natin ang inyóng nanay.
d.	Not yet, let's wait for the guests.	Hindî muna, hintayín natin ang mga bisita.
e.	Not yet, let's wait for her.	Hindî muna, hintayín natin siyá.
f.	Not yet, let's wait for Kikò and Charina.	Hindî muna, hintayín natin siná Kikò at Charina.

§ 424. **Answers to Pagsásanay 16-4**. Say the following in Filipino:

		Answer
a.	OK, I will take a bath first.	O sige, maliligò muna akó.
b.	OK, she will go to the store first.	O sige, pupuntá muna siyá sa tindahan.
c.	OK, we (incl.) will eat first.	O sige, kakain muna tayo.
d.	OK, you (s.) will brush your (pl.) teeth first.	O sige, magsisipilyo muna kayó.

	Answer
e. OK, they will sleep first.	O sige, matutulog muna silá.
f. OK, I will wash the dishes first.[369]	O sige, maghuhugas muna akó ng pinggán. O sige, huhugasan ko muna ang mga pinggán.

Maligayang batì!
You've reached milestone four.

---

[369] You have a choice: **maghugas ng pinggán**, actor focus, or **hugasan ang mga pinggán**, object focus.

Aral Labíngpitó (17): Anó'ng ulam natin?

Tampók na usapan: Featured conversation

Figure 16-55: Usapan: Anó'ng ulam natin?

1. Charina: I-náy, hin-dî pa ba ta-yo ka-ka-in? Gu-tóm[370] na a-kó.
2. Nanay: Ma-la-pit na[371], Cha-ri-na. Hin-ta-yín[372] na-tin ang i-yóng ta-tay.
3. Charina: I-náy, a-nó'ng u-lam[373] na-tin?
    4. Nanay: May si-ni-gáng[374] na sal-món at a-do-bong[375] ma-nók.

---

[370] **gut óm**, adj., hungry. Compare and contrast with **gutom**, malumay, n., hunger. Practice saying: **gutóm** and **gutom**.
[371] **malapit na**, expression, soon
[372] **hin ta yin**, v., o.f., to wait for s.t. or s.b.
[373] **u lam**, n., dish, entrée
[374] **sinigáng**, n., a method of cooking with lemon juice or other tart flavoring: *sinigang na baka, sinigang na salmon*.
[375] **adobo**, n., a method of cooking with soy sauce and vinegar: *pork adobo, chicken adobo*.

5. Charina: Ay ang sa-ráp[376]!
6. Tatay: A-nó ang ma-sa-ráp?
7. Charina: I-náy, i-náy, du-ma-tíng na ang ta-tay!

Ikáw namán: Your turn

§ 425. **Pagsásanay 17-1.** Listen to the instructor or the recording. Then read the featured conversation out loud. Repeat until you can read it fluently,

§ 426. **Pagsásanay 17-2.** Say the following in Filipino:

	Answer
a. I'm hungry. Aren't we (incl.) going to eat yet?	
b. What's for dinner?	
c. How delicious!	
d. She's hungry. Aren't we (incl.) going to eat yet?	
e. Kikò has arrived.	
f. Let's wait for your (pl.) father.	

§ 427. **Pagsásanay 17-3.** Say the following in Filipino:

	Answer
a. What is delicious?	
b. Soon, Kikò.	
c. He's not here yet.	
d. What's for lunch?	
e. They're hungry.	
f. The children are hungry.	

---

[376] **Ay ang saráp**, expression, oh, how delicious!; The **ay** here is not the predicate marker **ay**.

§ 428. **Pagsásanay 17-4**. Say the following in Filipino:

	Answer
a. We're not hungry yet.	
b. Chicken adobo is delicious.	
c. Salmon sinigang is delicious.	
d. They're not here yet.	
e. Aren't we (incl.) going to leave yet?	
f. Aren't you (s.) going to sleep yet?	

Hindî ba kilalá kitá?
Hindî ba ikáw si Mameng?
Hindî pô. Nagkakamalî pô kayó.

Answers to exercises

§ 429. **Answers to Pagsásanay 17-2.** Say the following in Filipino:

		Answer
a.	I'm hungry. Aren't we (incl.) going to eat yet?	Gutóm na akó. Hindî pa ba tayo kakain?
b.	What's for dinner?	Anó'ng[377] ulam natin?
c.	How delicious!	Ay ang saráp!
d.	She's hungry. Aren't we (incl.) going to eat yet?	Gutóm na siyá. Hindî pa ba tayo kakain?
e.	Kikò has arrived.	Dumatíng na si Kikò.
f.	Let's wait for your (pl.) father.	Hintayín natin ang inyóng tatay.

§ 430. **Answers to Pagsásanay 17-3.** Say the following in Filipino:

		Answer
a.	What is delicious?	Anó ang masaráp?
b.	Soon, Kikò.	Malapit na, Kikò.
c.	He's not here yet.	Walâ pa siyá.
d.	What's for lunch?	Anó'ng ulam natin?
e.	They're hungry.	Gutóm na silá.
f.	The children are hungry.	Gutóm na ang mga batà.

§ 431. **Answers to Pagsásanay 17-4.** Say the following in Filipino:

		Answer
a.	We're (excl.) not hungry yet.	Hindî pa kamí gutóm.
b.	Chicken adobo is delicious.	Masaráp ang adobong manók.
c.	Salmon sinigang is delicious.	Masaráp ang sinigáng na salmón.
d.	They're not here yet.	Walâ pa silá.
e.	Aren't we (incl.) going to leave yet?	Hindî pa ba tayo aalís?

---

[377] anó'ng = anó ang

	Answer
f. Aren't you (s.) going to sleep yet?	Hindî ka pa ba matutulog?

Hinihintáy natin ang iyóng tatay.
Malapit na tayong kumain.
Ang ulam natin ay adobong manók
at sinigáng na salmón.

Aral Labíngwaló (18): Ihandâ n'yo ang mesa

Tampók na usapan: Featured conversation

Figure 18-56: Usapan: Ihandâ n'yo ang mesa

1. Nanay: Ki-kò, Cha-ri-na, ha-lí-ka-yó[378] at i-han-dâ n'yo ang me-sa.
2. Charina: I-náy, na-ri-yán na[379].
3. Nanay: Na-sa-án si Ki-kò?
4. Kikò: I-náy, na-ri-yán na.
5. Nanay: Mga ba-tà, mag-hu-gas[380] ka-yó ng ka-máy[381], at i-han-dâ[382] ang me-

---

[378] **ha li ka yó**, v., command, come! (pl.). The singular is **halina**.
[379] **na ri yán na**, expression, I'm coming; also spelled *nandiyán na*

sa[383]. Ma-la-pit na ta-yong ku-ma-in.
6. Charina: I-ha-han-dâ ko ang mga ping-gan[384]. Ki-kò, i-han-dâ ang mga cu-cha-ra't[385] te-ne-dor[386]?
7. Kikò: O si-ge, at i-ha-han-dâ ko rin ang mga ba-so[387].

Ikáw namán: Your turn

§ 432. **Pagsásanay 18-1**. Listen to the instructor or the recording. Then read the featured conversation out loud. Repeat until you can read it fluently,

§ 433. **Pagsásanay 18-2**. Say the following in Filipino:

	Answer
a. I'm coming.	Nariyán na.
b. Where is Charina?	
c. Get the table ready.	
d. Get the car ready.	
e. We (incl.) will leave soon.	
f. We (incl.) will arrive soon.	

§ 434. **Pagsásanay 18-3**. Say the following in Filipino:

	Answer
a. Wash your (pl.) hands.	
b. I will prepare the table.	
c. You (s.) will prepare the plates.	

---

[380] **mag hu gas**, v., a.f., to wash
[381] **ka máy**, n., hand
[382] **i han dâ**, v., o.f., to prepare s.t.
[383] **me sa**, n., table
[384] **ping gán**, n., dinner plate
[385] **cu ch ara**, n., spoon; also spelled *ku tsa ra*
[386] **te ne dór**, n., fork
[387] **ba so**, n., drinking glass

	Answer
d. She will prepare the spoons and forks.	
e. He will prepare the glasses.	
f. We (incl.) will eat soon.	

§ 435. **Pagsásanay 18-4**. Say the following in Filipino:

	Answer
a. Where is father?	
b. Come, Kikò and Charina.	
c. We're coming.	
d. We (incl.) will sleep soon.	
e. They will arrive soon.	
f. You (pl.) will leave soon.	

-- Hindî mo ba kailangang mag-aral?
-- Tapós na pô akó, ináy.

Answers to exercises

§ 436. **Answers to Pagsásanay 18-2.** Say the following in Filipino:

		Answer
a.	I'm coming[388].	Nariyán na.
b.	Where is Charina?	Nasaán si Charina?
c.	Get[389] the table ready.	Ihandâ ninýo ang mesa.
d.	Get[390] the car ready.	Ihandâ mo ang coche.
e.	We (incl.) will leave soon[391].	Malapit na tayong umalís.
f.	We (incl.) will arrive soon.	Malapit na tayong dumatíng.

§ 437. **Answers to Pagsásanay 18-3.** Say the following in Filipino:

		Answer
a.	Wash[392] your (pl.) hands.	Maghugas kayó ng kamáy.
b.	I will prepare the table.	Ihahandâ ko ang mesa.
c.	You (s.) will prepare the plates.	Ihahandâ mo ang mga pinggán.
d.	She will prepare the spoons and forks.	Ihahandâ niyá ang cuhcara't tenedor.
e.	He will prepare the glasses.	Ihahandâ niyá ang baso.
f.	We (incl.) will eat soon.	Malapit na tayong kumain.

§ 438. **Answers to Pagsásanay 18-4.** Say the following in Filipino:

		Answer
a.	Where is father?	Nasaán ang tatay?
b.	Come, Kikò and Charina.	Halikayó, Kikò at Charina.
c.	We're (excl.) coming[393].	Nariyán na kami.

---

[388] Use the idiom you learned in the featured conversation, not "Darating akó."
[389] You (pl.) get the table ready.
[390] You (s.) get the car ready.
[391] Use the idiom you learned in the featured conversation.
[392] Use actor focus, **maghugas**.
[393] Use the idiom you learned in the featured conversation, not "Darating kamí."

	Answer
d. We (incl.) will sleep soon.	Malapit na tayong matulog.
e. They will arrive soon.	Malapit na siláng dumatíng.
f. You (pl.) will leave soon.	Malapit na kayóng umalís.

Ihahandâ namin ang mesa.
Ihahandâ ni Charina ang mga pinggán.
Ihahandâ ni Kikò ang mga cuchara, tenedór at mga baso.

Aral Labíngsiyám (19): Kumain ka ng gulay

Tampók na usapan

Figure 19-57: Usapan: Kumain ka ng gulay

1. Nanay: Ki-kò, ku-ma-in ka ng gu-lay[394], u-pang[395] hin-dî pu-ro kar-né[396] ang ki-na-ka-in mo.
2. Kikò: I-náy, a-yo-ko[397] ng am-pa-la-yá[398], ma-pa-ít[399].

---

[394] **gu lay**, n., vegetable
[395] **u pang**, conj., so that. More on conjunctions in Book Two.
[396] **kar né**, n., meat
[397] **a yo ko**, short for *ayaw ko*
[398] **am pa la yá**, n., bitter melon, a vegetable
[399] **ma pa ít**, adj., bitter

3. Nanay: I-tóng ok-ra, su-bu-kan[400] mo. I-káw din, Cha-ri-na, ku-ma-in ka ng gu-lay.
4. Charina: I-náy, ta-mà na sa a-kin i-tóng ka-nin at kar-né.
5. Tatay: Ba-kit[401] a-yaw n'yo ng pi-nak-bét, ang sa-ráp ah!
6. Nanay: Ay-wán ko[402] ba sa mga ba-tang i-tó, kung ba-kit a-yaw ni-lá ng gu-lay.

Ikáw namán

§ 439. **Pagsásanay 19-1.** Listen to the instructor or the recording. Then read the featured conversation out loud. Repeat until you can read it fluently,

§ 440. **Pagsásanay 19-2.** Say the following in Filipino:

	Answer
a. Eat[403] vegetables!	
b. Drink[404] water!	
c. Try[405] the okra.	
d. Try[406] the adobo.	
e. I don't like okra.	
f. I like sinigáng.	

§ 441. **Pagsásanay 19-3.** Say the following in Filipino:

	Answer
a. She doesn't like vegetables.	

---

[400] **su bu kan**, v., o.f., to try s.t.
[401] **ba kit**, question, why?
[402] **ay wán ko**, expression, I don't know; abbreviated colloquially *ewan ko*
[403] You (pl.) eat vegetables!
[404] You (s.) drink water!
[405] You (pl.) try the okra.
[406] You (s.) try the adobo.

272 LEARN FILIPINO

	Answer
b. They like rice[407].	
c. I don't know.	
d. Why don't you (s.) like vegetables?	
e. He doesn't like diet Coke.	
f. They don't like water.	

§ 442. **Pagsásanay 19-4**. Say the following in Filipino:

	Answer
a. Try[408] the water.	
b. Try[409] the sinigáng.	
c. You (s.) don't like vegetables.	
d. We (incl.) don't like adobo.	
e. They like salmon.	
f. Try[410] the pansít.	

Maaga tayong matulog.
Maaga tayong gigising.

---

[407] **ka nin**
[408] You (s.) try the water.
[409] You (pl.) try the sinigang.
[410] You (s.) try the pansit.

Achievement Test I

Fill in the blanks with the correct answer. Punuín ang mga puwáng ng mga tamang sagót.
The length of the blank is no indication of the length of the answer.
Thirty-five points total, one for each correctly filled blank.

1. _____ Kikò ay mabuti _____ batà.

2. _____ (good) ang mga anák niná Amado at Nene.

3. Ang bahay _____ Ray at Precy ay _____-lakí ng aming bahay.

4. _____ (bought) ng bagong coche _____ tatay ni Charina.

5. _____ (cooked) ng pinakbét at adobong manók si Gloria.

6. _____ _____ (has a lot of money) si Kikò.

7. Siya ay _____ (will buy) ng maraming damít, sapatos at laruán.

8. _____ _____ (has no money) si Charina.

9. _____ _____ (she needs to) humirám (= to borrow) _____ pera kay Kikò.

10. Ang tatay at nanay _____ Kikò at Charina ay _____ (good).

11. _____ (cooks) ng masarap na pagkain ang nanay para sa buóng familia.

12. _____ (likes) ni Kikò _____ adobong manók, pero _____ (does not like) niyá ng pinakbét.

13. "Kikò," sabi ng nanay noóng isang Sabado, "_____ (help) mong maglabá ang tatay, pagkatapos ng almosal. Charina, _____ (accompany) mo akóng magpuntá sa palengke. Kailangan natin_____ mamilí _____ lulutuin natin sa darating _____ linggó."

14. _____ (helped) ni Kikò ang tatay. Marunong siya_____ maglabá dahil sa _____ (taught) siya ni Charina.

15. "_____ (don't) kang _____ (to eat) ng puro karné, Charina," sabi ng nanay, "_____ (eat, imperative) ka _____ maraming gulay."

16. _____ (very happy) ang buóng mag-anak.

Kumakain ka ba ng maraming gulay? Kailangan mo iyán, upang hindî puro karné ang kinakain mo.

Answers to exercises

§ 443. **Answers to Pagsásanay 19-2.** Say the following in Filipino:

		Answer
a.	Eat[411] vegetables!	Kumain kayó ng gulay.
b.	Drink water!	Uminóm ka ng tubig.
c.	Try the okra.	Subukan ninyó ang okra.
d.	Try the adobo.	Subukan mo ang adobo.
e.	I don't like okra.	Ayaw ko ng okra. Ayoko ng okra.
f.	I like sinigáng.	Gustó ko ng sinigáng.

§ 444. **Answers to Pagsásanay 19-3.** Say the following in Filipino:

		Answer
a.	She doesn't like vegetables.	Ayaw niyá ng gulay.
b.	They like rice.	Gustó nilá ng kanin.
c.	I don't know.	Aywan. Ewan. Hindî ko alám.
d.	Why don't you (s.) like vegetables?	Bakit ayaw mo ng gulay.
e.	He doesn't like diet Coke.	Ayaw niyá ng diet Coke.
f.	They don't like water.	Ayaw nilá ng tubig.

§ 445. **Answers to Pagsásanay 19-4.** Say the following in Filipino:

		Answer
a.	Try the water.	Subukan mo ang tubig.
b.	Try the sinigang.	Subukan ninyó ang sinigang.
c.	You (s.) don't like vegetables.	Ayaw mo ng gulay.
d.	We (incl.) don't like adobo.	Ayaw natin ng adobo.
e.	They like salmon.	Gustó nilá ang salmón.
f.	Try the pansit.	Subukan mo ang pansít.

---

[411] You (pl.) eat vegetables!

Aral Dalawampû (20): Ang gustó ko ay ang crispy pata

Tampók na usapan

Figure 20-58: Usapan: Ang gustó ko ay ang crispy pata

1. Waiter: Han-dâ[412] na ba ka-yóng um-or-der[413]?
2. Amado: Mga ba-tà, a-lám n'yo ba ang gus-tó n'yo?
3. Kikò: Hin-dî ko a-lám kung gus-tó ko ng a-do-bong ma-nók o sal-món.
4. Charina: Ang gus-tó ko ay ang cris-py pa-ta[414].
5. Nenè: Cha-ri-na, mas-ya-dong[415] ma-ta-bâ[416] ang cris-py pa-ta.

---

[412] **han dâ**, adj., ready
[413] **u mor der**, v., a.f., to order
[414] **crispy pa ta**, n., deep-fried pork dish, very delicious and fat
[415] **mas ya do**, adv., too much, from Spanish *demasiado*

6. Charina: I-náy, pa-min-san-min-san[417] lang na-mán.
7. Nenè: O si-ge, pe-ro ku-ma-in ka ng ma-ra-ming gu-lay.
8. Kikò: O a-lám ko na, 'yong ni-la-gang ba-ka[418] ang gus-tó ko.

Ikáw namán

§ 446. **Pagsásanay 20-1**. Listen to the instructor or the recording. Then read the featured conversation out loud. Repeat until you can read it fluently,

§ 447. **Pagsásanay 20-2**. Say the following in Filipino:

	Answer
a. I want the crispy pata.	
b. You (s.) want the chicken adobo[419].	
c. She wants the salmon sinigang.	
d. We (incl.) want the fried rice[420].	
e. You (pl.) want the bistig.	
f. Are you (s.) ready to order?	

§ 448. **Pagsásanay 20-3**. Say the following in Filipino:

	Answer
a. Not yet.	
b. Do you (s.) know what what you (s.) want?	
c. Does she know what she wants[421]?	
d. Do we (incl.) know what we (incl.) want?	
e. The crispy pata is too fat.	
f. The bistíg is delicious.	

---

[416] **ma ta bâ**, adj., fat
[417] **pa min san-min san**, adv., once in a while
[418] **ni la gang baka**, n., a dish like soupy beef stew, with onions, garlic, peppercorns, bay leaf, potatoes, cabbage, etc.
[419] You have a choice: subject-predicate or predicate-subject order.
[420] **si na ngag**, n., fried rice
[421] Watch the placement of the pronoun. It's not the same as in the previous sentence.

§ 449. **Pagsásanay 20-4**. Say the following in Filipino:

	Answer
a. Eat[422] plenty of vegetables.	
b. Drink[423] plenty of water.	
c. Take (= eat)[424] vitamins.	
d. Do you (s.) know what she wants?	
e. Only once in a while.	
f. I don't know if I want the bistig.	

Hindî ko alám
kung gustó ko ng bistig
o sinigang na salmón.

---

[422] You (pl.) eat plenty of vegetables.
[423] You (s.) drink plenty of water.
[424] You (pl.) take (= eat) vitamins.

Paru-paróng Bukid

Awit Bayang Tagalog

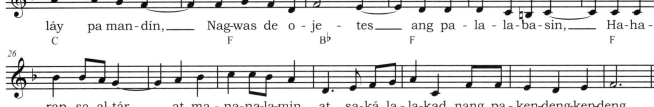

Answers to exercises

§ 450. **Answers to Pagsásanay 20-2**. Say the following in Filipino:

		Answer
a.	I want the crispy pata.	Ang gustó ko ay ang crispy pata. Ang crispy pata ang gustó ko.
b.	You (s.) want the chicken adobo.	Ang gustó mo ay ang adobong manók. Ang adobong manók ang gustó mo.
c.	She wants the salmon sinigang.	Ang gustó niyá ay ang sinigáng na salmón. Ang sinigáng na salmón ang gustó niyá.
d.	We (incl.) want the fried rice.	Gustó natin ng sinangág. Sinangág ang gustó natin.
e.	You (pl.) want the bistig.	Ang gustó mo ay ang bistíg. Ang bistíg ang gustó mo.
f.	Are you (s.) ready to order?	Handâ ka na bang umorder?

§ 451. **Answers to Pagsásanay 20-3**. Say the following in Filipino:

		Answer
a.	Not yet.	Hindî pa. Hindî muna.
b.	Do you (s.) know what what you (s.) want?	Alám mo ba ang gustó mo?
c.	Does she know what she wants?	Alám ba niyá ang gustó niyá?
d.	Do we (incl.) know what we (incl.) want?	Alám ba natin ang gustó natin?
e.	The crispy pata is too fat.	Masyadong matabâ ang crispy pata.
f.	The bistíg is delicious.	Masaráp ang bistíg. Ang bistíg ay masaráp.

§ 452. **Answers to Pagsásanay 20-4**. Say the following in Filipino:

		Answer
a.	Eat plenty of vegetables.	Kumain kayó ng maraming gulay.
b.	Drink plenty of water.	Uminóm ka ng maraming tubig.
c.	Take (= eat) vitamins.	Kumain kayó ng bitamina.
d.	Do you (s.) know what she wants?	Alám mo ba ang gustó niyá?

		Answer
e.	Only once in a while.	Paminsan-minsan lang.
f.	I don't know if I want the bistig.	Hindî ko alám kung gustó ko ng bistíg.

Maligayang batì!
You've reached milestone four.

Aral Dalawampú't-isa (21): Chef salad lang sa akin

Tampók na usapan

Figure 21-60: Usapan: Chef salad lang sa akin

1. Waiter: Kayó, ma'm, ano pô ang gustó n'yo?
2. Nanay: Chef salad lang sa akin.
3. Waiter: Kayó pô, sir?
4. Tatay: Akó, gustó ko ng bistíg[425].
5. Waiter: Gustó n'yo pô ng sinangág[426]?
6. Nanay: Oo, sige.

---

[425] **bis tíg**, n., a beef dish in soy sauce and lemon juice
[426] **si na ngág**, n., fried rice

7. Waiter: Salamat pô.

Ikáw namán

§ 453. **Pagsásanay 21-1**. Listen to the instructor or the recording. Then read the featured conversation out loud. Repeat until you can read it fluently,

§ 454. **Pagsásanay 21-2**. Say the following in Filipino:

	Answer
a. Aren't we (incl.) going to order yet?	
b. Aren't we (incl.) going to eat yet?	
c. Aren't you (s.) going to order yet?	
d. I just want a chef salad[427].	
e. I just want a Coke.	
f. You (s.) just want a sandwich.	

§ 455. **Pagsásanay 21-3**. Say the following in Filipino:

	Answer
a. Hasn't he arrived yet?	
b. Not yet.	
c. Let's wait for the waiter.	
d. Try the chef salad.	
e. Eat vegetables.	
f. Drink water.	

§ 456. **Pagsásanay 21-4**. Say the following in Filipino:

	Answer
a. Try the fried rice.	
b. I don't like rice.	

---

[427] Use the idiom you learned in the conversation.

	Answer
c. Do you (s.) know what you (s.) want?	
d. She just wants water.	
e. They want diet Coke.	
f. They don't like vegetables.	

Paano maglutò ng adobong manók:
2.5 kilong bintî ng manók; 2 tasang toyò; 2 tasang sukà;
1 buóng bawang, binalatan; 1 dahon ng laurél; pamintáng buô.
Pakuluín, tapos hinaan ang apóy, takpán; lutuin nang kalating oras.
Tapos, iprito sa kaunting mantika ng oliva.

Answers to exercises

§ 457. **Answers to Pagsásanay 21-2.** Say the following in Filipino:

		Answer
a.	Aren't we (incl.) going to order yet?	Hindî pa ba tayo oorder?
b.	Aren't we (incl.) going to eat yet?	Hindî pa ba tayo kakain?
c.	Aren't you (s.) going to order yet?	Hindî ka pa ba order?
d.	I just want a chef salad.	Chef salad lang sa akin.
e.	I just want a Coke.	Coke lang sa akin.
f.	You (s.) just want a sandwich.	Sandwich lang sa iyó.

§ 458. **Answers to Pagsásanay 21-3.** Say the following in Filipino:

		Answer
a.	Hasn't he arrived yet?	Hindî pa ba siyá dumatíng?
b.	Not yet.	Hindî pa.
c.	Let's wait for the waiter.	Hintayín natin ang waiter.
d.	Try the chef salad.	Subukán mo ang chef salad.
e.	Eat vegetables.	Kumain ka ng gulay.
f.	Drink water.	Uminóm ka ng tubig.

§ 459. **Answers to Pagsásanay 21-4.** Say the following in Filipino:

		Answer
a.	Try the fried rice.	Subukan mo ang sinangág.
b.	I don't like rice.	Ayaw ko ng kanin.
c.	Do you (s.) know what you (s.) want?	Alám mo ba ang gusó mo?
d.	She just wants water.	Tubig lang sa kaniyá.
e.	They want diet Coke.	Gustó nilá ng diet Coke.
f.	They don't like vegetables.	Ayaw nilá ng gulay.

Aral Dalawampú't-dalawá (22): Tulungan mo ngâ akóng maglabá?

Tampók na usapan

Figure 22-61: Usapan: Tulungan mo ngâ akóng maglabá

1. Kikò: Charina, tu-lu-ngan[428] mo ngâ a-kong mag-la-bá[429]? Wa-lâ na a-kóng i-su-su-ót[430].

---

[428] **tu lu ngán**, v., o.f., to help s.b.
[429] **mag la bá**, v., a.f., to wash clothes
[430] **i su su ót**, v., o.f., to wear s.t.

2. Charina: Ma-da-lî[431] lang ang mag-la-bá.
3. Charina: Pag-sa-má-sa-ma-hin[432] ang mga pu-tî, at pag-sa-má-sa-ma-hin ang mga may-ku-lay[433].
4. Kikò: Ga-no-ón ba? Ba-kit?
5. Charina: Pa-ra hin-dî ma-mán-cha-hán ang mga pu-tî ng mga may-ku-lay.
6. Kikò: Ah, ga-no-ón pa-la. O si-ge, a-lám ko na. Sa-la-mat.
7. Charina: Wa-láng a-nu-mán.

Ikáw namán

§ 460. **Pagsásanay 22-1**. Listen to the instructor or the recording. Then read the featured conversation out loud. Repeat until you can read it fluently,

§ 461. **Pagsásanay 22-2**. Say the following in Filipino:

	Answer
a. Will you (s.) help me wash clothes?	
b. Will you (s.) help me wash the dishes?	
c. Will you (s.) help me cook?	
d. It's easy to cook.	
e. It's easy to wash the dishes.	
f. It's easy to wash clothes.	

§ 462. **Pagsásanay 22-3**. Say the following in Filipino:

	Answer
a. It's easy to cook sinigang.	
b. It's easy to eat vegetables.	
c. Is that right?	

---

[431] **ma da lî**, adj., easy, quick
[432] **pag sa má-sa ma hin**, v., o.f., to put together s.t.; the **pag-in** verb family is covered in Book Two.
[433] **may ku lay**, adj., colored

288 LEARN FILIPINO

	Answer
d. Why?	
e. I see. Now I know. thanks.	
f. Will you (s.) help me wash the car?	

§ 463. **Pagsásanay 22-4**. Say the following in Filipino:

	Answer
a. It's easy to wash the car.	
b. Aren't we (incl.) going to wash the car yet?	
c. Not yet. Let's wait for father.	
d. Hasn't father arrived yet?	
e. Not yet. Let's prepare the table first.	
f. It's easy to prepare the table.	

Mainit na tubig
para sa mga putíng damít
at malamíg para sa mga maykulay.

Answers to exercises

§ 464. Answers to Pagsásanay 22-2. Say the following in Filipino:

	Answer
a. Will you (s.) help me wash clothes?	Tulungan mo ngâ akóng maglabá?
b. Will you (s.) help me wash the dishes?	Tulungan mo ngâ akóng maghugas ng mga pinggán?
c. Will you (s.) help me cook?	Tulungan mo ngâ akóng maglutò?
d. It's easy to cook.	Madalî lang ang maglutò.
e. It's easy to wash the dishes.	Madalî lang ang maghugas ng mga pinggán.
f. It's easy to wash clothes.	Madalî lang ang maglabá.

§ 465. Answers to Pagsásanay 22-3. Say the following in Filipino:

	Answer
a. It's easy to cook sinigang.	Madalî lang ang maglutò ng sinigáng.
b. It's easy to eat vegetables.	Madalî lang ang maglutò ng gulay.
c. Is that right?	Ganoón ba?
d. Why?	Bakit?
e. I see. Now I know. thanks.	Sige. Alám ko na. Salamat.
f. Will you (s.) help me wash the car?	Tulungan mo ngâ akóng maghugas ng coche?

§ 466. Answers to Pagsásanay 22-4. Say the following in Filipino:

	Answer
a. It's easy to wash the car.	Madalî lang ang maghugas ng coche.
b. Aren't we (incl.) going to wash the car yet?	Hindî pa ba tayo maghuhugas ng coche? Hindî pa ba natin huhugasan ang coche?
c. Not yet. Let's wait for father.	Hindî muna. Hintayin natin ang iyóng tatay.
d. Hasn't father arrived yet?	Hindî pa ba dumating ang tatay?
e. Not yet. Let's prepare the table first.	Hindî muna. Ihandâ muna natin ang mesa.
f. It's easy to prepare the table.	Madalî lang maghandâ ng mesa. Madalî lang

	Answer
	ihandâ ang mesa.

Gustó mo akóng tulungan?
Kailangan kong maglabá.
Alám mo ba kung paano?

Aral Dalawampú't-tatló (23): Marami tayong gagawín

Tampók na usapan

Figure 23-62: Usapan: Marami tayong gagawín

1. Nanay: Kikò, Charina, gi-sing[434] na.
2. Tatay: Hin-dî ba ma-a-ga[435] pa?
3. Nanay: O-o, pe-ro ma-ra-mi ta-yong ga-ga-wín. Kikò, Charina, gi-sing na.
4. Charina: Gi-síng na a-kó, i-náy.
5. Nanay: E si Kikò, gi-síng na ba si-yá?

---

[434] **gi sing**, pronounced malumay, is short for **gumising**, imperative for "to wake up." Compare and contrast with **gisíng**, pronounced mabilís, which is an adjective, meaning "awake." Practice saying the two: **gising** (malumay) and **gisíng** (mabilís).

[435] **ma a ga**, adv., early. Remember that in Filipino, the same word can be used as an adjective and an adverb without changing form. It is an adjective when it describes a noun or pronoun; an adverb when it describes a verb, an adjective or another adverb.

6. Kikò: Gi-síng na, i-náy.
7. Nanay: Ha-li-na ka-yó't sa-báy-sa-báy[436] ta-yong mag-al-mu-sál.

Ikáw namán

§ 467. **Pagsásanay 23-1**. Listen to the instructor or the recording. Then read the featured conversation out loud. Repeat until you can read it fluently,

§ 468. **Pagsásanay 23-2**. Say the following in Filipino:

		Answer
a.	Isn't it (still) early?	
b.	We (incl.) have a lot to do.	
c.	Isn't he awake yet?	
d.	Not yet. She's not awake yet.	
e.	I'm (already) awake.	
f.	We (excl.) are awake.	

§ 469. **Pagsásanay 23-3**. Say the following in Filipino:

		Answer
a.	Let's eat breakfast together.	
b.	Aren't we (incl.) going to eat together?	
c.	Come, you all!	
d.	Kikò, wake up.	
e.	They have a lot to do.	
f.	She has a lot to do.	

§ 470. **Pagsásanay 23-4**. Say the following in Filipino:

		Answer
a.	Let's wait for Kikò.	

---

[436] **sa báy-sa báy**, adv., at the same time, together

	Answer
b. Aren't we (incl.) going to sleep yet?	
c. He has a lot to do.	
d. He's not here yet.	
e. Hasn't he left yet?	
f. Let's wait for mother.	

Hindî pa ba tayo matutulog?

Answers to exercises

§ 471. **Answers to Pagsásanay 23-2**. Say the following in Filipino:

		Answer
a.	Isn't it (still) early?	Hindî ba maaga pa?
b.	We (incl.) have a lot to do.	Marami tayong gagawín.
c.	Isn't he awake yet?	Hindî pa ba siyá gisíng?
d.	Not yet. She's not awake yet.	Hindî pa. Hindî pa siyá gisíng.
e.	I'm (already) awake.	Gisíng na akó.
f.	We (excl.) are awake.	Gisíng na kamí.

§ 472. **Answers to Pagsásanay 23-3**. Say the following in Filipino:

		Answer
a.	Let's eat breakfast together.	Sabáy-sabáy tayong mag-almusal.
b.	Aren't we (incl.) going to eat together?	Hindî ba tayo sabá-sabáy mag-aalmusál?
c.	Come, you all!	Halikayo!
d.	Kikò, wake up.	Kikò, gising na.
e.	They have a lot to do.	Marami siláng gagawín.
f.	She has a lot to do.	Marami siyáng gagawín.

§ 473. **Answers to Pagsásanay 23-4**. Say the following in Filipino:

		Answer
a.	Let's wait for Kikò.	Hintayín natin si Kikò.
b.	Aren't we (incl.) going to sleep yet?	Hindî pa ba tayo matutulog.
c.	He has a lot to do.	Marami siyáng gagawín.
d.	He's not here yet.	Walâ pa siya.
e.	Hasn't he left yet?	Hindî pa ba siyá umalís?
f.	Let's wait for mother.	Hingatyín natin ang nanay.

Aral Dalawampú't-apat (24): Pagkatapos ng almusál

Tampók na usapan

Figure 24-63: Usapan: Pagkatapos ng almusál

1. Nanay: Kikò, pag-ka-ta-pos[437] ng al-mu-sál, tu-lu-ngán mong mag-la-bá ang ta-táy mo.
2. Kikò: O-pò, i-náy.
3. Nanay: Charina, pag-ka-ta-pos ng al-mu-sál, sa-ma-hán[438] mo a-kó sa pa-leng-ke.

---

[437] **pag ka tapos**, prep., after
[438] **sa ma han**, v., o.f., to go with s.b.

4. Nanay: Ma-mi-mi-lí[439] ta-yo ng mga lu-lu-tu-in[440] sa su-su-nód[441] na ling-gó.
5. Charina: O-pò, i-náy.

Ikáw namán

§ 474. **Pagsásanay 24-1**. Listen to the instructor or the recording. Then read the featured conversation out loud. Repeat until you can read it fluently,

§ 475. **Pagsásanay 24-2**. Say the following in Filipino:

	Answer
a. After breakfast, help your (pl.) father wash clothes.	
b. After lunch, help me wash the dishes.	
c. After supper, help Charina wash the car.	
d. Come with me to the market.	
e. Come with me to church.	
f. Come with me to the office.	

§ 476. **Pagsásanay 24-3**. Say the following in Filipino:

	Answer
a. We (incl.) have a lot to do.	
b. You (pl.) have a lot to do	
c. They have nothing to do.	
d. Let's wait for Mr. Cruz.	
e. Hasn't he arrived yet?	
f. He will arrive soon.	

---

[439] **ma mi li**, v., a.f., to go shopping, to buy a lot of things; compare and contrast with **bu mi li**, v., a.f., to buy (one or a few things)
[440] **lu tu in**, v., o.f., to cook s.t.
[441] **su su nód**, adj., next, following

§ 477. **Pagsásanay 24-4**. Say the following in Filipino:

		Answer
a.	The pansit is delicious.	
b.	I will prepare the table.	
c.	Aren't you (pl.) going to take a bath yet?	
d.	Haven't they left yet?	
e.	Is the table ready?	
f.	The car is not yet ready.	

Hindî ka pa ba maliligò?

Answers to exercises

§ 478. **Answers to Pagsásanay 24-2**. Say the following in Filipino:

		Answer
a.	After breakfast, help your (pl.) father wash clothes.	Pagkatapos ng almusal, tulungan ninyóng maglabá ang tatay ninyó.
b.	After lunch, help me wash the dishes.	Pagkatapos ng tanghalian, tulungan mo akóng maghugas ng pinggán.
C.	After supper, help Charina wash the car.	Pagkatapos ng hapunan, tulungan mong maghugas ng coche si Charina.
d.	Come with me to the market.	Samahan mo akó sa palengke.
e.	Come with me to church.	Samahan mo akó sa simbahan.
f.	Come with me to the office.	Samahan mo akó sa opisina.

§ 479. **Answers to Pagsásanay 24-3**. Say the following in Filipino:

		Answer
a.	We (incl.) have a lot to do.	Marami tayong gagawín.
b.	You (pl.) have a lot to do	Marami kayóng gagawín.
c.	They have nothing to do.	Walâ siláng gagawín.
d.	Let's wait for Mr. Cruz.	Hintayín natin si Ginoóng Cruz.
e.	Hasn't he arrived yet?	Hindî pa ba siyá dumatíng?
f.	He will arrive soon.	Malapit na siyáng dumaíng.

§ 480. **Answers to Pagsásanay 24-4**. Say the following in Filipino:

		Answer
a.	The pansit is delicious.	Masaráp ang pansít. Ang pansít ay masaráp.
b.	I will prepare the table.	Ihahandâ ko ang mesa.
c.	Aren't you (pl.) going to take a bath yet?	Hindî pa ba kayó maliligò?
d.	Haven't they left yet?	Hindî pa ba silá umalís?

	Answer
e. Is the table ready?	Handâ na ba ang mesa?
f. The car is not yet ready.	Hindî pa handâ ang coche. Ang coche ay hindî pa handâ.

Marami ka bang ginagawâ?
Gustó mong tulungan kitá?
Madalî lang ang maglutò ng adobo at sinigáng.

Aral Dalawampú't-limá (25): Tinuruan akó ni Charina

Tampók na usapan

Figure 25-64: Usapan: Tinuruan akó ni Charina

1. Tatay: Kikò, ha-li-ka. Tu-lu-ngan mo a-kóng mag-la-bá.
2. Kikò: O-pò, i-táy.
3. Tatay: A-lám mo ba kung pa-a-no ga-mi-tin ang washing machine?
4. Kikò: O-pò, i-táy. Ti-nu-ru-an[442] a-kó ni Cha-ri-na. Pag-hi-wa-la-yín[443] na-tin

---

[442] **tu ru an**, v., o.f., to be teach s.b.
[443] **pag hi wa la yín**, v., o.f., to separate s.t.; the **pag-in** verb family is covered in Book Two.

ang pu-tí sa may-ku-lay.
5. Tatay: O, ga-no-ón ba[444]?
6. Kikò: O-pò, i-táy, pa-ra hin-dî ma-mán-cha-hán[445] ang pu-tî sa may-ku-lay.
7. Tatay: OK, ma-bu-ting batà.

Ikáw namán

§ 481. **Pagsásanay 25-1**. Listen to the instructor or the recording. Then read the featured conversation out loud. Repeat until you can read it fluently,

§ 482. **Pagsásanay 25-2**. Say the following in Filipino:

		Answer
a.	Help me wash clothes.	
b.	Help me wash the car.	
c.	Help me wash the dishes.	
d.	Help me cook.	
e.	Do you (s.) know how to use the washing machine?	
f.	Do you (s.) know how to use the computer?	

§ 483. **Pagsásanay 25-3**. Say the following in Filipino:

		Answer
a.	Yes sir[446], mother taught me.	
b.	Yes sir, Charina taught me.	
c.	Is that right?	
d.	Why?	
e.	It's easy to wash the car.	

---

[444] **ga no ón ba**, expression, is that right? This is a very good expression to know.
[445] **ma man cha hán**, v., o.f., to get stained
[446] **Opò** translates to "yes, sir" or "yes, mam." Conversely, when you want to say either of these phrases, you say "opò."

f. It's easy to cook adobo.	Answer

§ 484. **Pagsásanay 25-4**. Say the following in Filipino:

	Answer
a. I need to eat.	
b. You (s.) need to sleep.	
c. She already wants to leave.	
d. They don't want to go.	
e. You (pl.) don't need to go.	
f. Why don't you (s.) like pansit?	

Achievement Test II

This is a conversation in Filipino. You will "hear" one sentence. Then you will be asked to supply the next sentence in the conversation. Hints for what you could say are given in italics.

a. Charina: Kikò, magpuntá ka ngà sa palengke. Bumilí ka ng lulutuin[447] natin para sa hapunan.

b. Kikò: OK, what will I buy?[448]: _____

c. Charina: Bumilí ka ng isáng kilong hipon, isáng buóng[449] manók, mga talóng, ampalayá, sitao[450], kamatis at kalabasa.[451]

d. Kikò: OK, I'm going.: _____

e. Charina: Kikò, mayroón ka bang pera?

f. Kikò: No, I don't have money.: _____

g. Charina: Humingi[452] ka ng pera sa itáy.

h. Kikò: Ity, pahingî ngâ ng pera. (I am going to the market.): _____

i. Tatay: Anó ang bibilhín mo?: _____

---

[447] **lu lu tu in**, gerund, that which somebody will cook, from **lutuin**, to cook something
[448] What will I buy ➔ object focus: infinitive: **bilhin**. Future aspect is **bibilhin**.
[449] **bu ô**, adj., whole
[450] **si tao**, n., string beans
[451] **ka la ba sa, n.,** squash
[452] **hu mi ngî**, v., a.f., to ask

304 LEARN FILIPINO

j. Kikò: I'm going to buy[453] what we're going to cook for dinner: a kilo of shrimp, a whole chicken, some eggplant, ampalaya, string beans, tomatoes and squash.

k. Tatay: Here's $50. Don't spend[454] it all.: _____

l. Kikò: Thanks, Dad.: _____

Huwág mong gastahíng lahát!

---

[453] **bu mi lí**, v., a.f., to buy
[454] **gas ta hín**, v, o.f., To spend something

Answers to exercises

§ 485. **Answers to Pagsásanay 25-2.** Say the following in Filipino:

	Answer
a. Help me wash clothes.	Tulungan mo ngâ akóng maglabá.
b. Help me wash the car.	Tulungan mo ngâ akóng maghugas ng coche.
c. Help me wash the dishes.	Tulungan mo ngâ akóng maghugas ng pinggán.
d. Help me cook.	Tulungan mo ngâ akóng maglutò.
e. Do you (s.) know how to use the washing machine?	Alám mo ba kung paano gamitin ang washing machine?
f. Do you (s.) know how to use the computer?	Alám mo ba kung paano gamitin ang computer?

§ 486. **Answers to Pagsásanay 25-3.** Say the following in Filipino:

	Answer
a. Yes sir[455], mother taught me.	Opò, tinuruan akó ng nanay.
b. Yes sir, Charina taught me.	Opò, tinuruan akó ni Charina.
c. Is that right?	Ganoón ba?
d. Why?	Bakit?
e. It's easy to wash the car.	Madalî lang ang maghugas ng coche.
f. It's easy to cook adobo.	Madalî lang ang maglutò ng adobo.

§ 487. **Answers to Pagsásanay 25-4.** Say the following in Filipino:

	Answer
a. I need to eat.	Kailangan kong kumain.
b. You (s.) need to sleep.	Kailangan mong matulog.
c. She already wants to leave.	Gustó na niyáng umalís.
d. They don't want to go.	Ayaw niláng magpuntá.

---

[455] **Opò** translates to "yes, sir" or "yes, mam." Conversely, when you want to say either of these phrases, you say "opò."

	Answer
e. You (pl.) don't need to go.	Hindî ninyó kailangang magpuntá.
f. Why don't you (s.) like pansit?	Bakit ayaw mo ng pansit?

Maligayang batì!
You've reached milestone five.
Keep up the good work!

Aral Dalawampú't-anim (26): Anú-anó ang lulutuin natin?

Tampók na usapan

Figure 26-65: Usapan: Anú-anó ang lulutuin natin?

1. Nanay: Ha-li-ka, Charina, gus-tó kong tu-mi-ngín ng ta-lóng[456], am-pa-la-ya[457] at ka-la-ba-sa[458].
2. Charina: O-pò, i-náy.
3. Nanay: Pag-ka-ta-pos[459], bi-bi-lí ta-yo ng kar-ne[460] ng ba-boy[461], ba-ka[462], ma-

---

[456] **ta lóng**, n., eggplant
[457] **am pa la yá**, n., bitter melon, a vegetable
[458] **ka la ba sa**, n., pumpkin squash
[459] **pag ka ta pos**, prep., afterward

nók⁴⁶³, hi-pon⁴⁶⁴, at mga is-dâ⁴⁶⁵.
4. Charina: I-náy, a-nu-a-nó⁴⁶⁶ ang lu-lu-tu-in na-tin?
5. Nanay: Mag-lu-lu-tò ta-yo ng pi-nak-bét, si-ni-gáng na is-dâ, at bis-tíg.
6. Charina: Si-ge pô, i-náy, gus-tó kong la-hát ang mga i-yón.

Ikáw namán

§ 488. **Pagsásanay 26-1**. Listen to the instructor or the recording. Then read the featured conversation out loud. Repeat until you can read it fluently,

§ 489. **Pagsásanay 26-2**. Say the following in Filipino:

	Answer
a. I want to look at vegetables.	
b. I want to look at fish.	
c. I want to look at shrimp.	
d. What are we (incl.) going to cook?	
e. What are you (pl.) going to cook?	
f. I like all of those.	

§ 490. **Pagsásanay 26-3**. Say the following in Filipino:

	Answer
a. I don't like all of those.	
b. We (incl.) will buy vegetables.	

---

⁴⁶⁰ **kar né**, n., meat; also pronounced *karne*, malumay
⁴⁶¹ **ba boy**, n., pig
⁴⁶² **ba ka**, n., cow
⁴⁶³ **ma nók**, n., poultry
⁴⁶⁴ **hi pon**, n., shrimp
⁴⁶⁵ **is dâ**, n., fish
⁴⁶⁶ **anú-anó** is the plural for **anó**, *what?* Similarly, **sinu-sino** is the plural for **sino**, *who?* Since these are pronouns, they have singular and plural forms. In contrast, we don't say "bakit-bakit" or "kailan-kailan, " as these are adverbs and as such do not change form.

c. We (incl.) will buy fruits.
d. We (incl.) will buy shrimp and fish.
e. They will cook sinigang.
f. She will cook pinakbet.

§ 491. **Pagsásanay 26-4**. Say the following in Filipino:

	Answer
a. He will wash the car.	
b. She did not prepare the table.	
c. She needs to wake up.	
d. Did you (s.) cook adobo?	
e. We (pl.) don't know.	
f. I want to study Filipino.	

Answers to exercises

§ 492. **Answers to Pagsásanay 26-2**. Say the following in Filipino:

	Answer
a. I want to look at vegetables.	Gustó kong tumingin ng gulay.
b. I want to look at fish.	Gustó kong tumingin ng isdâ.
c. I want to look at shrimp.	Gustó kong tumingin ng hipon.
d. What are we (incl.) going to cook?	Anú-anó ang mga lulutuin natin?
e. What are you (pl.) going to cook?	Anú-anó ang mga lulutuin ninyó?
f. I like all of those.	Gustó kong lahát ang mga iyón.

§ 493. **Answers to Pagsásanay 26-3**. Say the following in Filipino:

	Answer
a. I don't like all of those.	Ayaw kong lahát ang mga iyón.
b. We (incl.) will buy vegetables.	Bibilí tayo ng gulay. Bibilí tayo ng mga gulay.
c. We (incl.) will buy fruits.	Bibilí tayo ng prutas. Bibilí tayo ng mga prutas.

		Answer
d.	We (incl.) will buy shrimp and fish.	Bibilí tayo ng hipon at isdâ. Bibilí tayo ng mga hipon at isdâ.
e.	They will cook sinigang.	Maglulutò silá ng sinigáng. Silá ay maglulutò ng sinigáng.
f.	She will cook pinakbet.	Siyá ay maglulutò ng pinakbét. Maglulutò siyá ng pinakbét.

§ 494. **Answers to Pagsásanay 26-4**. Say the following in Filipino:

		Answer
a.	He will wash the car.	Huhugasan niyá ang coche.
b.	She did not prepare the table.	Hindî niyá ihinandâ ang mesa.
c.	She needs to wake up.	Kailangan niyáng gumising.
d.	Did you (s.) cook adobo?	Naglutò ka ba ng adobo?
e.	We (pl.) don't know.	Hindî namin alám.
f.	I want to study Filipino.	Gustó kong mag-aral ng Filipino.

Ináy, may bago akóng damít.
Si Kikò ay may bagong laruán.
Dalá ng tatay.

Aral Dalawampú't-pitó (27): Matagál ka bang naghintáy?

Tampók na usapan

Figure 27-66: Usapan: Matagál ka bang naghintáy?

1. Kikò: O, Charina, sa-án ka ga-ling? Ka-ni-na pa ki-tá hi-ni-hin-táy.
2. Charina: O Kikò, pa-ci-en-ci-a ka na at na-ta-ga-lán[467] a-kó.
3. Charina: Ma-ta-gál ka bang nag-hin-táy?
4. Kikò: May quin-ce mi-nu-tos. O ta-yo na, ba-ká ta-yo ma-hu-lí[468].

---

[467] **ma ta ga lan**, v., o.f., to be delayed
[468] **ma hu lí**, v., a.f., to be late

5. Charina: Hu-wág[469] kang lu-ma-kad[470] nang mas-ya-dong ma-bi-lís.
6. Charina: Hin-dî a-kó ka-síng-bi-lís mo.
7. Kikò: Bi-li-sán[471] mo, at a-yaw kong du-ma-tíng na hu-lí.

Ikáw namán

§ 495. **Pagsásanay 27-1**. Listen to the instructor or the recording. Then read the featured conversation out loud. Repeat until you can read it fluently,

§ 496. **Pagsásanay 27-2**. Say the following in Filipino:

	Answer
a. Where have you (s.) been?	
b. Sorry, I was delayed.	
c. Let's go.	
d. Have you (s.) been waiting long[472]?	
e. Don't walk so fast.	
f. Don't eat so fast.	

§ 497. **Pagsásanay 27-3**. Say the following in Filipino:

	Answer
a. I'm not as fast as you.	
b. I'm not as strong[473] as you.	
c. Hurry up.	
d. I don't want to be late.	
e. You (s.) need to arrive early.	
f. He did not prepare the car.	

---

[469] **hu wág**, don't!
[470] **lu ma kad**, v., a.f., to walk
[471] **bi li san**, v., o.f., to do something fast
[472] Use the idiom in the featured conversation. Do not translate word for word.
[473] lakás

§ 498. **Pagsásanay 27-4**. Say the following in Filipino:

	Answer
a. I will give[474] this to Charina.	
b. Can you see Kikò?	
c. We (excl.) can't hear Charina.	
d. I know what you (pl.) want.	
e. You (s.) know what they need.	
f. It's easy to make a rice cake[475].	

Marunong ka bang mag-Filipino?
Gustó mong turuan kitá?

---

[474] Hint: use the object-focus, **ibigay**, not the actor
[475] **ka la may**, n. rice cake

Achievement Test III

Express the following in Filipino:

a. Kikò: Hi, mom. What's for dinner?[476]

b. Nanay: I'm cooking beef bistig and shrimp[477] sinigang.

c. Kikò: Delicious![478] Where is Charina, mom?

d. Nanay: In her room.[479] She's studying.[480] Don't you need to study too?[481]

e. Kikò: Yes, ma'm, I will study after[482] supper.[483] Where's dad?

f. Nanay: He'll be here soon.[484]

g. Tatay: Hi, honey.[485] Hi, Kikò.

h. Nanay: Hi. How was your day?[486]

i. Kikò: Hi dad.

j. Tatay: Good. I smell something good.[487]

---

[476] For a good Filipino equivalent for "What's for dinner" say "What's our dish (entrée)?"
[477] **hi pon**, n., shrimp
[478] **Ay ang sarap!**
[479] **cu ar to**, n., room; also written kuwarto
[480] **mag-a ral**, v., a.f., to study
[481] **din**, adv., too, also = din, if the preceding word ends in a consonant; **rin**, if a vowel.
[482] **pag ka ta pos**, prep, after; followed by the ng-case
[483] **ha pu nan**, n., supper
[484] "Malapit na siyáng dumatíng."
[485] "Kumustá, mahál."
[486] "Kumustá namán ang iyóng araw?"

k. Nanay: OK, Kikò, call Charina[488], and let's go eat.

l. Charina: Hi dad.

m. Tatay: Hi Charina.

n. Kikò: The beef bistig is delicious.

o. Charina: And the shrimp sinigang too.

p. Kikò: Mom, can we go[489] to the store[490] tomorrow?

q. Charina: Me too, mom, I need a new dress.[491]

r. Kikò: I need new shoes.[492]

s. Nanay: Charina, do you have money? And you, Kikò, do you have money?

t. Charina: Yes, ma'm, but it's not enough[493] for[494] a new[495] dress.

u. Kikò: I have one thousand pesos.

v. Nanay: I will pay for half your dress, [496] Charina, and half your shoes, Kikò.

---

[487] "May naaamóy akóng mabangó."
[488] "Tawagin mo si Charina."
[489] "Puwede ba tayong magpuntá?"
[490] **tin da han**, n., store
[491] **da mit**, n., dress
[492] **sa pa tos**, n. shoes; always used in the plural
[493] **sa pát**, adj., enough
[494] **pa ra**, prep. for; adv., so that
[495] **ba go**, adj., new. Remember word linkers!
[496] "Babayaran ko ang kalahatì ng iyóng damít."

w. Charina: O mom, thanks!

x. Kikò: Thanks, mom!

y. Tatay: OK, study hard, [497] so your grades will be good![498]

Mag-aral kayóng mabuti!

---

[497] "Mag-aral nang mabuti." You have to add the correct pronoun.
[498] "Para magagandá (good) ang iyóng mga marká (grades)."

Answers to exercises

§ 499. **Answers to Pagsásanay 27-2.** Say the following in Filipino:

	Answer
a. Where have you (s.) been?	Saán ka galing?
b. Sorry, I was delayed.	Paciencia ka na, natagalán akó.
c. Let's go.	Tayo na.
d. Have you (s.) been waiting long[499]?	Matagál ka bang naghintáy?
e. Don't walk so fast.	Huwág kang lumakad nang masyadong mabilís.
f. Don't eat so fast.	Huwág kang kumain nang masyadong mabilís.

§ 500. **Answers to Pagsásanay 27-3.** Say the following in Filipino:

	Answer
a. I'm not as fast as you.	Hindî akó kasíngbilís mo.
b. I'm not as strong[500] as you.	Hindî akó kasínglakás mo.
c. Hurry up.	Bilisán mo.
d. I don't want to be late.	Ayaw kong dumatíng na hulí. Ayaw kong mahulí.
e. You (s.) need to arrive early.	Kailangan mong dumatíng na maaga.
f. He did not prepare the car.	Hindî niyá ihinandâ ang coche.

§ 501. **Answers to Pagsásanay 27-4.** Say the following in Filipino:

	Answer
a. I will give[501] this to Charina.	Ibibigáy ko itó kay Charina.
b. Can you see Kikò?	Nakikita mo ba si Kikò?
c. We (excl.) can't hear Charina.	Hindî namin naririnig si Charina.

---

[499] Use the idiom in the featured conversation. Do not translate word for word.
[500] lakás
[501] Hint: use the object-focus, **ibigay**, not the actor-focus verb **magbigay**.

d. I know what you (pl.) want.	Alám ko ang gustó ninyó.
e. You (s.) know what they need.	Alám mo ang kailangan nilá.
f. It's easy to make a rice cake[502].	Madalî lang ang gumawâ ng kalamay.

Charina, gustó mong sumama?
Pupuntá akó kilá Aling Mameng.

---

[502] **ka la may**, n. rice cake

Aral Dalawampú't-waló (28): Hindî kasya, masikíp

Tampók na usapan

Figure 28-67: Usapan: Hindî kasya, masikíp

1. Amado: Gus-tó kong tu-mi-ngín ng sa-pa-tos.
2. Tindera: A-no'ng su-kat[503] n'yo?
3. Amado: Hin-dî a-kó si-gu-ra-do[504], ba-ká size 7 o kayâ 8.
4. Tindera: A-no'ng ku-lay[505] ang gus-tó n'yo?
5. Amado: May-ro-ón bang i-tim[506] o ka-ya brown[507]?

---

[503] **su kat**, n., measure, size
[504] **si gu ra do**, adj., sure
[505] **ku lay**, n., color

6. Tindera: He-to, su-bu-kan[508] n'yo i-tó.
7. Amado: Hin-dî kas-ya[509], mas-ya-dong[510] ma-si-kíp[511].
8. Tindera: I-tó ka-yâ.

Ikáw namán

§ 502. **Pagsásanay 28-1**. Listen to the instructor or the recording. Then read the featured conversation out loud. Repeat until you can read it fluently,

§ 503. **Pagsásanay 28-2**. Say the following in Filipino:

	Answer
a. I want to look at shoes.	
b. You (s.) want to look cars.	
c. She wants to look at clothes.	
d. We (excl.) want to look at houses.	
e. I need a new car.	
f. She wants new clothes.	

§ 504. **Pagsásanay 28-3**. Say the following in Filipino:

	Answer
a. What is your (pl.) size?	
b. Here, try this.	
c. It doesn't fit. It's too long.	
d. How about this one[512]?	
e. It doesn't fit. It's too short.	

---

[506] **i tím**, adj., black
[507] There is a native Filipino word for brown, **ka yu mang gî**, used mainly to refer to skin color.
[508] **su bu kan**, v., o.f., to try something
[509] **kas ya**, short for *nagkakasya*, pres. of v., a.f., to fit
[510] **mas ya do**, adv., too
[511] **ma si kíp**, adj., tight
[512] Use the idiom in the featured conversation.

	Answer
f. It doesn't fit. It's too loose.	

§ 505. **Pagsásanay 28-4**. Say the following in Filipino:

	Answer
a. It doesn't fit. It's too tight.	
b. Did you (s.) make a rice cake?	
c. Didn't you (s.) make a rice cake?	
d. Charina gave this to me.	
e. I gave that to Charina.	
f. They gave this to her.	

Gumawâ ka raw ba ng kalamay?
Hindî ba gumawâ ka ng kalamay?

Cultural note: Pandanggo sa Ilaw

Figure 28-68: "Pandanggo sa Ilaw" by Tony Doctor, Filipino painter.

This dance of grace and balance comes from Lubang Island in Mindoro province. Pandanggo derives from Spanish fandango, a 3/4-time dance characterized by lively steps and accompanied by hand-clapping. Dancers hold *tinggoy*, oil lamps, balanced on the head and the back of each hand. *Pandanggo* is best performed in the dark. The lamps leave a neon-light-like trail of light, as dancers move their bodies, arms and hands. The light seems like that of fireflies in the night.

Photo courtesy of and © Tony Doctor. Used by permission. Visit www.philippineartists.com.

Answers to exercises

§ 506. **Answers to Pagsásanay 28-2.** Say the following in Filipino:

		Answer
a.	I want to look at shoes.	Gustô kong tumingín ng sapatos.
b.	You (s.) want to look cars.	Gustó mong tumingín ng coche.
c.	She wants to look at clothes.	Gustó niyáng tumingín ng damít.
d.	We (excl.) want to look at houses.	Gustó naming tumingín ng bahay.
e.	I need a new car.	Kailangan ko ng bagong coche.
f.	She wants new clothes.	Gustó niyá ng bagong damít.

§ 507. **Answers to Pagsásanay 28-3.** Say the following in Filipino:

		Answer
a.	What is your (pl.) size?	Anó ang sukat ninyó?
b.	Here, try this.	Heto, subukan ninyó itó.
c.	It doesn't fit. It's too long.	Hindî kasya. Mahabà. Masyadong mahabà.
d.	How about this one?	Itó kayâ?
e.	It doesn't fit. It's too short.	Hindî kasya. Maiklî. Masyadong maiklî.
f.	It doesn't fit. It's too loose.	Hindî kasya. Maluwáng. Masyadong maluwáng.

§ 508. **Answers to Pagsásanay 28-4.** Say the following in Filipino:

		Answer
a.	It doesn't fit. It's too tight.	Hindî kasya. Masyadong masikíp.
b.	Did you (s.) make a rice cake?	Gumawâ ka ba ng kalamay?
c.	Didn't you (s.) make a rice cake?	Hindî ka ba gumawâ ng kalamay?
d.	Charina gave this to me.	Ibinigay ni Charina itó sa akin. Ibinigay itó sa akin ni Charina. Ibinigay itó ni Charina sa akin.
e.	I gave that to Charina.	Ibinigay ko iyón kay Charina.
f.	They gave this to her.	Ibinigay nilá iyón sa kaniyá.

Gustó ko ng bistíg,
adobong manók,
lumpiâ,
pansít,
sinigáng na salmón at hipon,
at sinangág.

Aral Dalawampú't-siyám (29): Saán ba n'yo gustóng magpuntá?

Tampók na usapan

Figure 29-69: Saán ba n'yo gustóng magpuntá?

1. Kikò: I-tay, sa-án ba ta-yo mag-bá-ba-kas-yón⁵¹³ nga-yóng⁵¹⁴ ta-óng⁵¹⁵ i-tó?
2. Tatay: Sa-án ba n'yo gus-tóng mag-pun-tá: sa da-gat o sa Ba-gui-o?

---

⁵¹³ **mag ba kas yón**, v., a.f., to go on vacation
⁵¹⁴ **nga yon**, adj., this (period of time). *Ngayon* has many uses. Unqualified, ngayon means now. Also use it with a noun of time. *Ngayong umaga, ngayong araw, ngayong linggo, ngayong buwan, ngayong taon.*
⁵¹⁵ **ta ón**, n., year

3. Charina: Gus-tó ko sa da-gat[516].
4. Kikò: Sa-na[517] mag-pun-tá ta-yo sa Ba-gui-o[518], hin-dî pa a-kó na-ká-ka-pun-tá[519] do-ón.
5. Charina: Wa-lâ na-máng ma-gá-ga-wâ do-ón.
6. Nanay: Ta-mà[520] si Ki-kò, Cha-ri-na, hin-dî pa si-yá na-ka-pun-tá sa Ba-gui-o.
7. Tatay: O si-ge, kung ga-yón[521], sa Ba-gui-o ta-yo mag-bá-ba-kas-yón.

Ikáw namán

§ 509. **Pagsásanay 29-1**. Listen to the instructor or the recording. Then read the featured conversation out loud. Repeat until you can read it fluently,

§ 510. **Pagsásanay 29-2**. Say the following in Filipino:

		Answer
a.	Where will we eat?	
b.	Where will they sleep?	
c.	There is nothing to do there.	
d.	Have you (s.) been waiting long?	
e.	There is plenty to do here.	
f.	I want to look at houses.	

§ 511. **Pagsásanay 29-3**. Say the following in Filipino:

		Answer
a.	I have not been there.	

---

[516] **da gat**, n., sea
[517] **sa na**, an expression indicating a wish or hope
[518] **Ba gui o**, a city in the mountains, known for its temperate climate and low humidity, a favorite vacation place
[519] **ma ka pun tá**, v., a.f., to have the opportunity to go
[520] **ta mà**, adj., right, correct; **ta mang-ta mà** is exactly right
[521] **kung ga yon**, idiom, therefore, so

	Answer
b. You (s.) have been there.	
c. I want to look at clothes.	
d. Get the table ready.	
e. She's not awake yet.	
f. Don't walk so fast.	

§ 512. **Pagsásanay 29-4**. Say the following in Filipino:

	Answer
a. Amado is right.	
b. Help your mother cook.	
c. Help your father wash the car.	
d. We will buy rice and fish.	
e. I am not as fast as you.	
f. Hurry up.	

Gisíng na kayâ si Kikò?
Baká pupuntá siyá sa paaralán.
Gustó ko sanang makisabáy.

Answers to exercises

§ 513. **Answers to Pagsásanay 29-2**. Say the following in Filipino:

		Answer
a.	Where will we eat?	Saán tayo kakain? Saán ba tayo kakain?
b.	Where will they sleep?	Saán silá matutulog? Saán ba silá matutulog?
c.	There is nothing to do there.	Waláng magagawâ doón.
d.	Have you (s.) been waiting long?	Matagal ka bang naghintáy?
e.	There is plenty to do here.	Maraming magagawâ dito.
f.	I want to look at houses.	Gustó kong tumingín ng mga bahay.

§ 514. **Answers to Pagsásanay 29-3**. Say the following in Filipino:

		Answer
a.	I have not been there.	Hindî pa akó nakapuntá doón.
b.	You (s.) have been there.	Nakapuntá ka na doón.
c.	I want to look at clothes.	Gustó kong tumingín ng mga damít.
d.	Get the table ready.	Ihandâ mo ang mesa. Ihandâ ninyó ang mesa.
e.	She's not awake yet.	Hindî pa siyá gisíng.
f.	Don't walk so fast.	Huwág kang lumakad nang masyadong mabilís. Huwág kayóng lumakad nang masyadong mabilís.

§ 515. **Answers to Pagsásanay 29-4**. Say the following in Filipino:

		Answer
a.	Amado is right.	Tamà si Amado.
b.	Help your mother cook.	Tulungan mong maglutò ang iyóng nanay. Tulungan ninyóng maglutò ang inyóng nanay.
c.	Help your father wash the car.	Tulungan mong maghugas ng coche ang iyóng tatay. Tulugan ninyóng maghugas ng

		Answer
		coche ang inyóng tatay.
d.	We will buy rice and fish.	Bibilí tayo ng bigás at isdâ. Bibilí kamí ng bigás at isdâ.
e.	I am not as fast as you.	Hindî akó kasíngbilís mo.
f.	Hurry up.	Bilisán mo. Bilisán ninyó.

Ang bilís ng oras.
Malapit na akóng dumatíng sa katapusán ng libró.

Aral Tatlumpû (30): Magkano ang isáng ticket?

Tampók na usapan

Figure 30-70: Usapan: Magkano ang isáng ticket?

1. Amado: A-nóng o-ras ang su-su-nód[522] na bus pa-pun-tá[523] sa Ba-gui-o?
2. Empleado: A las on-ce.
3. Amado: May aircon[524] ba ang bus na i-yón?
4. Empleado: Oo, may aircon ang bus na i-yón.

---

[522] **su su nód**, adj., next
[523] **pa pun tá**, adj., going
[524] **air con**, short for air conditioning

5. Amado: A-nóng o-ras da-ra-tíng sa Ba-gui-o ang bus na a las once?
6. Empleado: Da-ra-tíng sa Ba-gui-o ng a las si-e-te ng ga-bí.
7. Amado: Mag-ka-no[525] ang i-sáng ticket?
8. Empleado: Li-mán-da-áng p-iso.

Ikáw namán

§ 516. **Pagsásanay 30-1**. Listen to the instructor or the recording. Then read the featured conversation out loud. Repeat until you can read it fluently,

§ 517. **Pagsásanay 30-2**. Say the following in Filipino:

	Answer
a. How much is a ticket?	
b. Four hundred pesos.	
c. What time will the bus leave?	
d. What time will the bus arrive?	
e. Does the bus have air conditioning?	
f. Does the bus have a bathroom?	

§ 518. **Pagsásanay 30-3**. Say the following in Filipino:

	Answer
a. Isn't the bus leaving yet?	
b. Hasn't the bus arrived yet?	
c. Do we (incl.) know what we (incl.) want?	
d. Will you (s.) help me cook?	
e. We (incl.) will leave soon.	
f. How much are the shoes?	

§ 519. **Pagsásanay 30-4**. Say the following in Filipino:

---

[525] **mag ka no**, how much. The word for *how many* is **ilán**?

	Answer
a. Try the fried rice.	
b. I don't like rice.	
c. Do you (s.) know what you (s.) want?	
d. She just wants water.	
e. We will leave soon.	
f. They don't like vegetables.	

Tapós na tayo ng unang aklát.
Anó kayâ ang lamán ng ikalawá?

Achievement Test IV
Say the following in Filipino:

a. It's 6:30 in the evening.[526]
b. I'm in my room waiting for supper.
c. I'm hungry, but we're waiting for my dad.
d. My mom is in the kitchen.[527]
e. Kiko is taking a shower.
f. He is singing.[528]
g. We're going to eat chicken adobo and salmon sinigang.
h. Do I like chicken adobo? Of course[529] I do.
i. I like it a lot.
j. But I don't like pinakbet.
k. My mom says I need to eat vegetables.
l. She's right.
m. I agree.
n. Yesterday we ate at a restaurant.
o. There were a lot of people, but nobody was smoking.[530]
p. We sat at a table near a window.[531]
q. I ate a lot of vegetables.
r. Mom had a salad.
s. Dad had the crispy pata.
t. Kiko ordered beef bistig.
u. We were very full.[532]
v. We talked about[533] our vacation.

---

[526] Don't express "It's." Start with "6:30."
[527] **ku si na**, n., kitchen
[528] **ku man ta**, v., a.f., to sing
[529] **si yem pre**, adv., of course
[530] **ma ni ga ril yo**, v., a.f., to smoke cigarettes
[531] **bin ta na**, n., window
[532] **bu sóg**, adj., full. Remember, to say "very," repeat the adjective, with the appropriate word linker.
[533] **pag-u sa pan**, v., o.f., to talk about

w. We will go on vacation to Baguio.
x. Kiko has never been to Baguio.
y. I don't want to go to Baguio, but[534] that's where we will go for vacation.

Answers to exercises

§ 520. **Answers to Pagsásanay 30-2.** Say the following in Filipino:

		Answer
a.	How much is a ticket?	Magkano ang isant ticket?
b.	Four hundred pesos.	Apat na raáng piso. Apat na daáng piso.
c.	What time will the bus leave?	Anóng oras aalís ang bus?
d.	What time will the bus arrive?	Anóng oras darating ang bus?
e.	Does the bus have air conditioning?	May aircon ba ang bus na iyón?
f.	Does the bus have a bathroom?	May banyo ba ang bus na iyón?

§ 521. **Answers to Pagsásanay 30-3.** Say the following in Filipino:

		Answer
a.	Isn't the bus leaving yet?	Hindî pa ba aalís ang bus.
b.	Hasn't the bus arrived yet?	Hindî pa ba dumating ang bus.
c.	Do we (incl.) know what we (incl.) want?	Alám ba natin ang gustó natin?
d.	Will you (s.) help me cook?	Tulungan mo ngâ akóng maglutò?
e.	We (incl.) will leave soon.	Malapit na tayong umalís.
f.	How much are the shoes?	Magkano ang mga sapatos?

§ 522. **Answers to Pagsásanay 30-4.** Say the following in Filipino:

		Answer
a.	Try the fried rice.	Subukan mo ang sinangág. Subukan ninyó ang sinangág.
b.	I don't like rice.	Ayaw ko ng kanin.
c.	Do you (s.) know what you (s.) want?	Alám mo ba ang gustó mo?

---

[534] **pe ro**, conj., but

		Answer
d.	She just wants water.	Tubig lang sa kaniyá.
e.	We will leave soon.	Malapit na tayong umalís. Malapit na kamíng umalís.
f.	They don't like vegetables.	Ayaw nilá ng gulay.

Maligayang batì!
You've reached milestone six
and the end of Book One.

Bahagì Tatló: Part Three
Buntót: Appendices

Standards of Achievement

How well do you know Filipino? You can measure approximately how well. The table below lists the basic skills for communicating in Filipino. They are arranged in approximate order of importance. These skills are not sufficient--but they are certainly necessary--for communicating in Filipino.

Level	Skill	Description
1	Pronounce Filipino vowels and consonants Pronounce words with correct stress	vowels consonants, especially **ng** malumay, malumì, mabilís, maragsâ
2	Say hello, please, excuse me, thank you Introduce yourself	Kumustá pô, akó pô si Charina. Mabuti pô namán. Kumustá ka, Charina. Mabuti namán. Mabuti pô naman, kumustá pô kayó? Magandáng umaga pô. Magandáng umaga rin pô. Magandáng hapon pô. Magandáng hapon din pô. Magandáng gabí pô. Magandáng gabí rin pô. Vocabulary: pô, kumusta, salamat, paciencia ka na, paciencia na po kayó, mawaláng-galang na, paki, namán, rin, lang, nga
3	Refer to persons and things as subject	si Kikò, siná Amado at Nenè, ang laruán, ang mga laruán akó, ikáw (ka), siyá, tayo, kamí, kayó, silá itó, iyán, iyón Si Kikò, si Charina, siná Amado at Nenè Ang tatay, ang nanay, ang mga anak Ang tao, ang coche, ang bus, ang pagkain Ang mga tao, ang mga coche, ang mga pagkain
4	Refer to persons and things as "place"	kay Kikò, kiná Amado at Nenè, sa mesa, sa mga mesa sa akin, sa iyó, sa kaniyá, sa atin, sa amin, sa inyó, sa kanilá ditó, diyán, doón Si Kikò, si Charina, siná Amado at Nenè sa tatay, sa nanay, sa mga anák

Level	Skill	Description
5	Refer to persons and things as owner	sa tao, sa coche, sa bus, sa pagkain sa mga tao, sa mga coche, sa mga pagkain ni Kikò, niná Amado at Nenè, ng laruán, ng mga laruán akin, iyo, kaniyá, atin, amin, inyó, kanilá nitó, niyán, noón bola ni Kikò, bola ni Charina, bahay niná Amado at Nenè coche ng tatay, damít ng nanay, laruán ng mga anak pangalan ng tao, taón ng coche, kulay ng bus, lasa ng pagkain bilang ng mga tao, edád ng mga coche, presyo ng mga pagkain
6	Refer to persons and things as doer of an object-focus verb	ni Kikò, niná Amado at Nenè, ng laruán, ng mga laruán akin, iyo, kaniyá, atin, amin, inyó, kanilá nitó, niyán, noón inubos ni Kikò, ginawâ ni Charina, inuwî niná Amado at Nenè dalá ng tatay, kinuha ng nanay, itinagò ng mga anak kailangan ng tao, binunggô ng coche, hinakot ng bus, natakpán ng pagkain ibinigáy ng mga tao, nabunggô ng mga coche, natakpán ng mga pagkain
7	Refer to persons and things as object of an actor-focus verb Use verbs in: i- -an -in	ni Kikò, niná Amado at Nenè, ng laruán, ng mga laruán akin, iyo, kaniyá, atin, amin, inyó, kanilá nitó, niyán, noón inubos ni Kikò, ginawâ ni Charina, inuwî niná Amado at Nenè dalá ng tatay, kinuha ng nanay, itinagò ng mga anak kailangan ng tao, binunggô ng coche, hinakot ng bus, natakpán ng pagkain ibinigáy ng mga tao, nabunggô ng mga coche, natakpán ng mga pagkain
8	Talk about coming and coming: a. dumating b. umalis Use -um verbs in the: present	a. dumating na akó, dumating ka na, dumating na siyá, dumating na si Amado, dumating na tayo, dumating na kamí, dumating na kayó, dumating na silá, dumating na siná Amado at Nenè b. umalís na akó, umalís ka na, umalís na siyá, umalís na si Amado, umalís na tayo, umalís na kamí, umalís na kayó, umalís na silá, umalís na siná Amado at Nenè

STANDARDS OF ACHIEVEMENT

Level	Skill	Description
	past recent past future	Dumating na si Kikò. Hindî pa umalis si Charina. Aalis na kamí. Darating pa lang silá.
9	Talk about eating and drinking: a. kumain b. uminom Use: na pa hindî na hindî pa	a. kumain na akó, kumain ka na, kumain na siyá, kumain na si Amado, kumain na tayo, kumain na kamí, kumain na kayó, kumain na silá, kumain na siná Amado at Nenè b. hindî na akó uminom, hindî ka na uminom, hindî na siyá uminom, hindî na uminom si Amado, hindî na tayo uminom, hindî na kamí uminom, hindî na kayó uminom, hindî na silá uminom, hindî na uminom siná Amado at Nenè c. hindî pa akó kumain, hindî ka pa kumain, hindî pa siyá kumain, hindî pa kumain si Amado, hindî pa tayo kumain, hindî pa kamí kumain, hindî pa kayó kumain, hindî pa silá kumain, hindî pa kumain siná Amado at Nenè d. kakain pa lang akó, kakain ka pa lang, kakain pa lang siyá, kakain pa lang si Amado, kakain pa lang tayo, kakain pa lang kamí, kakain pa lang kayó, kakain pa lang silá, kakain pa lang siná Amado at Nenè Kumain na akó. Hindî pa akó uminóm. Si Amado ay kumakain. Kumain na tayo. Hindî pa kumain siná Kikò at Charina. Vocabulary: kanin, adobo, manok, sinigang, salmon, pansít, tubig, bistíg, talong, kamatis, ampalaya, tinola
10	Use mag- and ma- verbs	maalala, maamóy, mabalì, magutom, mahalín, mahiyâ, mahulí, mahulog, mainíp, maipagbilí, makita, makuha, maligò, managinip, manalo, mananghalian, maniwalâ, manoód, mariníg, masirà, matulog, maubos, mauná, mawalâ, mag-almusál, mag-dobo, mag-agahan, mag-ingat, mag-ral, magbayad, magbihis, magbilin, magdalá, magdasál, maghapunan, maghintáy, maghugas, magkalát, maglabás, maglakad, maglarô, maglinis, maglutò, magmadalî, magpahingá, magpuntá, magsalitâ, magsikap, magtagál, magtipíd, magtrabaho, magturò, mangyari
11	Say: a. namán	Umalís na ngâ ba si Badóng? Kararating ko ngâ lamang.

Level	Skill	Description
	b. ngâ	Talagá ngâ namán si Enteng.
	c. lamang (lang)	Mayroón pa ba tayong kuwán . . . patís?
	d. talagá	Huwág mo na lang gawín iyón.
	e. kuwán	Say *kuwán* when you can't think of the word you really want to say.
12	Say:	Baká raw umulán.
	a. daw / raw	Naritó na palá kayó.
	b. baká	Magalíng na yatà ang mommy ni Rose.
	c. yatà	Magdadalá kayâ siyá ng macadamia?
	d. palá	Si Doming raw palá ang nanalo.
	e. kayâ	Totoó kayâ?
13	Ask: who, what, when, where, why, how, how many, how much	sino, ano, kailan, saan, bakit, paano, ilán, magkano
14	Say "I don't like / don't want," "I like / want", "I need": a. ayaw b. gustó c. kailangan	a. ayáw ko, ayáw mo, ayáw niya, ayáw ni Kikò, ayáw natin, ayáw namin, ayáw ninyó, ayáw nilá, ayáw niná Kikò at Charina b. gustó ko, gustó mo, gustó niya, gustó ni Kikò, gustó natin, gustó namin, gustó ninyó, gustó nilá, gustó niná Kikò at Charina c. kailangan ko, kailangan mo, kailangan niya, kailangan ni Kikò, kailangan natin, kailangan namin, kailangan ninyó, kailangan nilá, kailangan niná Kikò at Charina ayáw ko ng bagay, ayáw ko si Charina gustó ko ng bagay, gustó ko si Charina kailangan ko ng bagay, kailangan ko si Charina ayáw mong umalís, gustó niyáng umalís, kailangan niláng umalís
15	Say "I have" or "I don't have": a. walâ b. mayroón c. kauntì d. marami	a. walâ akó, walâ ka, walâ siyá, walâ si Amado, walâ tayo, walâ kamí, walâ kayó, walâ silá, walâ siná Amado at Nenè b. mayroón akó, mayroón ka, mayroón siyá, mayroón si Amado, mayroón tayo, mayroón kamí, mayroón kayó, mayroón silá, mayroón siná Amado at Nenè c. marami akó, marami ka, marami siyá, marami si Amado, marami tayo, marami kamí, marami kayó, marami silá, marami siná

STANDARDS OF ACHIEVEMENT 341

Level	Skill	Description
		Amado at Nenè walâ nang pansit, kauntî na lang ang pansit, mayroón pang pansit, marami pang pansit walâ nang gasolina, kauntî na lang ang gasolina, mayroón pang gasolina, marami pang gasolina
16	Use the most common verbs of sense: a. see b. hear c. smell d. taste e. feel	a. nakikita ko, nakikita mo, nakikita niya, nakikita ni Kikò, nakikita natin, nakikita namin, nakikita ninyó, nakikita nilá, nakikita niná Kikò at Charina b. naririnig ko, naririnig mo, naririnig niya, naririnig ni Kikò, naririnig natin, naririnig namin, naririnig ninyó, naririnig nilá, naririnig niná Kikò at Charina c. nararamdaman ko, nararamdaman mo, nararamdaman niya, nararamdaman ni Kikò, nararamdaman natin, nararamdaman namin, nararamdaman ninyó, nararamdaman nilá, nararamdaman niná Kikò at Charina
17	Say "I'm here" or "I'm not here" a. narito b. nariyán c. naroon	a. narito akó, narito ka, narito siyá, narito si Amado, narito tayo, narito kamí, narito kayó, narito silá, narito siná Amado at Nenè b. nariyán akó, nariyán ka, nariyán siyá, nariyán si Amado, nariyán tayo, nariyán kamí, nariyán kayó, nariyán silá, nariyán siná Amado at Nenè c. naroón akó, naroón ka, naroón siyá, naroón si Amado, naroón tayo, naroón kamí, naroón kayó, naroón silá, naroón siná Amado at Nenè d. walâ akó rito, walâ ka rito, walâ siyá rito, walâ si Amado rito, walâ tayo rito, walâ kamí rito, walâ kayó rito, walâ silá rito, walâ siná Amado at Nenè rito e. walâ akó riyán, walâ ka riyán, walâ siyá riyán, walâ si Amado riyán, walâ tayo riyán, walâ kamí riyán, walâ kayó riyán, walâ silá riyán, walâ siná Amado at Nenè riyán f. walâ akó roón, walâ ka roón, walâ siyá roón, walâ si Amado roón, walâ tayo roón, walâ kamí roón, walâ kayó roón, walâ silá roón, walâ

Level	Skill	Description
		siná Amado at Nenè roón
		narito na, nariyán na, naroón na, walâ na
		narito pa, nariyán pa, naroón pa, walâ pa
18	Use the most common verbs of mind: a. know b. think c. say d. remember e. forget f. agree g. disagree h. believe	a. alám ko, alám mo, alám niyá, alám ni Kikò, alám natin, alám namin, alám ninyó, alám nilá, alám niná Kikò at Charina b. iniisip ko, iniisip mo, iniisip niyá, iniisip ni Kikò, iniisip natin, iniisip namin, iniisip ninyó, iniisip nilá, iniisip niná Kikò at Charina c. sinabi ko, sinabi mo, sinabi niyá, sinabi ni Kikò, sinabi natin, sinabi namin, sinabi ninyó, sinabi nilá, sinabi niná Kikò at Charina d. nakalimutan ko, nakalimutan mo, nakalimutan niyá, nakalimutan ni Kikò, nakalimutan natin, nakalimutan namin, naririnig ninyó, nakalimutan nilá, nakalimutan niná Kikò at Charina
19	Say: a. dapat b. maaarì c. huwág d. bawal	Dapat magaral si Kikò. Dapat siyáng magaral. Dapat tayong magmadalî. Dapat kamíng mag-ingat. Maaaring pumasá si Kikò. Maaarì siyáng pumasá. Maaarì tayong suwertehín. Maaarì na kayóng lumabás. Maaaring manoód ng cine siná Amado at Nenè. Huwág mo akóng lolokohin. Huwág ka nang maglarô, baká tayo mahuli. Bawal magkalát.
20	Say: a. kulang b. tamà c. labis, sobra	Kulang ang alat ng ulam. Tamang-tamà lang ang asim ng sinigáng. Masyadong maalat ang adobo. Kulang ang aking pera. Tamang-tamà lang ang dalá kong pera. Masyadong mahál ang bilihin. Sobra ang init sa palengke.
21	Say: a. alám b. marunong c. mahusay d. magalíng	Alám ko ito. Alám ko iyán. Alám ko iyón. . Magalíng akong magbasketball. Marunong ka bang maglutò? Hindî siyá magaling kumanta.

Level	Skill	Description
22	Use maka- and maki- verbs	Nakatulog ka ba? Hindî kamí nakakain. Makikisakáy sana si Celia sa atin. Puwede bang makisabáy sa inyó?
23	Use ipaki-, ipag- ang ipang- verbs	Ipakigawâ mo ngâ akó ng damít? Walâ akóng impabili ng maiinóm Mayroón ba tayong ipambabayad sa ilaw? Ipaglulutò ko ng dinuguan si Kikò. Ipinágdarasál ka namin.

Answers to Achievement Test III

a. Kikò: Kumustá pô, inay. Anó'ng ulam natin?
b. Nanay: Naglulutò akó ng bistíg na vaca at sinigáng ng hipon.
c. Kikò: Ay, ang saráp! Inay, nasaán si Charina?
d. Nanay: Nasa cuarto. Nag-aaral siyá. Hindî ba kailangan mo ring mag-aral?
e. Kikò: Opo, mag-aaral akó pagkatapos ng hapunan. Nasaán ang tatay, ináy?
f. Nanay: Malapit na siyáng dumatíng.
g. Tatay: Kumustá, mahaál. Kumustá, Kikò.
h. Nanay: Kumustá. Kumustá namán ang iyóng araw?
i. Tatay: Mabuti. May naaamóy akóng mabangó.
j. Nanay: O sige, Kikò, tawagin mo na si Charina, at kumain na tayo.
k. Charina: Kumustá pô, itáy.
l. Tatay: Kumustá, Charina.
m. Kikò: Ang saráp ng bistíg na baka.
n. Charina: At ang sinigáng na hipon din.
o. Kikò: Ináy, puwede pô ba tayong magpuntá sa palengke bukas?
p. Charina: Akó rin, ináy, kailangan ko pô ng bagong damít.
q. Kikò: Kailangan ko pô ng bagong sapatos.
r. Nanay: Charina, mayroón ka bang pera? At ikáw, Kikò, mayroón ka bang pera?
s. Charina: Opò, pero hindî po sapát para sa isáng bagong damít.
t. Kikò: Mayroón po akóng isang libong piso.
u. Nanay: Babayaran ko ang kalahatì ng iyóng damít, Charina, at kalahati ng iyóng sapatos, Kikò.
v. Charina: Ay, ináy, salamat pô!
w. Kikò: Salamat pô, inay.
x. Tatay: O sige, mag-aral kayó nang mabuti, para magagandá ang iyóng mga marká!

Glossary

For verbs, the infinitive is given as the main entry. As part of the definition the principal parts are also given and in this order: present, past, future, e.g.:

ba ya ran, *v., o.f.,* to pay s.b.: bi-na-ba-ya-ran, bi-na-ya-ran, ba-ba-ya-ran

present: bi-na-ba-ya-ran
past: bi-na-ya-ran
future: ba-ba-ya-ran

'yan, *pron.,* short for iyán
'yon, *pron.,* short for iyón
a do bo, *n.,* a dish
a kin, *pron.,* my, s., ng-case, before
a kó, *pron.,* I, ang-case
a lám, *root,* know; short for nalalaman
a li sín, *v., o.f.,* to remove s.t.: i-na-a-lís, i-na-lís, a-a-li-sín
a má, *n.,* father
a min, *pron.,* our
a nák, *n.,* child
ang, *marker,* ang-case, non-personal, s.
a nó, *pron.,* what? s.
a nu - a no, *pron.,* what? pl.
a nu mán, *pron.,* whatever
a ra ling - ba hay, *n.,* home work
a raw, *n.,* day, sun
a sa han, *v., o.f.,* to expect s.t.: i-na-a-sa-han, i-na-sa-han, a-a-sa-han
a sin, *n.,* salt
at, *conj.,* and
a te, *n.,* older sister
a tin, *pron.,* our; ng-case, 1st pers., pl., incl., before
a trás, *root,* backward; short for umatras, v., a.f.
a van te, a bante, *root,* forward; short for umabante, v., a.f.

a wà, *n.,* mercy
ay, *marker,* predicate marker
a yaw, *pseudo-v.,* don't like, don't want
ay wán, I don't know

ba, *marker,* question marker; presence in sentence makes sentence a question
ba gal, *root,* slow; used in "ang bagal, " so slow!
ba go, *adj.,* new
bag yó, *n.,* storm
ba hay, *n.,* house, home
ba ít, *root,* good; used in "ang baít, " so good!
ba ká, *adv.,* maybe, perhaps
ba kit, *adv.,* why?
ba le, *expr.,* matter; used in the expression "hindî bale, " it doesn't matter
ba lut, *n.,* a duck egg delicacy
ba lu tin, *v., o.f.,* to wrap s.t.: bi-na-ba-lot, bi-na-lot, ba-ba-lu-tin
ban yo, *n.,* bathroom
ba on, *n.,* packed lunch
bar yá, *n.,* change (money)
ba so, *n.,* glass, cup
ba su ra, *n.,* garbage
ba su ra han, *n.,* garbage can
ba tà, *n.,* young person
Ba tang as, *n.,* name of a province south of Manila
ba wal, *pseudo-v.,* forbidden
ba wat, *adj.,* each
ba ya ran, *v., o.f.,* to pay s.b.: bi-na-ba-ya-ran, bi-na-ya-ran, ba-ba-ya-ran
bil hín, *v., o.f.,* to buy s.t.: bi-ni-bi-lí, bi-ni-lí, bi-bil-hín
bi si ta, *n.,* visitor
bi tu wín, *n.,* star
bu hók, *n.,* hair
bu kas, *adv.,* tomorrow
bul wa gan, *n.,* hall
bu ma ngon, *v., a.f.,* to get up: bu-ma-ba-ngon, bu-ma-ngon, ba-ba-ngon
bu mi li, *v., a.f.,* to buy: bu-mi-bi-lí, bu-mi-lí, bi-bi-lí
bu sóg, *adj.,* full, not hungry

ca pé, *n.,* coffee
chi ne las, *n.,* slippers
cin co, *numeral,* five
ci ne, *n.,* movie
co che, ko tse, *n.,* car
con di ci on, *n.,* condition
cu a tro, *numeral,* four
cu cha ra, *n.,* spoon
cu cha ri ta, *n.,* teaspoon

da a nan, *v., o.f.,* to pass by s.t.: di-na-da-a-nan, di-na-a-nan, da-da-a-nan
da la wá, *numeral,* two
dal hín, *v., o.f.,* to carry, take s.t.: di-nadalá, di-nalá, da-dal-hin
da li rì, *n.,* finger
da mi, *root,* many; used in "ang dami, " so many!
da mít, *n.,* dress, clothing
da pat, *pseudo-v.,* should
da tí ra ti'y, *adv.,* in the past
daw, *adv.,* "they say"; identical to raw
de re cho, de re tso, *root,* straight ahead; short for dumerecho, v., a.f.
din, *adv.,* also
di to, *adj.,* here
Di yós, *n.,* God
do ce, *numeral,* twelve
do ón, *pron.,* there, far from speaker and kausap
dos, *numeral,* two
du ma án, *v., a.f.,* to pass: du-ma-ra-án (du-ma-da-án), du-ma-án, da-ra-án (da-da-án)
du ma ting, *v., a.f.,* to arrive: du-ma-ra-tíng (du-ma-da-tíng), du-ma-tíng, da-ra-tíng (da-da-tíng)
du mu mi, *v., a.f.,* to take a dump: du-mu-du-mí, du-mu-mí, du-du-mí

eh, *interj.,* eh!
es cu e la, *n.,* school
es pi ri tu, *n.,* Spirit
ga bí, *n.,* evening, night
ga ling, *root,* short for nanggaling
ga mi tin, *v., o.f.,* to use s.t.: gi-na-ga-mit, gi-na-mit, ga-ga-mi-tin
ga mót, *n.,* medicine
ga no ón, *pron.,* that way; used in the expression "Ganoón ba?" Is that right?
ga so li na, *n.,* gas
ga so li na han, *n.,* gas station
ga tas, *n.,* milk
ga wín, *v., o.f.,* to ma-ke s.t.: gi-na-ga-wâ, gi-na-wâ, ga-ga-win
ga yón, *pron.,* that way
gi sing, *root,* wake up; used in gumising
gu lay, *n.,* vegetable
gu mas tos, *v., a.f.,* to spend money: gu-ma-gas-tos, gu-mas-tos, ga-gas-tos
gu ma wâ, *v., a.f.,* to do, to make: gu-ma-ga-wâ, gu-ma-wâ, ga-ga-wâ
gu mi sing, *v., a.f.,* to wake up: gu-mi-gi-sing, gu-mi-sing, gi-gi-sing
gus tó, *pseudo-v.,* to like, to want
gus tong - gus tó, *v., o.f.,* like very much
gu tóm, *adj.,* hungry

ha, *interj.,* ha!
ha bang, *conj.,* while
ha li ka, *pseudo-v.,* come here, s.
ha li ka yó, *pseudo-v.,* come here, pl.
ha lim ba wà, *n.,* example
ha li na, *pseudo-v.,* come on
han dà, *adj.,* ready
hang gáng, *prep.,* until
ha ngin, *n.,* wind
ha pon, *n.,* afternoon
ha ráp, *n.,* front; used in sa haráp
ha wa kan, *v., o.f.,* to hold s.t.: hi-na-ha-wa-kan, hi-na-wa-kan, ha-ha-wa-kan
hig pi tán, *v., o.f.,* to tighten s.t.: hi-ni-hig-pi-tán, hi-nig-pi-tán, hi-hig-pi-tán
hi la gà, *n.,* North
hin dī, *adv.,* no, not
hu lí, *adj.,* late
hu min tô, *v., a.f.,* to stop: hu-mi-hin-tô, hu-mi-n-tô, hi-hin-tô

hu wág, *pseudo-v.,* don't!

i bá, *adj.,* different
i ba bâ, *n.,* down; used in sa ibabâ
i bi gáy, *v., o.f.,* to give s.t.: i-bi-ni-bi-gáy, i-bi-ni-gáy, i-bi-bi-gáy
i bi gin, *v., o.f.,* to love s.t.: i-ni-i-big, i-ni-big, i-i-bi-gin
i dág dág, *v., o.f.,* to add to s.t.: i-di-na-dag-dág, i-di-nag-dág, i-da-dag-dág
i han dâ, *v., o.f.,* to prepare s.t.: i-hi-na-han-dâ (or i-ni-ha-han-dâ), i-hi-nan-dâ (or i-ni-han-dâ), i-ha-han-dâ
i ha tíd, *v., o.f.,* to deliver s.t.: i-hi-na-ha-tíd (or i-ni-ha-ha-tíd), i-hi-na-tíd (or i-ni-ha-tíd), i-ha-ha-tíd
i ká sam pû, *adj.,* tenth
i káw, *pron.,* you, s., ang-case, before verb
i la bás, *v., o.f.,* to show or take out s.b. or s.t.: i-li-ni-la-bás, i-li-na-bás, i-la-la-bás
i la gáy, *v., o.f.,* to put s.t.: i-li-na-la-gáy, i-li-na-gáy, i-la-la-gáy
i lán, *adj.,* how many?
I lo cos, *n.,* name of a region in the North
i lóng, *n.,* nose
i lu tò, *v., o.f.,* to cook s.t.: i-li-nu-lu-tò, i-li-nu-tò, lu-lu-tu-in
im po sib le, *adj.,* impossible
i náy, *n.,* mother
i nu mín, *v., o.f.,* to drink s.t.: i-ni-i-nóm, i-ni-nóm, i-i-nu-min
in yó, *pron.,* your; ng-case, 2nd pers., pl., before
i pag da sál, *v., o.f.,* to pray for s.t.: i-pi-nag-da-ra-sál, i-pi-nag-da-sál, i-pag-da-ra-sál
i pag han dâ, *v., o.f.,* to prepare for s.b.: i-pi-nag-ha-han-dâ, i-pi-nag-han-dâ, i-pag-ha-han-dâ
i pag lig pít, *v., o.f.,* to put away for s.b.: i-pi-nag-li-lig-pít, i-pi-nag-lig-pít, i-pag-li-lig-pít
i pag lu tò, *v., o.f.,* tò cook for s.b.: i-pi-nag-lu-lu-tò, i-pi-nag-lu-tò, i-pag-lu-lu-tò
i pa ki bi lí, *v., a.f.,* to please buy s.t. for s.b.: i-pi-na-ki-ki-bi-lí, i-pi-na-ki-bi-lí, i-pa-ki-ki-bi-lí
i pa sok, *v., o.f.,* to put s.t. i-n: i-pi-na-pa-sok, i-pi-na-sok, i-pa-pa-sok
i sá, *numeral,* one

i ta ás, *n.,* up; used in sa itaás
i ta gò, *v., o.f.,* to hide s.t.: i-ti-na-ta-gò, i-ti-na-gò, i-ta-ta-gò
i táy, *n.,* father
i tó, *pron.,* this; ang-case, impers.
i wa nan, *v., o.f.,* to leave s.t.: i-ni-i-wa-nan, i-ni-wa-nan, i-i-wa-nan
i yán, *pron.,* that, near speaker
i yó, *pron.,* your; ng-case, 2nd pers., s.
i yón, *pron.,* that; ang-case, impers., that, for from speaker and kausap

Jo li bee, *n.,* a burger place
Ju e ves, *n.,* Thursday

ka, *pron.,* you, s., ang-case, after verb
ka a gád, *adv.,* right away
ka a ra wán, *n.,* birthday
ka a wa án, *v., o.f.,* to have mercy on s.b.: ki-na-ka-a-wa-án, ki-na-a-wa-án, ka-ka-a-wa-án
ka ga bí, *adv.,* last night
ka ha pon, *adv.,* yesterday
ka i bi gan, *n.,* friend
ka i lán, *adv.,* when?
ka i la ngan, *v., o.f.,* to need s.t.: ki-na-ka-i-la-ngan, ki-na-i-la-ngan, ka-ka-i-la-nga-nin
ka i nin, *v., o.f.,* to eat s.t.: ki-na-ka-in, ki-na-in, ka-ka-i-nin
ka la may, *n.,* rice cake
ka lat, *n.,* clutter, mess
ka li wâ, *n.,* left; used in sa kaliwâ
ka ma ka la wâ, *adv.,* two days ago
ka may, *n.,* hand
ka mí, *pron.,*
ka nan, *n.,* right; used in sa kanan
ka ngi ná, *adv.,* a while ago
ka ni lá, *pron.,* their; ng-case, 3rd pers., pl., before
ka nin, *n.,* rice, steamed
ka ni yá, *pron.,* his, her; ng-case, 3rd pers., s., before
kan lu ran, *n.,* West
kan to, *n.,* street corner
ka pág, *conj.,* if

ka pa tid, *n.,* sibling
ka sa ma, *n.,* companion
ka sí, *conj.,* because
ka un tì, *adj.,* few, little
ka yâ, *adv.,* perhaps, maybe, in a doubting way
ka yó, *pron.,* you, pl., ang-case
Ki kò, *n.,* a boy's name
ki la la nin, *v., o.f.,* to be acquainted with s.b.: ki-ni-ki-la-la, ki-ni-la-la, ki-ki-la-la-nin
ki tá, *pron.,* "I-you," as in I see you, nakikita kitá
ko, *pron.,* me, ng-case
ku ma in, *v., a.f.,* to eat: ku-ma-ka-in, ku-ma-in, ka-ka-in
ku man tá, *v., a.f.,* to sing: ku-ma-kan-tá, ku-ma-n-tá, ka-kan-tá
ku mus tá, hello; how are you
kung, *conj.,* if
ku nin, *v., o.f.,* to take s.t.: ki-nu-ku-ha, ki-nu-ha, ku-ku-nin
ku sà, *adj.,* willingly

la bás, *root,* outside; used in lumabás
la ka rin, *v., o.f.,* to walk some di-stance: li-na-la-kad, li-na-kad, la-la-ka-rin
la kás, *n.,* force, strength; used in "ang lakás," so strong
la la ki, *n.,* male
la lo, *adv.,* more
la mang, *adv.,* only; often shortened to lang
lam pás, *prep.,* beyond
lang, *adv.,* only; short for lamang, only, just
la ru an, *n.,* toy
las,
lib ró, *n.,* book
li kód, *n.,* back, rear; used in sa likód
lo ko hin, *v., o.f.,* to fool s.b.: li-no-lo-ko, li-no-ko, lo-lo-ko-hin
lo la, *n.,* grandmother
lo lo, *n.,* grandfather
long ga ni sa, *n.,* sausage
lu ma bás, *v., a.f.,* to step out: lu-ma-la-bás, lu-ma-bás, la-la-bás
lu ma ngoy, *v., a.f.,* to swim: lu-ma-la-ngóy, lu-ma-ngóy, la-la-ngóy
lum pi â, *n.,* egg roll, spring roll
Lu nes, *n.,* Monday

ma a a rì, *pseudo-v.,* can, is allowed
ma a ga, *adj.,* early
ma a la la, *v., o.f.,* to remember s.t.: na-a-a-la-la, na-a-la-la, ma-a-a-la-la
ma a móy, *v., o.f.,* to smell s.t.: na-a-a-móy, na-a-móy, ma-a-a-móy
ma ba ít, *adj.,* good
ma ba lì, *v., a.f.,* to break: na-ba-ba-lì, na-ba-lì, ma-ba-ba-lì
ma bi lís, *adj.,* fast
ma bu ti, *adj.,* good, kind
mag - a do bo, *v., a.f.,* to cook adobo: nag-a-a-do-bo, nag-a-do-bo, mag-a-a-do-bo
mag - a ga han, *v., a.f.,* to eat breakfast: nag-a-a-ga-han, nag-a-ga-han, mag-a-a-ga-han
ma ga líng, *adj.,* skillful
mag - al mu sál, *v., a.f.,* to eat breakfast: nag-a-al-mu-sál, nag-al-mu-sál, mag-a-al-mu-sál
ma gan dá, *adj.,* beautiful
mag - a ral, *v., a.f.,* to study: nag-a-a-ral, nag-a-ral, mag-a-a-ral
ma ga wâ, *gerundive,* that which can be done
mag ba on, *v., a.f.,* to pack a lunch: nag-ba-ba-on, nag-ba-on, mag-ba-ba-on
mag bas ket ball, *v., a.f.,* to play basketball: nag-ba-bas-ket-ball, nag-bas-ket-ball, mag-ba-bas-ket-ball
mag ba yad, *v., a.f.,* to pay: nag-ba-ba-yad, nag-ba-yad, mag-ba-ba-yad
mag bi his, *v., a.f.,* to change clothes: nag-bi-bi-his, nag-bi-his, mag-bi-bi-his
mag bi lin, *v., a.f.,* to leave word: nag-bi-bi-lin, nag-bi-lin, mag-bi-bi-lin
mag bu lak ból, *v., a.f.,* to fool around, not to work
mag da lá, *v., a.f.,* to bring (s.t.): nag-da-da-lá, nag-da-lá, mag-da-da-lá
mag da sál, *v., a.f.,* to pray: nag-da-ra-sál, nag-da-sál, mag-da-ra-sál
mag ha pu nan, *v., a.f.,* to have supper: nag-ha-ha-pu-

nan, nag-ha-pu-nan, mag-ha-ha-pu-nan
mag hi la mos, *v., a.f.,* to wash one's face: nag-hi-hi-la-mos, nag-hi-la-mos, mag-hi-hi-la-mos
mag hi lík, *v., a.f.,* to snore: nag-hi-hi-lík, nag-hi-lík, mag-hi-hi-lík
mag hin táy, *v., a.f.,* to wait: nag-hi-hin-táy, nag-hin-táy, mag-hi-hin-táy
mag hu gas, *v., a.f.,* to wash: nag-hu-hu-gas, nag-hu-gas, mag-hu-hu-gas
ma gi náw, *adj.,* cold
ma gíng, *pseudo-v.,* to become
mag - i ngat, *v., a.f.,* to be careful: nag-i-i-ngat, nag-i-ngat, mag-i-i-ngat
mag ka lát, *v., a.f.,* to make a mess: nag-ka-ka-lát, nag-ka-lát, mag-ka-ka-lát
mag ka no, *adv.,* how much
mag ka pé, *v., a.f.,* to drink coffee: nag-ka-ka-pé, nag-ka-pé, mag-ka-ka-pé
mag kar gá, *v., a.f.,* to load up: nag-ka-kar-gá, nag-kar-gá, mag-ka-kar-gá
mag kas ti là, *v., a.f.,* to speak Spanish: nag-ka-kas-ti-là, nag-kas-ti-là, mag-ka-kas-ti-là
mag la bás, *v., a.f.,* to bring out: nag-la-la-bás, nag-la-bás, mag-la-la-bás
mag la kád, *v., a.f.,* to walk: nag-la-la-kád, nag-la-kád, mag-la-la-kád
mag la kua tsa, *v., a.f.,* to fool around: nag-la-la-ku-a-tsa, nag-la-ku-a-tsa, mag-la-la-ku-a-tsa
mag la rô, *v., a.f.,* to play: nag-la-la-rô, nag-la-rô, mag-la-la-rô
mag li nis, *v., a.f.,* to clean: nag-li-li-nis, nag-li-nis, mag-li-li-nis
mag lu tò, *v., a.f.,* tò cook: nag-lu-lu-tò, nag-lu-tò, mag-lu-lu-tò
mag ma da lî, *v., a.f.,* to hurry: nag-ma-ma-da-lî, nag-ma-da-lî, mag-ma-ma-da-lî
mag ma ne ho, *v., a.f.,* to drive: nag-ma-ma-ne-ho, nag-ma-ne-ho, mag-ma-ma-ne-ho
mag ma no, *v., a.f.,* to kiss an elder's hand: nag-ma-ma-no, nag-ma-no, mag-ma-ma-no
mag me ri en da, *v., a.f.,* to have a snack: nag-me-me-ri-en-da, nag-me-ri-en-da, mag-me-me-ri-en-da

mag pa hi ngá, *v., a.f.,* to rest: nag-pa-pa-hi-ngá, nag-pa-hi-ngá, mag-pa-pa-hi-ngá
mag pa ka bu ti, *v., a.f.,* to be good, to behave: nag-pa-pa-ka-bu-ti, nag-pa-ka-bu-ti, mag-pa-pa-ka-bu-ti
mag pa sa la mat, *v., a.f.,* to gi-ve thanks: nag-pa-pa-sa-la-mat, nag-pa-sa-la-mat, mag-pa-pa-sa-la-mat
mag pá tu long, *v., o.f.,* to ask/accept help: nag-pa-pa-tu-long, nag-pa-tu-long, mag-pa-pa-tu-long
mag pi a no, *v., a.f.,* to play the piano: nag-pi-pi-a-no, nag-pi-a-no, mag-pi-pi-a-no
mag pun tá, *v., a.f.,* to go: nag-pu-pun-tá, nag-pun-tá, mag-pu-pun-tá
mag sa li tâ, *v., a.f.,* to speak: nag-sa-sa-li-tâ, nag-sa-li-tâ, mag-sa-sa-li-tâ
mag sa pa tos, *v., a.f.,* to put on shoes: nag-sa-sa-pa-tos, mag-sa-pa-tos, mag-sa-sa-pa-tos
mag si kap, *v., a.f.,* to exert effort: nag-si-si-kap, nag-si-kap, mag-si-si-kap
mag sim bá, *v., a.f.,* to go to church: nag-si-sim-bá, nag-sim-bá, mag-si-sim-bá
mag si pil yo, *v., a.f.,* to brush teeth: nag-si-si-pil-yo, nag-si-pil-yo, mag-si-si-pil-yo
mag ta gál, *v., a.f.,* to be long (in duration): nag-ta-ta-gál, nag-ta-gál, mag-ta-ta-gál
mag tang go, *v., a.f.,* to tango: nag-ta-tang-go, nag-tang-go, mag-ta-tang-go
mag te le fo no, *v., a.f.,* to ma-ke a phone call: nag-te-te-le-fo-nó, nag-te-le-fo-nó, mag-te-te-le-fo-nó
mag ti píd, *v., a.f.,* to be frugal, to save money: nag-ti-ti-pid, nag-ti-pid, mag-ti-ti-pid
mag tra ba ho, *v., a.f.,* to work: nag-ta-tra-ba-ho, nag-tra-ba-ho, mag-ta-tra-ba-ho
mag tu rò, *v., a.f.,* to teach: nag-tu-tu-ro, nag-tu-ro, mag-tu-tu-ro
ma gu ló, *adj.,* rowdy, messy
ma gu tom, *v., a.f.,* to be hungry: na-gu-gu-tom, na-gu-tom, ma-gu-gu-tom
ma hál, *adj.,* dear, expensive, beloved
ma hi rap, *adj.,* poor, difficult
ma hi yâ, *v., a.f.,* to feel shame: na-hi-hi-yâ, na-hi-yâ, ma-hi-hi-yâ
ma hu lí, *v., a.f.,* to be late: na-hu-hu-lí, na-hu-lí, ma-

hu-hu-lí
ma hu log, *v., a.f.,* to fall: na-hu-hu-log, na-hu-log, ma-hu-hu-log
ma hu say, *adj.,* skillful
ma i i nóm, *gerundive,* that which can be drunk
ma i ngay, *adj.,* noisy
ma i níp, *v., a.f.,* to be bored: na-i-i-níp, na-i-níp, ma-i-i-níp
ma i nit, *adj.,* hot, warm
ma in tin di han, *v., o.f.,* to understand s.t.: na-i-in-tin-di-hán, na-in-tin-di-hán, ma-i-in-tin-di-hán
ma i pag bi lí, *v., o.f.,* to be able to sell s.t.: na-i-pag-bi-bi-lí, na-i-pag-bi-lí, ma-i-pag-bi-bi-lí
ma i tu tu long, *gerundive,* that which can be done to help
ma ka ka in, *v., a.f.,* to be able to eat: na-ka-ka-ka-in, na-ka-ka-in, ma-ka-ka-ka-in
ma ká ka in, *gerundive,* that which can be eaten
ma ka li mu tan, *v., a.f.,* to forget: na-ka-ka-li-mu-tan, na-ka-li-mu-tan, ma-ka-ka-li-mu-tan
ma ka pag - a ga han, *v., a.f.,* to be able to have breakfast: na-ka-ka-pag-a-ga-han, na-ka-pag-a-ga-han, ma-ka-ka-pag-a-ga-han
ma ka pa sok, *v., a.f.,* to be able to go in: na-ka-ka-pa-sok, na-ka-pa-sok, ma-ka-ka-pa-sok
ma ka tu log, *v., a.f.,* to be able to sleep: na-ka-ka-tu-log, na-ka-tu-log, ma-ka-ka-tu-log
ma ka u sap, *v., o.f.,* to be able to talk to s.b.: na-ka-ka-u-sap, na-ka-u-sap, ma-ka-ka-u-sap
ma ki sa káy, *v., a.f.,* to share a ride with s.b.: na-ki-ki-sa-káy, na-ki-sa-káy, ma-ki-ki-sa-káy
ma ki ta, *v., o.f.,* to be able to see: na-ki-ki-ta, na-ki-ta, ma-ki-ki-ta
ma ku ha, *v., o.f.,* to take s.t.: na-ku-ku-ha, na-ku-ha, ma-ku-ku-ha
ma la kás, *adj.,* strong
ma la míg, *adj.,* cold, cool
ma la pit, *adj.,* near
ma la sa han, *v., o.f.,* to be able to taste s.t.: na-la-la-sa-han, na-la-sa-han, ma-la-la-sa-han
ma la yò, *adj.,* far
ma lî, *adj.,* wrong, incorrect
ma li gò, *v., a.f.,* to take a bath: na-li-li-go, na-li-go, ma-li-li-go
ma lu may, *adj.,* pronunciation word class, emphasis on second to last syllable
ma mà, *n.,* man
ma ma yâ, *adv.,* later
ma na gi nip, *v., a.f.,* to dream: na-na-na-gi-nip, na-na-gi-nip, ma-na-na-gi-nip
ma na lo, *v., a.f.,* to win: na-na-na-lo, na-na-lo, ma-na-na-lo
ma nang ha li an, *v., a.f.,* to have lunch: na-na-nang-ha-li-an, na-nang-ha-li-an, ma-na-nang-ha-li-an
Man da ue, *n.,* a place in Cebú
ma nga móy, *v., a.f.,* to smell bad: na-nga-nga-móy, na-nga-móy, ma-nga-nga-móy
mang ya ri, *v., a.f.,* to happen: nang-ya-ya-ri, nang-ya-ri, mang-ya-ya-ri
ma ni ga ril yo, *v., a.f.,* to smoke ciga-rettes: na-ni-ni-ga-ril-yo, na-ni-ga-ril-yo, ma-ni-ni-ga-ril-yo
ma ni wa là, *v., a.f.,* to believe: na-ni-ni-wa-là, na-ni-wa-là, ma-ni-ni-wa-là
ma no, *n.,* hand; used in "mano pô, " said when kissing an elder's hand
ma no ód, *v., a.f.,* to watch a show: na-no-no-ód, na-no-ód, ma-no-no-ód
ma pa no ód, *v., o.f.,* to be able to watch: na-pa-pa-no-ód, na-pa-no-ód, ma-pa-pa-no-ód
ma ram da mán, *v., o.f.,* to be able to feel: na-ra-ram-da-mán, na-ram-da-mán, ma-ra-ram-da-mán
ma ra mi, *adj.,* many
ma ri nig, *v., a.f.,* to hear: na-ri-ri-níg, na-ri-níg, ma-ri-ri-níg
Mar tés, *n.,* Tuesday
ma ru nong, *adj.,* skillful, knows how
ma sa ráp, *adj.,* delicious
ma sa yá, *adj.,* happy
ma si rà, *v., a.f.,* to break s.t.: na-si-si-rà, na-si-rà, ma-si-si-rà
ma si ra án, *v., o.f.,* to suffer a breakage: na-si-si-ra-an, na-si-ra-an, ma-si-si-ra-an
ma tá, *n.,* eye
ma ta bâ, *adj.,* fat
ma tak pán, *v., o.f.,* to be covered: na-ta-tak-pán, na-tak-

pán, ma-ta-tak-pán
ma ta mís, *adj.,* sweet
ma traf fic, *adj.,* there is heavy traffic
ma tu log, *v., a.f.,* to sleep: na-tu-tu-log, na-tu-log, ma-tu-tu-log
ma tu tu lu ngin, *adj.,* helpful
ma u bos, *v., o.f.,* to be consu-med: na-u-u-bos, na-u-bos, ma-u-u-bos
ma u bu san, *v., o.f.,* to run out of s.t.: na-u-u-bu-san, na-u-bu-san, ma-u-u-bu-san
ma u ná, *v., a.f.,* to be first, to go first: na-u-u-na, na-u-na, ma-u-u-na
ma wa lâ, *v., o.f.,* to lose s.t.: na-wa-wa-lâ, na-wa-lâ, ma-wa-wa-lâ
may, may ro ón, *pseudo-v.,* there is, there are
me di a, *n.,* half hour
me sa, *n.,* table
mga, *marker,* plural marker, all cases
Mi er co lés, *n.,* Wednesday
min san, *adv.,* once
mi nu to, *n.,* minute
mo, *pron.,* you, s., ng-case
muk hâ, seems
mu lâ, *prep.,* from
mu na, *adv.,* first, as in "do this first"

na, *adv.,* already
na ka ti rá, *adj.,* lives at
na mán, *adv.,* (various meanings)
na min, *pron.,* our; ng-case, 1st pers., pl., excl.
na nay, *n.,* mother
nan di to, na ri tó, *adj.,* here
nan di yán, na ri yán, *adj.,* there, near you; identical to nariyán, which see
nang, *adv. or conj.,* (various meanings; see text)
na pa ka gan dá, *adj.,* how beautiful!
na ri yán, *adj.,* there, near you; identical to nandiyán, which see
na sa, *prep.,* in, at
na sa án, *adv.,* where?
na tin, *pron.,* our; ng-case, 1st pers., pl., incl.
ng, *marker,* ng-case, non-personal, s.
ngâ, *marker,* request marker; presence in sentence makes a sentence a request
nga lan, *n.,* name
nga yón, *adv.,* now, today
ni, *marker,* ng-case, pers., s.
ni lá, *pron.,* their; ng-case, 3rd pers., pl., after
ni ná, *marker,* ng-case, pers., pl.
nin yó, n'yo, *pron.,* your; ng-case, 2nd pers., pl., after
ni tó, *pron.,* this; ng-case, impers.
ni yá, *pron.,* his, her; ng-case, 3rd pers., s., after
no on, *adv.,* then

o, *conj.,* or
o cho, *numeral,* eight
o o, *adv.,* yes
o pò, yes, sir; yes, ma'm
o ras, *n.,* time of day

pa, *adv.,* still, yet
pa á, *n.,* foot
pa a no, *adv.,* how
pa ci en ci a, pa sen sya, *n.,* patience
pag - a ari, *n.,* property
pa ga mu tan, *n.,* hospital
pag ka in, *n.,* food
pag ka ka ta li, *n.,* the way s.t. is tied
pag ka ta pos, *prep.,* after
pa gód, *adj.,* tired
pa ke te, *n.,* package
pa ki a bót, *v., o.f.,* to please reach, hand over s.t.: pi-na-ki-ki-a-bót, pi-na-ki-a-bót, pa-ki-ki-a-bót
pa ki ba ga lan, *v., o.f.,* to please slow down: pi-na-ki-ba-ga-lan, pi-na-ki-ba-ga-lan, pa-ki-ki-ba-ga-lan
pa king gán, *v., o.f.,* to listen to s.t.: pi-na-ki-king-gán, pi-na-king-gán, pa-ki-king-gán
pa ki tig nán, *v., o.f.,* to please look at s.t.: pi-na-ki-ki-tig-nán, pi-na-ki-tig-nán, pa-ki-ki-tig-nán
pa ki tu lu ngan, *v., o.f.,* to please help s.b.: pi-na-ki-ki-tu-lu-ngan, pi-na-ki-tu-lu-ngan, pa-ki-ki-tu-lu-ngan
pa ki u lit, *v., o.f.,* to please repeat: pi-na-ki-ki-u-lit, pi-na-ki-u-lit, pa-ki-ki-ul-it
pa lá, *adv.,* marker of mild surprise

pa lá bas, *n.,* show, program
pa la gáy, *n.,* opinion
pa lá gi, *adv.,* always
pa la yók, *n.,* pot, pan
pa leng ke, *n.,* market
pa ma sa he, *n.,* money for fare
pa na gi nip, *n.,* dream
pa na hón, *n.,* time, weather
pa ní wa la an, *v., o.f.,* to believe s.t.: pi-na-ni-ni-wa-la-an, pi-na-ni-wa-la-an, pa-ni-ni-wa-la-an
pa no o rin, *v., o.f.,* to watch s.t.: pi-na-pa-no-ód, pi-na-no-ód, pa-pa-no-o-rin
pan sin, *n.,* attention
pan sít, *n.,* noodle dish
pa ra, *prep.,* for
pa ról, *n.,* lantern
pa sa he, *n.,* fare amount
pa sa mâ, *adj.,* worsening
pa sok, *root,* enter; used in pumasok
pa wi san, *v., o.f.,* to perspire: pi-na-pa-wi-san, pi-na-wi-san, pa-pa-wi-san
pa ya gan, *v., o.f.,* to allow s.t.: pi-na-pa-ya-gan, pi-na-ya-gan, pa-pa-ya-gan
pa yát, *adj.,* thin
pa yo, *n.,* advice
pa yong, *n.,* umbrella
pe ra, *n.,* money
pe ro, *conj.,* but
Pi li pi nas, *n.,* Philippines
pi na ká ma la pit, *adj.,* nearest
ping gán, *n.,* plate, dish
pin san, *n.,* cousin
pi ta ka, *n.,* wallet, purse
pi tó, *numeral,* seven
pô, *marker,* respect; presence in sentence marks respect on the part of speaker
pre no, *n.,* brake
pu e de, *pseudo-v.,* may
pu ma sá, *v., a.f.,* to pass: pu-ma-pa-sá, pu-ma-sá, pa-pa-sá
pu ma yag, *v., a.f.,* to give permi-ssion: pu-ma-pa-yag, pu-ma-yag, pa-pa-yag
pu mun tá, *v., a.f.,* to go: pu-mu-pun-tá, pu-mun-tá, pu-pun-tá
pu nô, *adj.,* full
pun ta hán, *v., o.f.,* to go to some place: pi-nu-pun-ta-hán, pi-nun-ta-hán, pu-pun-ta-hán

raw, *adv.,* "they say"; identical to daw
rin, *adv.,* too, also

sa, *marker,* sa-case, non-personal, s.
sa án, *adv.,* where?
Sa ba dó, *n.,* Saturday
sa báy, *adv.,* at the same time
sa báy - sa báy, *adv.,* at the same time
sa bón, *n.,* soap
sag lít, *adj.,* quick
sa ká, and
sa káy, *root,* ride; used in sumakáy
sa la mat, *n.,* thanks
sam pú, *numeral,* ten
sa na, *pseudo-v.,* "I wish"
san da ang - pi so, *n.,* 100 pesos
san da lî, *n.,* second (time)
sang - a yon, *root,* agree; short for sumasang-ayon
san to, *adj.,* holy, saint
sa pa tos, *n.,* shoes
sa ráp, *root,* delicious; used in "ang bagal, " so slow!
sa yáw, *n.,* dance
se is, *numeral,* six
si, *marker,* sa-case, personal, s.
si e te, *numeral,* seven
si ge, *adv.,* OK
si gu ra do, *adj.,* certain, sure
si lá, *pron.,* they
si lá ngan, *n.,* East
sim ba han, *n.,* church
si ná, *marker,* ang-case, personal, 3rd person pl.
si no, *pron.,* who? (s.)
si nu - si no, *pron.,* who? (pl.)
si pil yo, *n.,* toothbrush
si ra in, *v., o.f.,* to break, destory s.t.: si-ni-si-rà, si-ni-rà, si-si-ra-in

si yá, *pron.,* he, she; ang-case, pers., 3rd pers., s.
si yem pre, *adv.,* of course
som bre ro, *n.,* hat
so pas, *n.,* soup
su bu kan, *v., o.f.,* to try s.t.: si-nu-su-bu-kan, si-nu-bu-kan, su-su-bu-kan
su long, *root,* forward; short for sumulong, v., a.f.
su ma kay, *v., a.f.,* to get on a vehicle: su-ma-sa-káy, su-ma-káy, sa-sa-káy
su ma ma, *v., a.f.,* to go along: su-ma-sa-ma, su-ma-ma, sa-sa-ma
su ot, *n.,* attire
su su nód, *adj.,* next
su wer te hín, *v., a.f.,* to be lucky: si-nu-su-wer-te, si-nu-wer-te, su-su-wer-te-hin

ta gál, *root,* long in duration; used in "ang tagál, " so long (duration)!
ta gál - ta gál, *adj.,* long (in duration)
tak bó, *root,* run; used in tumakbo
ta kip - si lim, *n.,* dusk
ta la gá, *adv.,* really
ta la gáng - ta la gá, *adv.,* really really
ta ller, *n.,* shop, as in machine shop or auto shop
ta mà, *adj.,* correct
tang ha lì, *n.,* noon
ta o, *n.,* person
ta pós, *adj.,* finished
ta tay, *n.,* father
tat ló, *numeral,* three
ta wa gin, *v., o.f.,* to call s.b.: ti-na-ta-wag, ti-na-wag, ta-ta-wa-gin
ta yo, *pron.,* we; ang-case, 1st pers., pl. incl.
te ka, *contraction,* maghintay ka, wait!
te le fo no, *n.,* telephone
te ne dór, *n.,* fork
tig nán, *v., o.f.,* to look at s.t.: ti-ni-tig-nán, ti-nig-nán, ti-tig-nán
ti mog, *n.,* South
tin da han, *n.,* store
to to ó, *adj.,* true
tra ba ho, *n.,* work, job

tu big, *n.,* water
tu long, *n.,* help
tu loy, *root,* proceed; used in tumulóy
tu lu ngan, *v., o.f.,* to help s.b.: ti-nu-tu-lu-ngan, ti-nu-lu-ngan, tu-tu-lu-ngan
tu ma bí, *v., a.f.,* pull over; tu-ma-ta-bí, tu-ma-bí, ta-ta-bí
tu ma yô, *v., a.f.,* to stand: ta-ma-ta-yo, tu-ma-yo, ta-ta-yo

u bu sin, *v., o.f.,* to consume s.t.: i-nu-u-bos, i-nu-bos, u-u-bu-sin
u lán, *n.,* rain
u lap, *n.,* cloud
u lî, *adv.,* again
u ma ga, *n.,* morning
u ma lis, *v., a.f.,* to leave: u-ma-a-lís, u-ma-lís, a-a-lís
u mi hì, *v., a.f.,* to urinate: u-mi-i-hì, u-mi-hì, i-i-hì
u mi nom, *v., a.f.,* to drink: u-mi-i-nom, u-mi-nom, i-i-nom
u mor der, *v., a.f.,* to order (at a restaurant): u-mo-or-der, u-mor-der, o-or-der
u mu bos, *v., a.f.,* to consume: u-muubos, u-mu-bos, u-u-bos
u mu lán, *v., a.f.,* to rain: u-mu-u-lán, u-mu-lán, u-u-lán
u mu wi, *v., a.f.,* to go home: u-mu-u-wî, u-mu-wî, u-u-wî
u pang, *conj.,* so that
u pu an, *n.,* seat
u rong, *root,* backward; short for umurong, v., a.f.
u sog, *root,* move; used in umusog, to move
u wi án, *n.,* home

Vi er nes, *n.,* Friday
wa lâ, *pseudo-v.,* none, nothing
ya tà, *adv.,* doubt

Verbs

The following are some of the most frequently used verbs, arranged in alphabetical order by root word. Syllables are separated by a space. Column F indicates focus: A = actor focus, O = object focus.

root	infinitive	present	past	future	F	comment
a bót	pa ki a bót	pi na ki ki a bót	pi na ki a bót	pa ki ki a bót	O	to please reach, hand over s.t.
a do bo	mag - do bo	nag - a a do bo	nag - a do bo	mag - a do bo	A	to cook adobo
a ga han	ma ka pag - a ga han	na ka ka pag - a ga han	na ka pag - a ga han	ma ka pag - a ga han	A	to be able to have breakfast
a ga han	mag - a ga han	nag - a a ga han	nag - a ga han	mag - a ga han	A	to eat breakfast
a la la	ma a la la	na a a la la	na a la la	ma a a la la	O	to remember s.t.
a lis	a li sín	i na a lís	i na lís	a a li sín	O	to remove s.t.
a lís	u ma lís	u ma a lís	u ma lís	a a lís	A	to leave
al mu sál	mag - al mu sál	nag - a al mu sal	nag - al mu sal	mag - al mu sal	A	to eat breakfast
a móy	ma a móy	na a a móy	na a móy	ma a móy	O	to smell s.t.
a móy	ma nga móy	na nga nga moy	na nga moy	ma nga nga moy	A	to smell bad
a ral	mag - a ral	nag - a a ral	nag - a ral	mag - a ral	A	to study
a ri	mang ya ri	nang ya ya ri	nang ya ri	mang ya ya ri	A	to happen
a sa	a sa han	i na a sa han	i na sa han	a a sa han	O	to expect s.t.
a sa	u ma sa	u ma a sa	u ma sa	a a sa	A	to expect
a wà	ka ka a wa án	ki na ka a wa án	ki na a wa án	ka ka a wa án	O	to have mercy on s.b.
ba gal	pa ki ba ga lan	pi na ki ki ba ga lan	pi na ki ba ga lan	pa ki ki ba ga lan	O	to please slow down
ba lì	ma ba lì	na ba ba lì	na ba lì	ma ba ba lì	A	to break
ba lot	ba lu tin	bi na ba lot	bi na lot	ba ba lu tin	O	to wrap s.t.
ba ngon	bu ma ngon	bu ma ba ngon	bu ma ngon	ba ba ngon	A	to get up
ba on	mag ba on	nag ba ba on	nag ba on	mag ba ba on	A	to pack a lunch
bas ket ball	mag bas ket ball	nag ba bas ket ball	nag bas ket ball	mag ba bas ket ball	A	to play basketball
ba yad	ba ya ran	bi na ba ya ran	bi na ya ran	ba ba ya ran	O	to pay s.b.
ba yad	mag ba yad	nag ba ba yad	nag ba yad	mag ba ba yad	A	to pay
bi gay	i bi gay	i bi ni bi gay	i bi ni gay	i bi bi gay	O	to give s.t.
bi his	mag bi his	nag bi bi his	nag bi his	mag bi bi his	A	to change clothes
bi lí	bil hín	bi ni bi lí	bi ni lí	bi bil hín	O	to buy s.t.
bi lí	bu mi li	bu mi bi lí	bu mi lí	bi bi lí	A	to buy
bi lí	i pa ki bi lí	i pi na ki ki bi lí	i pi na ki bi lí	i pa ki ki bi lí	A	to please buy s.t. for s.b.
bi lí	ma i pag bi lí	na i pag bi bi lí	na i pag bi lí	ma i pag bi bi lí	O	to be able to sell s.t.

root	infinitive	present	past	future	F	comment
bi lin	mag bi lin	nag bi bi lin	nag bi lin	mag bi bi lin	A	to leave word
bu lak ból	mag bu lak ból	nag bu bu lak ból	nag bu lak ból	mag bu bu lak ból	A	to fool around, not to work
bu ti	mag pa ka bu ti	nag pa pa ka bu ti	nag pa ka bu ti	mag pa pa ka bu ti	A	to be good, to behave
ca pé	mag ca pé	nag ka ka pe	nag ka pe	mag ka ka pe	A	to drink coffee
da án	da a nan	di na da a nan	di na a nan	da da a nan	O	to pass by s.t.
da án	du ma án	du ma ra án (du ma da án)	du ma án	da ra án (da da án)	A	to pass
dag dág	i dag dág	i di na dag dág	i di nag dág	i da dag dág	O	to add to s.t.
da lá	dal hín	di na da lá	di na lá	da dal hín	O	to carry, take s.t.
da lá	mag da lá	nag da da la	nag da la	mag da da la	A	to bring (s.t.)
da lî	mag ma da lî	nag ma ma dalî	nag ma da lî	mag ma ma da li	A	to hurry
dam dám	ma ram da mán	na ra ram da man	na ram da man	ma ra ram da man	O	to be able to feel
da sál	i pag da sál	i pi nag da ra sal	i pi nag da sal	i pag da ra sal	O	to pray for s.t.
da sál	mag da sál	nag da ra sal	nag da sal	mag da ra sal	A	to pray
da tíng	du ma ting	du ma ra tíng (du ma da tíng)	du ma tíng	da ra tíng (da da tíng)	A	to arrive
di níg	ma ri níg	na ri ri níg	na ri níg	ma ri ri níg	A	to hear
di níg	pa king gán	pi na ki king gán	pi na king gán	pa ki king gán	O	to listen to s.t.
du mí	du mu mí	du mu mí	du mí	du du mí	A	to take a dump
ga mit	ga mi tin	gi na ga mit	gi na mit	ga ga mi tin	O	to use s.t.
gas tos	gu mas tos	gu ma gas tos	gu mas tos	ga gas tos	O	to spend money
ga wâ	ga wín	gi na ga wâ	gi na wâ	ga ga wín	O	to make s.t.
ga wâ	gu ma wâ	gu ma ga wâ	gu ma wâ	ga ga wâ	A	to do, to make
gi sing	gu mi sing	gu mi gi sing	gu mi sing	gi gi sing	A	to wake up
gu tom	ma gu tom	na gu gu tom	na gu tom	ma gu gu tom	A	to be hungry
han dâ	i han dâ	i hi na han dâ	i hi nan dâ	i ha han dâ	O	to prepare s.t.
han dâ	i pag han dâ	i pi nag ha han dâ	i pi nag han dâ	i pag ha han dâ	O	to prepare for s.b.
ha pon	mag ha pu nan	nag ha ha pu nan	nag ha pu nan	mag ha ha pu nan	A	to have supper
ha tid	i ha tid	i hi na ha tid	i hi na tid	i ha ha tid	O	to deliver s.t.
ha wak	ha wa kan	hi na ha wa kan	hi na wa kan	ha ha wa kan	O	to hold s.t.
hig pit	hig pi tan	hi ni hig pi tán	hi nig pi tán	hi hig pi tán	O	to tighten s.t.
hi la mos	mag hi la mos	nag hi hi la mos	nag hi la mos	mag hi hi la mos	A	to wash one's face
hi lík	mag hi lík	nag hi hi lík	nag hi lík	mag hi hi lík	A	to snore
hin táy	mag hin táy	nag hi hin táy	nag hin táy	mag hi hin táy	A	to wait
hin tô	hu min tô	hu mi hin tô	hu min tô	hi hin tô	A	to stop
hi yâ	ma hi yâ	na hi hi yâ	na hi yâ	ma hi hi yâ	A	to feel shame
hu gas	mag hu gas	nag hu hu gas	nag hu gas	mag hu hu gas	A	to wash
hu lí	ma hu lí	na hu hu lí	na hu lí	ma hu hu lí	A	to be late
hu log	ma hu log	na hu hu log	na hu log	ma hu hu log	A	to fall
i big	i bi gin	i ni i big	i ni big	i i bi gin	O	to love s.t.

VERBS

root	infinitive	present	past	future	F	comment
i hì	u mi hì	u mi i hì	u mi hì	i i hì	A	to urinate
i ngat	mag - i ngat	nag - i i ngat	nag - i ngat	mag - i i ngat	A	to be careful
i níp	ma i níp	na i i níp	na i níp	ma i i níp	A	to be bored
i nóm	i nu mín	i ni i nóm	in i nóm	i i nu mín	O	to drink s.t.
i nóm	u mi nóm	u mi i nóm	u mi nóm	i i nóm	A	to drink
in tin di	ma in tin di han	na i in tin di han	na in tin di han	ma i in tin di han	O	to understand s.t.
i wan	i wa nan	i ni i wa nan	i ni wa nan	i i wa nan	O	to leave s.t.
ka i la ngan	ka i la ngan	ki na ka i la ngan	ki na i la ngan	ka ka i la nga nin	O	to need s.t.
ka in	ka i nin	ki na ka in	ki na in	ka ka i nin	O	to eat s.t.
ka in	ku ma in	ku ma ka in	ku ma in	ka ka in	A	to eat
ka in	ma ka ka in	na ka ka ka in	na ka ka in	ma ka ka ka in	A	to be able to eat
ka lát	mag ka lát	nag ka ka lát	nag ka lát	mag ka ka lát	A	to make a mess
kan tá	ku man tá	ku ma kan tá	ku man tá	ka kan tá	A	to sing
kar gá	mag kar gá	nag ka kar gá	nag kar gá	mag ka kar gá	A	to load up
kas ti là	mag kas ti là	nag ka kas tila	nag kas ti la	mag ka kas ti la	A	to speak Spanish
ki la la	ki la la nin	ki ni ki la la	ki ni la la	ki ki la la nin	O	to be acquainted with s.b.
ki ta	ma ki ta	na ki ki ta	na ki ta	ma ki ki ta	O	to be able to see
ku ha	ku nin	ki nu ku ha	ki nu ha	ku ku nin	O	to take s.t.
ku ha	ma ku ha	na ku ku ha	na ku ha	ma ku ku ha	O	to take s.t.
la bás	i la bás	i li ni a la bás	i li na bás	i la la bás	O	to show s.b. or s.t.
la bás	lu ma bás	lu ma la bás	lu ma bás	la la bás	A	to step out
la bás	mag la bás	nag la la bas	nag la bas	mag la la bas	A	to bring out
la gáy	i la gáy	i li na la gáy	i li na gáy	i la la gáy	O	to put s.t.
la kad	la ka rin	li na la kad	li na kad	la la ka rin	O	to walk some distance
la kad	mag la kad	nag la la kad	nag la kad	mag la la kad	A	to walk
la kua tsa	mag la kua tsa	nag la la ku a tsa	nag la ku a tsa	mag la la ku a tsa	A	to fool around
la ngoy	lu ma ngoy	lu ma la ngóy	lu ma ngóy	la la ngóy	A	to swim
la rô	mag la rô	nag la larô	nag la rô	mag la la rô	A	to play
la sa	ma la sa han	na la la sa han	na la sa han	ma la la sa han	O	to be able to taste s.t.
li gò	ma li gò	na li li gò	na li gò	ma li li gò	A	to take a bath
lig pít	i pag lig pít	i pi nag li lig pít	i pi nag lig pít	i pag li lig pít	O	to put away for s.b.
li mot	ma ka li mu tan	na ka ka li mu tan	na ka li mu tan	ma ka ka li mu tan	O	to forget s.t.
li nis	mag li nis	nag li li nis	nag li nis	mag li li nis	A	to clean
lo ko	lo ko hin	li no lo ko	li no ko	lo lo ko hin	O	to fool s.b.
lu tò	i lu tò	i li nu lu tò	i li nu tò	lu lu tu in	O	tò cook s.t.
lu tò	i pag lu tò	i pi nag lu lu tò	i pi nag lu tò	i pag lu lu tò	O	to cook for s.b.
lu tò	mag lu tò	nag lu lu tò	nag lu tò	mag lu lu tò	A	tò cook
ma hál	ma ha lín	mi na ma hál	mi na hál	ma ma ha lín	O	to love s.b.
ma ne ho	mag ma ne ho	nag ma ma neho	nag ma ne ho	mag ma ma ne ho	A	to drive
ma no	mag ma no	nag ma ma no	nag ma no	mag ma ma no	A	to kiss an elder's hand

root	infinitive	present	past	future	F	comment
me ri en da	mag me ri en da	nag me me ri en da	nag me ri en da	mag me me ri en da	A	to have a snack
no od	pa no o rin	pi napanood	pi na no od	pa pa no o rin	O	to watch s.t.
no ód	ma no ód	na no no ód	na no ód	ma no no ód	A	to watch a show
no ód	ma pa no ód	na pa pa no ód	na pa no ód	ma pa pa no ód	O	to be able to watch
or der	u mor der	u mo or der	u mor der	o or der	A	to order (at a restaurant)
pa hi ngá	mag pa hi ngá	nag pa hi ngá	nag pa hi ngá	mag pa pa hi ngá	A	to rest
pa na gi nip	ma na gi nip	na na na gi nip	na na gi nip	ma na na gi nip	A	to dream
pa sá	pu ma sá	pu ma pa sá	pu ma sá	pa pa sá	A	to pass
pa sok	i pa sok	i pi na pa sok	i pi na sok	i pa pa sok	O	to put s.t. in
pa sok	ma ka pa sok	na ka ka pa sok	na ka pa sok	ma ka ka pa sok	A	to be able to go in
pa wis	pa wi san	pi na pa wi san	pi na wi san	pa pa wi san	O	to perspire
pa yag	pa ya gan	pi na pa ya gan	pi na ya gan	pa pa ya gan	O	to allow s.t.
pa yag	pu ma yag	pu ma pa yag	pu ma yag	pa pa yag	A	to give permission
pi a no	mag pi a no	nag pi pi a no	nag pi a no	mag pi pi a no	A	to play the piano
pun tá	mag pun tá	nag pu pun tá	nag pun tá	mag pu pun tá	A	to go
pun tá	pu mun tá	pu mu pun tá	pu mun tá	pu pun tá	A	to go
pun tá	pun ta hán	pi nu pun ta han	pi nun ta han	pu pun ta han	O	to go to some place
sa káy	ma ki sa káy	na ki ki sa káy	na ki sa káy	ma ki ki sa káy	A	to share a ride with s.b.
sa káy	su ma kay	su ma sa káy	su ma káy	sa sa káy	A	to get on a vehicle
sa la mat	mag pa sa la mat	nag pa pa sa la mat	nag pa sa la mat	mag pa pa sa la mat	A	to give thanks
sa li tâ	mag sa li tâ	nag sa sa li tâ	nag sa li tâ	mag sa sa li tâ	A	to speak
sa ma	su ma ma	su ma sa ma	su ma ma	sa sa ma	A	to go along
sa pa tos	mag sa pa tos	nag sa sa pa tos	mag sa pa tos	mag sa sa pa tos	A	to put on shoes
si ga ril yo	ma ni ga ril yo	na ni ni ga ril yo	na ni ga ril yo	ma ni ni ga ril yo	A	to smoke cigarettes
si kap	mag si kap	nag si si kap	nag si kap	mag si si kap	A	to exert effort
sim bá	mag sim bá	nag si sim bá	nag sim bá	mag si sim bá	A	to go to church
si pil yo	mag si pil yo	nag si si pil yo	nag si pil yo	mag si si pil yo	A	to brush teeth
si rà	ma si rà	na si si rà	na si rà	ma si si rà	A	to break s.t.
si rà	ma si ra án	na si si ra an	na si ra an	ma si si ra an	O	to suffer a breakage
si rà	si ra in	si ni si ra	si ni ra	si si ra in	O	to break, destory s.t.
su bok	su bu kan	si nu su bu kan	si nu bu kan	su su bu kan	O	to try s.t.
su wer te	su wer te hín	si nu su wer te	si nu wer te	su su wer te hin	A	to be lucky
ta bí	tu ma bí	tu ma ta bí	tu ma bí	ta ta bí	A	to pull over
ta gál	mag ta gál	nag ta ta gál	nag ta gál	mag ta ta gál	A	to be long (in duration)
ta gò	i ta gò	i ti na ta gò	i ti na gò	i ta ta go	O	to hide s.t.
ta kíp	ma tak pán	na ta tak pán	na tak pán	ma ta tak pán	O	to be covered
ta lo	ma na lo	na na na lo	na na lo	ma na na lo	A	to win
tang go	mag tang go	nag ta tang go	nag tang go	mag ta tang go	A	to tango
tang ha lì	ma nang ha li an	na na nang ha li an	na nang ha li an	ma na nang ha li	A	to have lunch

VERBS 357

root	infinitive	present	past	future	F	comment
ta wag	ta wa gin	ti na ta wag	ti na wag	ta ta wa gin an	O	to call s.b.
ta yô	tu ma yô	tu ma ta yo	tu ma yo	ta ta yo	A	to stand
te le fo no	mag te le fo no	nag te te le fo no	nag te le fo no	mag te te le fo no	A	to make a phone call
tig nán	tig nán	ti ni tig nán	ti nig nán	ti tig nán	O	to look at s.t.
ti ngin	pa ki tig nán	pi na ki ki tig nán	pi na ki tig nán	pa ki ki tig nán	O	to please look at s.t.
ti píd	mag ti píd	nag ti ti píd	nag ti píd	mag ti ti píd	A	to be frugal, to save money
ti wa lâ	ma ni wa lâ	na ni ni wa lâ	na ni wa lâ	ma ni ni wa lâ	A	to believe
tí wa là	pa ní wa la an	pi na ni ni wa la an	pi na ni wa la an	pa ni ni wa la an	O	to believe s.t.
tra ba ho	mag tra ba ho	nag ta tra ba ho	nag tra ba ho	mag ta tra ba ho	A	to work
tu log	ma ka tu log	na ka ka tu log	na ka tu log	ma ka ka tu log	A	to be able to sleep
tu log	ma tu log	na tu tu log	na tu log	ma tu tu log	A	to sleep
tu long	mag pá tu long	nag pa pa tu long	nag pa tu long	mag pa pa tu long	O	to ask/accept help
tu long	pa ki tu lu ngan	pi na ki ki tu lu ngan	pi na ki tu lu ngan	pa ki ki tu lu ngan		to please help s.b.
tu long	tu lu ngan	ti nu tu lu ngan	ti nu lu ngan	tu tu lu ngan	O	to help s.b.
tu rò	mag tu rò	nag tu tu rò	nag tu rò	mag tu tu rò	A	to teach
u bos	ma u bos	na u u bos	na u bos	ma u u bos	O	to be consumed
u bos	ma u bu san	na u u bu san	na u bu san	ma u u bu san	O	to run out of s.t.
u bos	u bu sin	i nu u bos	i nu bos	u u bu sin	O	to consume s.t.
u bos	u mu bos	u mu u bos	u mu bos	u u bos	A	to consume
u lán	u mu lán	u mu u lán	u mu lán	u u lán	A	to rain
u lit	pa ki u lit	pi na ki ki u lit	pi na ki u lit	pa ki ki u lit	O	to please repeat s.t.
u ná	ma u ná	na u u na	na u na	ma u u na	A	to be first, to go first
u sap	ma ka u sap	na ka ka u sap	na ka u sap	ma ka ka u sap	O	to be able to talk to s.b.
u wî	u mu wî	u mu u wî	u mu wî	u u wî	A	to go home
wa lâ	ma wa lâ	na wa wa lâ	na wa lâ	ma wa wa lâ	O	to lose s.t.

What to expect in Book Two

Compound and complex sentences

Verb families not covered in Book One

Conversations about the following:

Once-in-a-lifetime events
ANG BUHAY NG TAO

ipanganák	to be born
lumakí	to grow
magkasakít	to get sick
gumalíng	to get well
tumandâ	to age
mag-aral	to study
magtapos ng pag-aaral	to complete studies, graduate
mag-trabaho	to work
magpalit ng trabaho	to change jobs
manligaw	to date
ikasál	to get married
tumabâ	to get fat
magka-anák	to have children
mangayayat	to lose weight
magka-apó	to have grandchildren
mamatáy	to die
iburol	to be viewed at a wake
ilibíng	to bury s.t. or s.b.

Weekly activities
BAWAT LINGGÓ

maglaba	to wash clothes
mamalancha	to iron clothes
magtupi ng damít	to fold clothes
magligpít ng damit	to put away clothes
maglinis ng bahay	to clean house
magtapon ng basura	to take out the trash
mamalengke	to shop (for food)
magsimba	to go to church
mamasyal	to go somewhere on leisure
manood ng cine	to see a movie
kumain sa labas	to eat out
dumalaw sa lolo't lola	to see grandpa and grandma
dumalaw sa kaibigan	to see a friend

Monthly activities
BAWAT BUWÁN

magsuweldo	to get paid
magpuntá sa bangko	to go to the bank
mamili ng damit	to shop for clothes

Yearly activities
BAWAT TAÓN

magpuntá sa doctor	to go to the doctor
magpuntá sa dentista	to go to the dentist
magbakasyon	to go on vacation
kaarawan	birthday
fiesta sa bayan	town fiesta

Anó sa palagáy mo?

358 LEARN FILIPINO

Bibliography

Grammar

Kroeger, Paul. *Phrase Structure and Grammatical Relations in Tagalog.* (Stanford, Calif.: CLSI Publications, 1993).

Ramos, Teresita V. and Maria Lourdes S. Bautista. *Handbook of Tagalog Verbs: Inflections, Modes and Aspects.* (Honolulu: University of Hawaii Press, 1986).

Ramos, Teresita V. and Resty M. Cena. *Modern Tagalog: Grammatical Explanations and Exercises for Non-native Speakers.* (Honolulu: University of Hawaii Press, 1990).

Ramos, Teresita V. *Tagalog Structures.* (Honolulu: University of Hawaii Press, 1971).

Schachter, Paul and Fe T. Otañes. *Tagalog Reference Grammar.* (Berkeley, Calif.: University of California Press, 1972).

Dictionaries

English, Leo James, C.SS.R. *Tagalog-English Dictionary.* (Manila: National Bookstore, 1986).

Rubino, Carl. *Tagalog-English / English-Tagalog (Pilipino) Standard Dictionary.* (New York: Hippocrene Books: 2002).

Filipino Culture

Allinson Gallery Website, www.allinsongallery.com. For more information on Fernando Amorosolo's paintings.

Dela Costa, S.J., Horacio. *Readings in Philippine History* (Manila: Bookmark, 1965).

Mallari, I.V. *Vanishing Dawn: Essays on the Vanishing Customs of the Christian Filipinos.* (Manila: Philippine Education Co., 1954)

Philippine Artists Website, www.philippineartists.com/philippineartistsgroup/tonydoctor.html. For more information on artist Tony Doctor's paintings.

Philippine National Statistics Office, 1991 Census of Agriculture, www.census.gov.ph/data/sectordata/1991/ag910002.txt. For more information on Philippine rice production.

Salita, Domingo C. *Geography and Natural Resources of the Philippines.* Quezon City: JMC Press, 1997. For more information on Philippine rice production and natural resources in general.

Index

adjectives, 165
  comparison, 167
  very, 166
  weather, 130
adverbs, 142
  manner, 203
  time, 140
alám, 195
alphabet, 7
  consonants, 9
  vowels, 8
Amorsolo, Fernando, 103
at, 30
ayaw, 109
  ng bagay, 110
  tao, 123
ba, 30
Baguio, 325, 330, 334
baká, 104
bawal, 160
bawasan, 181
baybayin, 45
case
  ang-case, 18
  direct object, 68
  doer of object-focus verb, 68
  kinship, terms of, 20
  ng-case, 18, 66
  ownership, 67
  sa-case, 18, 51
Cebú, xvii, 155, 205, 349
coming and going, 64

dagdagan, 181
dapat, 158
daw, 104
dela Costa, S.J., Horacio, 136, 209
Doctor, Tony, 257, 322
drinking, 93
eating, 93
everyday activities, 182
  at work or at school, 210
  getting ready for bed, 237
  getting to school or work, 198
  supper at home, 224
greetings, 2
gustó, 109
  kumilos, 126
  ng bagay, 110
  tao, 122
higít, 168
huwág, 160
introductions, 2
ipakí-, 217
itó, 53
iyán, 53
iyón, 53
kailangan, 112
  bagay, 113
  kumilos, 127
  tao, 124
kauntî, 138
Kawasan Falls, 154
kay, 168
kayâ, 105
kaysá, 168

kitá, 68
kulang, 180
kuwán, 339
labis, 180
lamang, 90
linkers, 13
Lubang Island, 322
lugár, sa, 164
maaarì, 159
magalíng, 197
magíng, 147
mahusay, 197
Mandaue, 198, 213
Manila, xvii, 2, 22, 28, 79, 136, 164, 209, 236, 257, 344, 359
marunong, 196
masyado, 180
mayroón, 137
mind
    agreeing, 163
    anó sa palagáy mo?, 162
    disagreeing, 163
    in my opinion, 162
    no comment, 163
    permission, 163
Mindoro, 322
music score, 12, 88, 177, 252, 279
na
    hindî na, 33
    na, 32, 33
namán, 22, 90
narito, 178
nariyán, 178
naroón, 178
ngâ, 47, 90
noun, 22
    common, 22
    non-personal, 22
    personal, 22
    proper, 22
numbers, 17, 91
Olarte, Omar, xvii, 62, 154, 155
pa
    hindî pa, 32
    pa, 32, 33
pakí, 47
palá, 21, 105
panahón, sa, 165
patterns,, 242
patterns, basic sentence, 188
    Pattern 1, 188, 200
    Pattern 2, 188, 215
    Pattern 3, 189, 229
    Pattern 4, 189
predicate-subject order, 127
pronunciation
    accent, 15
    mabilís, 16, 63
    malumay, 15, 29
    malumì, 15, 16, 46
    maragsâ, 16, 89
    nga, 9
    stress, 15
questions, 115, 156
    sino and ano, 157
Romero, Segundo Joaquin Jr., 194, 223
sentence
    basic, 35
    first, 35
    word order, 36
sobra, 180

Spanish, 2, 8, 141, 143, 147, 167, 196, 197, 205, 209, 276, 322, 348
subject-predicate order, 128
talagá, 91
tamà, 180
time, 142
  adverbs, 140
  days of the week, 143
  hours of the day, 141
  months of the year, 143
  parts of the day, 140
  timeline, 142
verbs
  –an, 115
  aspect, 49
    future, 50
    imperative, 49
    infinitive, 49
    past, 50
    present, 50
    recent past, 50
  families, 38
  first verbs, 34
  focus, 38
    actor-focus, 38, 68, 229
    illustrative conversation, 38
    object-focus, 38
  hyphen, 75
  i-, 54
  –in, 97
  ipág-, 228
  ipáng-, 240
  ma-, 75
  mag-, 75
  magíng, 147
  maká-, 169
  makí-, 187
  mind, 161
  most frequently used, 246
  senses
    can, 144
    proactive, 146
  -um, 39
  weather, 130
Villanueva, R.A., xvii, 136, 209, 236
walâ, 137
weather, 129
  adjectives, 130
  verbs, 130
White IV, Walter, 121
Worth memorizing, 191
yatà, 105

About the music on the CD

The incidental music on the Learn Filipino CD
is from the *Original Pilipino Classics* CD
of the University of the Philippines (U.P.) Guitar Ensemble,
Prof. Lester Demetillo, director.

The musical selections include:

Kataká-taká, music of F. Suarez
Rondo, music of Antonio Molina
Calesa, music of Ernani Cuenco
Visayan-Caprice, music of Nicanor Abelardo

For more information on
the U.P. Guitar Ensemble
write:

Prof. Lester V. Demetillo
College of Music
University of the Philippines
Diliman, Quezon City 1101
Philippines

The following links were correct at press time:
http://www.upd.edu.ph/~music/new_acad_performing_guitar.htm
http://www.upd.edu.ph/~music/faculty_string_demetillo.htm

Gustó ka naming makilala!
We'd like to meet you!

Register your copy of *Learn Filipino, Book One*, and receive by email information on updates on this book and other upcoming Filipino language learning products. These include: phrase books, flash cards for learning vocabulary, folk songs and other language learning aids.

Join the discussion forums on the website. Ask a question. Share something you know. Make suggestions for making the book better. Meet somebody in your area. Practice your Filipino.

Sign up at www.tagalog1.com.

Salamat pô.

Learn Filipino
ORDER FORM

Order online at www.tagalog1.com at your convenience. Or email your order to: sales@tagalog1.com.

Date: _____

Please send _____ copies of *Learn Filipino: Book One* @ $24.95 each (plus shipping fees; see below)

SHIPPING INFORMATION

Name: _____

Shipping Address: _____

_____

City, State, Zip: _____, _____ _____ (Georgia addressees: please add sales tax.)

BILLING INFORMATION

_____ Enclosed is a check drawn on a U.S. bank in the amount of US $ _____.

_____ Charge to my credit card: _____ Mastercard _____ VISA   Signature: _____

Card Number:

Thank you for your order.

Expiration Date: _____ / _____

_____ Check here if same as shipping name and address. Otherwise, please provide:

Name: _____

Billing Address: _____

_____

City, State, Zip: _____, _____ _____

Mail with payment to: MAGSIMBA PRESS, 1821 Bruce Rd. NE, Suite 200, Atlanta, GA 30329-2508.

Shipping by air: USA: $4.00 for first book, add $2.00 for each additional copy

International shipping by air: $9.00 for first book, $5.00 for each additional copy